Wojciech Stamm

Czarna Matka

Patronat medialny

Część I

Kotłownia

* * *

To było w lasku koło kotłowni, ktoś miał włączoną popołudniówkę studia młodych; naraz wyrósł jak spod ziemi w srebrnym kombinezonie z flagą amerykańską na ramieniu.

– Co ty tu robisz? – zapytał groźnie, ale też coś tajemniczego pobrzmiewało w jego głosie.

– Co... przyszedłem tu po szkole... – odpowiedziałem zgodnie z prawdą.

– Paliłeś papierosy.

– Nie...

– Bo ja jestem kosmitą z gwiazdozbioru Kasjopei.

Miał wspaniały kombinezon, jeszcze czegoś takiego w życiu nie widziałem, srebrna odblaskowa powierzchnia świeciła swoim światłem, niesamowite – Ziemianie nie potrafią produkować takich rzeczy. Niejasne tylko było, dlaczego ma tę flagę amerykańską.

Poza tym było dosyć ciepło, ludzie mieli pootwierane okna, była wiosna; musi mu być ciepło, pomyślałem. Ciekawe, czemu zdjął hełm, czy jego płuca są przystosowane do naszej atmosfery; ciekawe, czy też oddycha tlenem; może nie musi oddychać. Tylko pobiera energię ze słońca. Ciekawe, ile lat żyje taki kosmita?

– Ile masz lat? – spytał już bardziej przyjacielsko.

– Dziesięć – powiedziałem, dodając sobie rok.
– No bo ja poszukuję chłopca – wydukał.
– Jakiego?
– Szukam chłopca – powtórzył.
– Ja jestem, na przykład, chłopcem.
– Nie wierzę.
– Patrz, mam spodnie, krótkie włosy.
– Dziewczynka też może mieć krótkie włosy i chodzić w spodniach.
Ma rację – pomyślałem.
– Masz ptaszka?
– Mam.
– Pokaż.
Wtedy zrozumiałem – to był kosmita pedofil.
Nadeszła starsza pani, a on poszedł szukać swojego statku kosmicznego.
Mogło to być bardzo niebezpieczne spotkanie, on pobierał energię. Mógłby ze mnie wyssać całą energię.

Lata

Wszystkie sytuacje są przepowiadane przez wyraźny napis na niebie. Niestety, napis widziany jest bądź za późno, bądź jest przesłonięty, mijają lata i bystre oczy dostrzegają, że to lub owo było znakiem, wtedy szukają napisu, wtedy jednak jest on już nieaktualnym szyldem przeżartym przestrzenną treścią nieba, patrzymy jeszcze na niego, wielce zachwyceni, ale nic już nie wróci łez, uśmiechów, westchnień drobnych kłamstw.
A wszystko było przepowiedziane.

Wolek@yahoo.com

Cześć, neurotyku, między 20. a 24. jest super, pamiętaj jednak, że nie będzie małżeństwa. Ciał. Ania

Odczytałem to w Internet Café prowadzonej przez Rosjan czy innych ruskich Żydów, serce mi biło, byłem szczęśliwy, skończyła się namiętność, skończone.

Jak dostałem kosza, było mi dużo lepiej, byłem wolny, bolały mnie plecy, ale nogi same podskakiwały, pod kolanami takie uczucie rozluźnienia.

Był początek końca wiosny, wracaliśmy z zebrania naszego klubu, pojechaliśmy okrężną drogą, zeszliśmy na niższy peron i wypiłem dwie lampki wina, koniec walki, i podśpiewywałem sobie „tup tup tup, będzie z ciebie trup" na melodię *Zum zum bienchen läufft herum*, patrzyłem na buty naszej skarbniczki, która dzielnie dreptała po tych schodach, było mi dobrze i wtedy nadjechał pociąg, pomyślałem, że czas zrobić coś, i rzuciłem się na pociąg, co za błogie uczucie, obudzić się na podłodze, na ziemi, na chodniku, na peronie, mój kumpel Adam wykręcał numer, wsiedliśmy do tego pociągu, który mnie potrącił, a może to był następny, już nie wiem, ile leżałem na tej ziemi, jeżeli tak wygląda śmierć, to może to być całkiem fajne. Mógłbym później przeprowadzać przez to, jak anonimowy alkoholik, anonimowy umierający, przeprowadzanie, doradztwo, firma, spółka z ograniczoną odpowiedzialnością.

Trzymałem się jeszcze dzielnie, ale po chwili... Cicho.

Majówka

Jechałem tramwajem, wsiadłem na Lumumby; miałem taki brązowy trencz, miałem lat osiemnaście, jakiś starszy jegomość zaczął się przepychać do środka, po chwili tramwaj ruszył, a ten nieprzyjemny grubawy gość osunął się na podłogę, jakiś facet go trzymał, żeby w ogóle nie upadł na podłogę z gumy. Nikt specjalnie nie zwracał uwagi.

I wtedy tramwaj stanął i ja nie umiałem udzielić mu pierwszej pomocy, i tramwaj stał i stał... Ktoś robił w środku sztuczne oddychanie, potem ktoś poszedł na komisariat za moją namową, zadzwonili po karetkę. Minęło dobre dwadzieścia minut, nim przyjechała...

Właśnie jechałem na randkę, było tylko *Wejście smoka* i *Seksmisja* w kinie, i nic więcej. *Wejście smoka* w kinie Delfin, w tym czasie można było pójść do kina na „coś", na przykład film karate, i dopiero w sali oznajmiano ci, że będzie przedwojenny melodramat ze Smosarską. Usiadłem na ławce i... Siedziałem, jeszcze w życiu nie widziałem trupa z bliska.

Poszliśmy na ten film karate...

Jechaliśmy na rowerach albo tramwajem... Nie, na rowerach, ja śpiewałem Cohena Leonarda, to znaczy jego polską podróbkę Zembatego, strasznie fałszując. I przekręcając strasznie, i zamiast Zuzanna śpiewając Zosia, a tego już nie może ona znieść.

– O co ci chodzi?

I pytam ją, wpatrując się w tylne koło jej roweru i ślad, jaki ona zostawia w moim życiu:

– Czym zajmują się twoi rodzice?

– Mój tata jest doktorem historii, pracuje na uniwersytecie, a mama nauczycielką.

– Nazywam się Wolek, mieszkam nad Cepelią; moja mama pracuje w przedszkolu, jest księgową, mój tata jest elektrykiem... Chodzę do trzeciej klasy liceum. Jest rok 1983, w tym roku kończę osiemnaście lat.

– A ja mam szesnaście, mieszkam na piątym piętrze, tam... Ze Słońcem, ale za miesiąc przeprowadzamy się na Morenę.

Myślę, że moja matka chciała występować w Mazowszu, dlatego mieszkamy nad Cepelią, ona tam po prostu schodzi i staje jako lalka łowicka w pasiaku. Jadę teraz tramwajem, mam klucz do mieszkania mojego kolegi; w jego mieszkaniu nie ma rodziców i można by ewentualnie zaprosić Aldonę albo jakąś dziewczynę... Najlepiej wszystkie dziewczyny, z Gdańska, z Gdyni, z Grabówka, z Leszczynek, z NRD i inne, które chętnie do ciebie przyjdą...

Ale jest dziesiąta rano, jestem na wagarach, jest luty, żadnych dziewczyn... żadnych Aldon...

Ale teraz aż mnie skręca z pożądania... myślę, że wtedy... Inaczej potoczyłoby się moje życie...

Aldona

– Wyobraź sobie, choinka w Olivii dla dzieci naukowców.

Organizowano takie choinki i wszystkie dzieci mówiły wierszyki, i Grzesia wywołano na środek, i on zaczął mówić. Atrakcjom nie było końca, pracownicy zoo przywieźli zwierzęta...

Na stoliku w pokoiku... Pełzł tam prawdziwy boa dusiciel, w tej hali, gdzie ja się skompromitowałem na łyżwach. Grzesiu mówił... Stało mleczko i jajeczko... Przyszedł kotek, wypił mleczko. I ogonkiem stłukł jajeczko... Przyszła mama, kotka zbiła... A skorupki wyrzuciła... Przyszedł tato i mówi do mamusi: szmato... Mama kota wrzuca w pralkę, patrzy, a to jej ciocia, co nosi woalkę...

– I wtedy go ściągnęli moi rodzice z tego podium, gdzie mówił wierszyk.

– Był skandal?

– Wielki nie, ale jak byliśmy w teatrze Miniatura i on zapytał na całą salę: „Mamo, czemu te lalki mają kije w dupach?", to był wstyd!

Miga

Jest rok 1970. Pierwszy człowiek był już na Księżycu, wszystko mierzone obrotem Ziemi dokoła Słońca; ale co musi krążyć wokół czego, żeby była jakaś godzina, jakiś rok, jakieś dni, które leżą jak zabite gołębie; tysiące dni, tysiące zapaleń i zgaszeń lampy, naszej wewnętrznej żarówki, mierzone obrotem kuli ludzkiej wokół lampy kosmicznej. Mig, mig, mig, miga, miga...

Jak jesteś komunikiem...

Tak, sprawa nie była prosta. Towarzysz zabaw krzyczał do mnie, ja miałem pięć, on cztery lata:

– Jak jesteś komunikiem – zapewne chodziło mu o komunistę – to pokaż dupę.

U niego w domu tata miał pamiątki ze Związku Radzieckiego: rakietę z mosiądzu, wyglansowaną, ze smugą odrzutową spiralnie skręconą. Toteż Waldek, bo tak miał na imię, próbował za pomocą rozkazów z radzieckich filmów zmusić mnie do striptizu. Miał siostrę Olę, która też robiła aluzje, że ma bułeczkę przeciętą na pół.

Albo niezwykle trudny okres dojrzewania. 1973

W przedszkolu osiąga się mniej więcej ten sam stopień zainteresowania płcią przeciwną, jak przed czterdziestką, owszem, można sobie pokazywać za pianinem, lękliwie patrząc, czy pani nie patrzy, ale nie to jest treścią życia, są ciekawsze rzeczy, jeszcze można się zakochać, tak jak w przedszkolu, ale zasadniczo jest się wolnym – dotyczy to pewnie tylko facetów.

W podstawówce jest inaczej, nie wiem, ale kiedy zaczynało się pokazywanie, zawsze było to związane z jakąś funkcją społeczną. Te zabawy były grami pedalskimi, partner moich zabaw, niejaki Arturek, obecnie inżynier, zawsze musiał albo jeździć, albo się inaczej przemieszczać.

Pamiętam, że raz był kierowcą PKS-u i prowadził na golasa, kierownicą było krzesło obrotowe, rodzice w drugim pokoju, czyli stres, na każdym przystanku stawał i kręcił się wokół własnej osi, potem była moja kolej – nie wiem, czemu akurat tak wyglądało? Może układ choreograficzny pozwalał eksponować kształty. Kiedy indziej był saneczkarzem, upał, maj potrafi być upalny w Gdańsku, i nago zjeżdżał z górki za przedszkolem, początkowo chciał zjechać na płycie chodnikowej, takiej gierkowskiej, nie tej mniejszej gomułkowskiej, ale się przeliczył i zarył gołą dupą w piachu zmieszanym z ziemią. Inni zaczęli nadchodzić i moja kolej mnie ominęła, on był niezadowolony, bo ominął go pokaz.

Z kuzynką sprawa była prostsza, w zasadzie był to *hardcore petting* – co niewarte jest opisywania.

Wojna

Lecą sztukasy, lecą meserszmity, i te syreny, i koma osiem, i Westerplatte, Armia Poznań, Bzura, szosa zaleszczycka i dół, bo trzeba iść do szkoły, i wojna na nowo, i trzydziesty dziewiąty, i czterdziesty piąty, i wojna, i Parasol, i Rudy, i Rudy 102, i bandy UPA, i Świerczewski, i do budy, i do szkoły, i nie ma końca przygód, radości i depresji... To przecież wojna.

Bunkier

Muzyka... Tak, oni wszyscy byli muzykalni, starsze siostry grały na pianinie, a Marek na skrzypcach, pewnie mu zazdrościłem... Kochałem Marka, kochałem jego siostry.

Kozieniak był innej religii, to znaczy był świadkiem Jehowy, mieszkał w C, a Marek mieszkał w B, w A mieszkał Pawełek, to wszystko w bloku 63. Wszystkich ich kochałem.

Myślę, że nieźle dokuczyłem Kozieniakowi, może nawet rozmawiałem z nim na tematy religijne...

Na pewno! Pamiętam wielogodzinną rozmowę o tym, czy Jezus umarł na krzyżu, czy na palu, jak uważał Kozieniak, który zostawił nas w szatni i z okrzykiem „Do widzenia, ślepa Genia, kup se trąbkę do pierdzenia" wybiegł. Pamiętam, że przezywałem go „kozia wiara".

Kochałem jego kozią wiarę, i kozę też kochałem – kiedyś nawet mi potem proponowali, że mi ze wsi przywiozą – gorzej z całowaniem, śmiali się, rechotali, to było, jak malowaliśmy radio, czyli jego fasadę.

Ze starszą siostrą Marka nawet coś miałem, ściskaliśmy się, ale to było dawno, potem ona postanowiła wstąpić do zakonu kontemplacyjnego. Do Karmelu...

Ale przedtem muszę opowiedzieć o poważnej sprawie, Marek nie lubił się z niejakim Grubiańskim, tak naprawdę się nazywał. To nie żart, prawdziwe nazwiska są lepsze niż wymyślone. Grubiański najwidoczniej denerwował Marka, a może Marek mu zazdrościł, czego? – Tego, że jego ojciec był kapitanem Żeglugi Wielkiej, że Grubiański się mądrzył niemożebnie... Był nie do przebicia jak M/s Stefan Batory, pamiętam, że bawiłem się z nim na podwórku, zorganizował publiczną egzekucję, ja byłem ofiarą, ustawił mnie pod ścianą i razem ze swoją bandą, pod ścianą falowca... Gdyby nie starsza pani, która się za mną ujęła...

Kobiety! Wasze hormony opiekuńcze uchroniły już świat przed niejedną katastrofą.

Minęły lata, byliśmy w piątej klasie i Marek wpadł na pomysł założenia organizacji zwalczania Grubego, niestety, zeszyt wpadł w ręce pani i byliśmy spaleni, wpadł, bo robiliśmy zebranie na lekcji wychowawczej. Marek chciał uczynić mnie przewodniczącym. Niestety, zostaliśmy usunięci z klasy. Ale to nic, bo w następnym roku zaczęły się dziać w tej szkole dopiero prawdziwe jaja. Ja przeniosłem się, rodzice mnie przenieśli do innej szkoły... I nie byłem świadkiem tego...

W tym czasie w Polsce w radiu, no, moja matka słuchała Wolnej Europy i wtedy mieliśmy taką organizację, cały kraj, dzieci, to była tajna organizacja. Marek, który był u swojej cioci w Paryżu, postanowił ukraść flagę biało--czerwoną, no bo o to szło, że jak były jakieś święta państwowe, łącznie z rocznicą rewolucji, na bloku Marka miała powiewać biało-czerwona, a nie czerwona. Czerwonej nikt nie chciał, ci z tamtej klasy ciągle podmieniali w klatce B, gdzie mieszkał Marek. Jego siostra starsza, czarna jak Cyganka. Zrywaliśmy kiedyś truskawki, Marek też tam był, ona miała koszulkę z napisem *free and easy*, i mówi:

– Znasz grę półsłówek?

– Co?

– Szał na kortach, kał na szortach.

Nie... I tak dalej jechała: „Bój w hucie", i pomyśleć, że teraz jest zakonnicą.

Ona była taka czarna, pradziadek był ponoć Włochem, babcia – ciemne włosy i wydatne kości policzkowe, ich mama taka nerwowa, wielu było nerwowych ludzi, niektórzy nauczyciele byli nerwowi, moja mama, mój ojciec ciągle nerwowi, ksiądz proboszcz, albo byli po prostu wredni. Wredny był ten nauczyciel, co mnie kopnął, i niektórzy byli za słabi, żeby tę głupią agresję znieść...

I wymyślali sobie światy, jak Jasiu, który zbierał makulaturę, albo Cygan na Tysiąclecia, Jasiu, wujek Ruskiej Lalki, i Cygan chodził i gadał ze sobą, stałem za nim w sklepie, popatrzył na papierosy Sojuz-Apollo i zaczął:

– Jeździcie na ten księżyc Murzynki gwałcić.

– A czemu pan tak śmierdzi? – mówi kasjerka, bo to było w kolejce do kasy.

– Nie mam wanny i śmierdzę...

Kiedyś widziałem go na Tysiąclecia, w oknie nie było szyb, on miał dyktę w oknie...

A w sklepie dawała występy mama Jasia, podając się za arystokratkę, ponoć była, a Jasiu po śmietnikach zbierał, ona gruba, w konwencji matrony. Panie sklepowe stały, a w środku matka Jasia śmieciarza, mówiła o hrabim jakimś tam w Paryżu na Szanselize...

Był też rowerzysta rudy, do dzisiaj jeździ po Gdańsku...

Ja i Marek pojechaliśmy na obóz żeglarski nad Zalew Wiślany, mieszkaliśmy w wojskowym namiocie, no i niejaki Szczypiel postanowił nas co nieco wyedukować seksualnie. Mówił nam o chorobach wenerycznych i stosunkach, miał kilka zeszycików z pornografią ze Szwecji, pełno ciał i te wyrazy twarzy... Co też za ból muszą przeżywać, czy to jest w ogóle przyjemne? Może ci ludzie cierpią, ale jednak z jakichś nieznanych powodów leżą na sobie i wpychają członka do pipy. Co prawda miałem jakieś doświadczenie z pipą, ale to było pod kołdrą w wieku lat sześciu, może z kuzynką, teraz te owłosione obszary, nie powiem, żebym się podniecał. Przede wszystkim miałem poczucie winy, bo jeśli twe oko gorszy cię – wyłup je, lepiej, żebyś z jednym okiem wszedł do królestwa niebieskiego niż stracił życie wieczne...

To, co mnie podniecało, to mój... Mój też, ale moje odbicie w lustrze.

W czepku pływackim, to było godne pożądania, ale czy ja mogłem gorszyć siebie? Gorszyć – nie rozumiałem tego słowa. Czy moja osoba gorszyła moją osobę?

Brzuch, tam był brzuch i włosy, które zaczynały rosnąć. Na czoło wystąpiły krosty, spostrzegłem to w takiej szufladzie z otwieranym lustrem. Rozebrałem się do naga, jak już byłem nagi, stanąłem i patrzyłem, patrzyłem jeszcze nieświadomy, a może już świadomy.

Wtedy włożyłem czepek, żółty czepek, byłem zwolniony z basenu ze względu na zły stan zdrowia. Rozebrałem się i jakie koleje – koleje? – oczywiście koleje państwowe polskie i oczywiście koleje losu, to ciało, może jeszcze ciałko, miało być publiką i aktorem. A tam ojciec milionów, milion ojców. Stałem i stałem, jakaś tkliwość, czy to serce biło, i tak to ciało oglądałem, taki piękny byłem. Nago stałem, potem mi się zimno zrobiło.

Mieszkaliśmy w namiocie, po raz pierwszy bez rodziców, naszymi wychowawcami byli starzy żeglarze, instruktorzy, mówili nam o tradycjach i uczyli węzłów. Do tych żeglarzy przyjeżdżali koledzy, jednym z nich był Książę, autentyczny potomek magnackiej rodziny, nosił nazwisko jednego z bohaterów *Trylogii* i istotnie był rudy jak jego przodkowie. Namiot podzielił się na ludzi Księcia i ludzi Kmicica.

W zasadzie ci od Kmicica to byli bolszewicy, my staliśmy na straży wiary, honoru, tamci to byli czerwoni, oni tylko mówili, że są od Kmicica, wychodziło to powoli, jak się sformowali i wybrali komisarza, wtedy ja zbiłem, nie, biłem się przeszło godzinę z Pawełkiem, synem lekarki, aż do krwi. Zielonka był komunistą z krwi i kości, był przecież ze Śląska, a ze Śląska tylko Gierek i poparcie dla komuny. Zbiliśmy Zielonkę, Zielonka płakał i powiedział, że on jest za komunizmem z zasadami i za to będzie się bił. Mało pływaliśmy, jachtów niewiele było, raptem pięć, i optymisty jeszcze były – takie wanienki z żaglami.

To była delta rzeki Pasłęki, wysepka, za wodą mierzeja. Na środku mierzei stał po ruskiej stronie statek, ciągle wspominano przekroczenie granic przez kawużeta – kierownik wyszkolenia żeglarskiego. A zabawom nie było końca – co chwilę ktoś urządzał zbiórkę na kilwaterze, wysyłał nowicjusza po kilwater z wiadrem. Były też dyskoteki, wtedy pokłóciłem się z siostrą Marka, nie pamiętam o co, i miałem całkiem miłą koleżankę, z którą się nawet całowałem, już nie pamiętam jak, ale też się obraziła.

Jakaś banda z innego namiotu przywiązała dziewczynę do masztu i powiesiła mundur komendanta. W nocy kłóciła się kadra, że dzieciaki mało pływają, a ja flirtowałem z instruktorkami. Matka przysłała ojca, żeby zobaczył, czy ze mną wszystko w porządku, niektóre dzieci symulowały zapalenie wyrostka robaczkowego, inne paliły papierosy. Pielęgniarka wszystkich kokietowała.

No i staliśmy tam w bunkrach Hitlera, w lesie, już gotowi, jeszcze dzieci...

Zboczeniec id

Nie idź z obcym panem, nawet jak by ci dawał cukierki, nie wsiadaj do samochodu... Jakby ci ktoś mówił: „Chodź ze mną do lasu" – nie idź, to może być zboczeniec! Każdy pan z psem był, każdy każdziutki, na łące za falowcem. Jeśli wyszedł z lasu, to na pewno był zwyrodnialec.

Matka

Moja matka jest gruba i trochę już stara, w moherowym berecie, przyszła mnie odebrać, a ja byłem na orkiestrze w świetlicy szkolnej, w szkole podstawowej imienia... Adama Mickiewicza, chciałem grać na talerzach, ale tę funkcję przejął ulubieniec pani ze świetlicy. Tam

pracowały takie panie, które trzeba by wysłać na trzy-
letnie kursy, gdzie te panie spełniałyby swoje zachcianki
i były rżnięte osiem razy dziennie (na przemian przez
mężczyzn różnych ras i narodowości) minimum, żeby im
te frustracje przeszły, dotyczy to dziewięćdziesięciu pro-
cent nauczycielek, nauczania początkowego i innego,
żeby mogły być miłe i wreszcie móc pracować z ludźmi,
o dzieciach już nie wspomnę, no więc ulubieniec pani Jagody, niejaki pan Jacek, który potem dopadł mnie w klubie nocnym, gdzie dilują narkotyki, i coś go wzięło na
wspominki, ale wtedy to on dostał talerze, a ja trójkąt,
nie wiem, czy się we mnie zawiść po dwudziestu latach
odezwała, czy jak? Czy przez to, że teraz jest bramka-
rzem, a chodził do szkoły morskiej, nie chciało mi się
z nim rozmawiać?

Facet tej pani Jagody mnie kopnął, i moja matka
przyszła do szkoły i naskarżyła, i ten facet dalej uczył, nazywał się Chyła, zeznawać mieli Grajdół i Kowalski i coś
im się pokićkało, jeden utrzymywał, że kolanem, drugi,
że stopą, dyrektor dostał kręćka i odesłał ich do klasy.
W ogóle Przymorze to była dżungla, mój kolega, niejaki
Zając, którego namiętnie łapałem za jądra, poskarżył się
mamie i matka poszła do mojej matki. No więc wsadzili
go do skrzyni, takiej do skakania, i on tam siedział całe
czterdzieści minut, bo akurat wypadła lekcja, a to się
często zdarzało, jak szalała epidemia grypy. Oni siedzieli
na tej skrzyni i kopali w nią.

Ja z kolei byłem znany ze zdolności wokalnych, byłem łapany przez chłopaków ze starszych klas i zmusza-
ny do śpiewania. Musiałem śpiewać, mogli mi przecież
zrobić coś, wbić głowę w parapet. No więc na tę orkie-
strę przyszła moja mama mnie odebrać i ktoś powiedział:

„Twoja babcia przyszła". A ja głupi powtórzyłem to mojej matce. Myślę, że nie było jej przyjemnie.

Pamiętnik Mazgalisa

Nazywał się Mazgalis, nie wiem, skąd pojawił się u nas czarny płaszcz kolejarski, czy przyniósł go ojciec, czy matka, czy Mazgalis go załatwił, był przewodniczącym osiedlowej jednostki Ochotniczej Rezerwy Milicji Obywatelskiej, klatki K, L, M. Byli tam razem z panem Janem, grubą świnią. Dorabiał jako krawiec. Surowo popatrzył na płaszcz, przyszedłem do przymiarki, trzeba go było zmniejszyć, a jak do tego doszło, że ja u niego przerabiam sobie płaszcz, a on jest miejscowym ormowcem, szpiclem, nie wiem, czyja to była idea? Może to jego syn sprzedał mi ten czarny płaszcz...

– Rozumie pan, że ja bym chciał, żeby był porządek i żeby jacyś chuligani w naszej dzielnicy...

Mianował mnie panem. Nie wiem dlaczego, miałem wtedy szesnaście lat. Podczas przymiarki położyłem zeszyt na stole, wychodząc, wziąłem inny zeszyt, jego zeszyt, na ulicy patrzę, jak mogłem się pomylić, to jakiś notatnik, chciałem pobiec i mój zeszyt wziąć...

Ale otworzyłem i... Drukowanym analfabetycznym pismem stało napisane:

Dodatkowo chciałem nadmienić, że posiadam spis lokatorów od numeru 1 na parterze rodzina Mrówka do numeru 111 na piętrze dziesiątym rodzina Lupeszczak, artysta malarz podejrzany, z nadmienieniem miejsca pracy lub w przypadku prywatnej inicjatywy adnotacja. Jak na przykład kuśnierz Walter, o którym wszyscy mówią, że nie pochodzi z rodziny katolickiej, ale o tym wiem tylko ja i pan Jan, no i oczywiście nasze koło przyjaciół porządku osiedlowego.

Jan obserwuje od rana, on pilnuje parkingu z ramienia komitetu blokowego, w noc, kiedy nasiliły się kradzieże radijów samochodowych, pomimo że parking jest niestrzeżony, on go strzegł, każdy właściciel samochodu płaci mi 50 złoty miesięcznie. Wszystkie dane dotyczące samochodów i ich właścicieli zapisane są w moim notatniku.

Jasiu Wąsik, ten głupol, wynajmuje swoje zapyziałe mieszkanko „meliniarzom", parom z ulicy. Takim to nogi z dupy powyrywać...

Ścisła współpraca z towarzyszem porucznikiem Grechotą, który jest dzielnicowym.

I zawsze mnie pyta, jak ma postąpić. Jak ma problem, ja zawsze go informuję, bo mnie się wszyscy boją na osiedlu i jestem potrzebny, aż strach pomyśleć, jak tałatajstwo się rozplenić może, jak by mnie kiedyś zabrakło na posterunku...

Współpracujemy też z komisją rozjemczą przy komitecie osiedlowym i z kolegium do spraw wykroczeń przy sądzie rejonowym, gdzie jestem ławnikiem.

Oderwałem wzrok od notatnika. I pomyśleć, że w piaskownicy bawiłem się z jego córką, że pozwalałem sobą rządzić, córce szpicla, mało tego, podkochiwałem się w niej, ona udawała Elżbietę królową Anglii, ja byłem Esseksem...

Sokołowski

Graliśmy przed budą w ściankę, to znaczy w monety. Przyszedł Sokołowski i mówi:

– Podnieś ten bilon! – Graliśmy grosikami z Orangutanem, gościem, który skończył tragicznie, wypadł w dywanie z drugiego piętra. Dostałem od niego w pysk, bo go nazwałem Goryl. Podniosłem. – Wiesz, co tu jest napisane i wybite? Tak, tu jest godło państwowe i nie wolno się tak bawić! Schowaj i idźcie stąd! Jak jeszcze zobaczę, że się tak bawicie, to będziecie mieli obniżone stopnie ze sprawowania.

Godło państwowe. To ja zbezcześciłem godło państwowe pod postacią aluminiowej pięćdziesięciogroszówki. Ludzie umierali za to, a ja sobie tak o mur.

Kapsle to było co innego.

Sokołowskiego należało się bać, był groźny, jeździł trabantem w czarnych rękawiczkach bez palców, palił fajkę i przeganiał, jak ktoś siadał na kotwicy przed szkołą – dar statku Manifest Lipcowy.

Włoczek też łapał dzieci i zabierał na obmacywanie do ciemni, Chyłę wyrzucili ze szkoły, bo mnie kopnął. To musiał być początek roku, bo wisiał napis „Październik miesiącem oszczędzania". A wrzesień pamięci narodowej – co z listopadem? Grudzień, wiadomo, prezenty i śnieg.

* * *

Leżałem w łóżku i wyobrażałem sobie stopy mojej koleżanki Asi Wiśniewskiej.

I wyobrażałem sobie twarze huzarów Księstwa Warszawskiego, leżałem w łóżku, miałem gorączkę, wyobrażałem sobie, jak leżę w szóstej klasie na koleżance, druga się przygląda, miałem zapalenie płuc, leżę w łóżku, jestem u fryzjera, śmieje się ze mnie i mówi: „Koleżanki, ogolony ostrzyżony łapie myszy za ogony", leżałem i przypominałem sobie jeszcze czterech pancernych i wsunąłem członek jak trzonek między poduchy i wtedy mnie sparaliżowało i pomyślałem: zostałem ukarany za nieprzyzwoite myśli i przypomniałem sobie, jak lalki urodziły czarne dziecko.

Paraliż był bardzo przyjemnym uczuciem. Chciałem pobiec do matki i powiedzieć: „Mamo, sparaliżowało mnie".

Ale jakoś mi przeszło. Wtedy nastąpił okres wściekłej namiętności, która mnie teraz powoli po latach opuszcza... Po papużkach, które dostałem w spadku, wcale ich nie chciałem, przyszedł czas... na rybki. Pierwsze były czarne molinezje i mieczyki, na Jesionowej był sklep z rybkami... Pojechaliśmy po żywy towar, bo u nas na Obrońców nie było, i wtedy miałem pierwszą prekognicję. Głos wewnętrzny schizofrenii czy coś, spojrzałem na blok i jakieś przeczucie mówiło mi, że będę z tym miejscem związany, a był to blok, w którym mieszkała Maryla i jej siostra.

Ale o tym miałem się przekonać za dziesięć lat.

1980 jesień

Ja, Włodek Wolek, wracałem ze szkoły, to nie była już podstawówka, to było liceum, poszliśmy pod MKZ na Grunwaldzką, koło kwiaciarni Sasanka, przez głośniki rozlegał się śpiew na całą dzielnicę, rozrzucano ulotki, może pojawi się przewodniczący, było jasne jesienne popołudnie, rok 1980, stałem tam z moim kolegą Danielem i rzeczywiście zaczęły spadać ulotki, spadać? One pofrunęły na nas, starsza pani spojrzała na mnie i powiedziała:

— To na święto niepodległości.

– Trzynastego.

– Coś ci się, chłopcze, pomyliło... Jedenastego!

Mój głos wewnętrzny, nie, nie... Jej spojrzenie rzuciło mi w twarz oskarżenie: „Czy ty przypadkiem nie jesteś ubekiem!? Mógłbyś się nauczyć, kiedy jest święto niepodległości Polski, kiedy Piłsudski przyjechał z twierdzy w Magdeburgu i zaczęli rozbrajać Niemców..."

Wrzeszcz, dzielnica handlowa, gofry sprzedawali tuż obok. Drzwi do MKZ otwarte, bardzo chciałem dodać sobie lat.

A my przecież przyszliśmy wyrzucić ze szkoły panią od biologii, która była na pewno ubekiem. Pani Frida wsławiła się wysłaniem żeńskiej części klasy maturalnej do ginekologa w celu stwierdzenia dziewictwa. Została za ten czyn przeniesiona do naszej szkoły. Była ubekiem, kazała rysować jamnika na pierwszej stronie.

Nagle rozległ się głos męsko-damski: „Pani Nino!"

Weszliśmy do wnętrza, tam odbywało się wałowanie, nie pamiętam, wcześniej czy może później, umówiłem się w szkole z kolegą na czynność nielegalną, produkcję ulotek... Nazywaną – wałowanie.

Ale nie wyszło za dobrze, byłem pilnowany w domu. Ojciec, który całym sercem chciał, żeby zwyciężyła Solidarność, nie chciał, żebym się mieszał do polityki, a ja byłem w wieku, kiedy jak najbardziej do polityki. Mało tego... Zginąć...

No, więc ojciec się nie dał nabrać, że coś tam mam do załatwienia, uparcie woził mnie swoim zabójczym fioletowym maluchem. Nie mogłem się bez niego ruszyć, raz pojechaliśmy na zadymę już w stanie wojennym, z psem, naszą suką pudlem. Jedynie zaraz po szkole mogłem się urwać. Tam wykuwała się nowa przyszłość, wolność od

Ruskich i komuny. Tam też byli Japończycy i Niemcy, prowadził ich Andrzej Gwiazda.

Daniel naskarżył na panią od biologii, siedział i rozmawiał z działaczką, nieważną, taką, która przyjmuje dzieci. Obiecano zająć się sprawą.

Ja podszedłem do przeciwległych drzwi i podsłuchiwałem rozmowę w języku obcym... Dziwnie brzmiał ten język, jak niemiecki, ale z jakimś cudzoziemskim akcentem polskim:

– *Mir frume i den thuen dos nit wos die goim thuen nein*

– *Ta tu niu niein stern thue dos net...*

Nagle drzwi się otwarły i stanął w nich przewodniczący.

Drgnąłem i usunęliśmy się zawstydzeni...

To przewodniczący zna języki obce!? – pomyślałem zdziwiony, potem wdaliśmy się w rozmowę z niejakim Gadułą.

Zapadł zmierzch i trzeba było jechać do domu na obiad przyniesiony przez mamę w słoiku. Przeszliśmy koło Puchatka, tuż obok była buda z fliperami, chciałem iść do domu i wtedy wypadł z budy typ pijany, chwycił mnie za ramiona, rzucił o ścianę, kopnął w jądra i zapytał, czy chcę leżeć zakrwawiony. Wstałem i otrzepałem się.

Tam stała głowa, która przepowiadała, była taka głowa na mieczu i przepowiadała, to było cudo przeczące materializmowi dialektycznemu. Potrafiła, patrząc w oczy, powiedzieć datę urodzenia z dokładnością co do dnia, i nazwisko.

Przychodzę do domu. I przeżywam mój stan dziewiczy, myszkuję po pokoju i rozgrywam jeszcze raz kampanię wrześniową, przeprowadzam zaskakujący manewr przez Litwę, jako wcielenie Rydza-Śmigłego oskrzydlam armie niemieckie i wtedy następuje jasny okres rozwoju Polski. Następnie rozpinam rozporek, zaczynam myszkować we włosach tej z C, wtedy dopiero naprawdę czuję się jak Rydz-Śmigły.

Kiedy jest już po wszystkim, idę do łazienki umyć rękę, co się dzieje potem – nie pamiętam. Pewnie wpadam w panikę i zaczynam biegać po mieszkaniu dwupokojowym – metrów kwadratowych czterdzieści pięć, w którym mieszkam z matką Haliną, ojcem Wacławem oraz psem Perełką i nie mogę przyprowadzić żadnej dziewczyny.

Płonący Krzak

W owym czasie ludzie ginęli skrytobójczo mordowani, byli to młodzi chłopcy albo kobiety, nie wszystko da się przypisać później złapanemu Skorpionowi. W tym samym czasie działał na terenie Trójmiasta seryjny morderca, którego nie udało się schwytać, figurujący w aktach policyjnych jako Płonący Krzak.

Generał

Generał to była postać, uczył nas angielskiego w śmietniku, w takim zsypie, i pokazywał nam mosiężną plakietę Piłsudskiego, w pierwszej chwili myślałem, że to Stalin, ale to był Piłsutki, i to właśnie do niego szedłem na angielski, pojechałem do Gdańska Głównego, jak były manifestacje. *Present perfect*, a tu z ósmego ktoś śmieci wyrzucił i lecą przez rurę, która przez środek tej kanciapy przechodzi, on się niby tak śmiesznie wykrzywia, ale jest mu wstyd. I słusznie, czemu nas w domu nie przyjmuje.

Świetlice

Świetlice, ośrodek przemysłu celulozowo-papierniczego, około dwudziestu tysięcy mieszkańców, nawiedzaliśmy nie częściej niż dwa razy do roku. Tam mieszkała rodzina matki. Świetlice, prastary gród, początki osadnictwa w neolicie, najpierw starostwo rodu Święców, w 1308 zdobyte przez Krzyżaków, którzy założyli tam komturię, ruiny zamku krzyżackiego, wielka katedra.

Miejsce zamieszkania moich dziadków i innych przodków. Potworny smród z zakładów celulozowych. Dziadek robotnik, podczas wojny przymusowy, przed wojną handlarz koni rzeźnych.

Był pewien problem, było tam niewiele łóżek, bałem się spać w pokoju ze starym, oblazłym lustrem. Było obramowane, wydłużało twarz i kończyny, miało rzeźbienia i podłoga się trzęsła.

Po prawej gablota z porcelaną z Hindenburgiem. Hindenburg groźnie po prawej, Matka Boska Fatimska, jakiś obraz z kasztanami i dziewczyną schylającą się, dalej po lewej piec kaflowy i komoda z bibelotami.

Przez okno śliwa, a za śliwą prosektorium, spod którego rusza pogrzeb zasłużonego pracownika zakładów celulozowych, oblanego ługiem sodowym. I stale obecny Nowy Jork: Greenpoint, Queens, Jersey, Long Island, Bronx, Portorykany, czarni, mój wujek mieszkał w Nowym Jorku, potem wrócił do Świetlic, do rodziny, która nie wyjechała przed pierwszą wojną światową. 10 września 2001 wujek skończył pracę w Pentagonie, taką już sobie markę wyrobił, że go biorą do Pentagonu, jest kamieniarzem, ma przeszło sześćdziesiąt lat i matka wspomina, jak uciekali razem przed schupo podczas nalotu i schowali się za szafą u sąsiadki. 11 września myśleliśmy, że nie żyje, ale tylko metro nie jeździło.

Ja pamiętam, że przywiózł gumy do żucia, przezrocza i coś tam jeszcze.

Podłoga drgała i porcelana się trzęsła, dzwoniła, dopóki nie przeszło się do następnego pokoju z ciemną szafą z telefonem bakelitowym i ryciną z rzymskimi ruinami. Lęk narasta, ubikacja na korytarzu, potrafiłem przez tydzień nie iść do ubikacji ze strachu przed ciemną komórką. Taki horror amerykański. Zaraz po wojnie duch pani Heiligebrandt ukazał się niespodziewanie wieczorem mojej matce. Stanęła w drzwiach, przeszła alejką i rozpłynęła się w krzakach. To był znak, że trzeba słuchać mamy.

Kot Agata, którego męczyłem, nie, nie można go było męczyć, męczyć to można było lalkę, wyrwać włosy, obciąć włosy, wyrwać rączkę, muchy męczyć, ale kota? kota złapać i go nożycami ciach, nawet babcia nie była niewinna, razem z babcią moja kuzynka przyglądała się musze tonącej w mydlinach, i się śmiały, sami sadyści...

Na korytarzu z białą muszlą klozetową, ale pierwej był tam ustęp poddanych cesarza Wilhelma.

Lęk, kiedy nadchodzi noc.

Narobiłem w... i schowałem się w ostatnim pokoju. Po dwu godzinach kontemplacji umeblowania i ryciny, która przedstawiała park, kolumny i rzekę, odkryła mnie ciocia, powiedziała: „Zrobiłeś w majtki". Pokiwałem głową. Jakiś głos powiedział: „Zrobił w majtki" – to był dziecięcy głos. Nagle z całej ulicy, zebrało się dziesięcioro dzieci, żeby zobaczyć moją hańbę. A co czułem? Ulgę, że ktoś mnie wybawił z tej sytuacji.

Kiedy nadchodzi noc, babcia siada na krześle w kuchni, obok ciocia, i babcia opowiada: „Jeśli ktoś ma zrośnięte brwi, to znak, że jest zmorą. Do mnie taki przychodził, kładł się na mnie. Później jak przyszedł, to mu powiedziałam, żeby po nocach do mnie nie przyłaził". (Ostatnio doświadczyłem zmory, moja zmora mówiła kobiecym głosem. Było to nieprzyjemne.)

Leonardo da Vinci twierdził, że plemniki produkowane są w mózgu, po czym przesuwają się rdzeniem kręgowym.

Koło babci na dużym łóżku. W wieku, kiedy uległem zgubnemu nałogowi onanii, który grozi zmiękczeniem rdzenia kręgowego. Myślałem, że już śpi, lecz po chwili obudziła się i powiedziała:

– Przestaniesz?!

Przestałem. Nad łóżkiem obraz w złotych ramach, Matka Boska ze Świetlic. Odczekałem chwilę, żeby znowu, znowu trząść się rytmicznie.

Trysnęło ze mnie życie. Babcia spała pomarszczona i uwiędła. Rano opowiedziała rodzicom, zresztą w sposób groteskowy, wydawało mi się, że nikt nic nie wiedział.

Obraz patrzy za mną z wyrzutem, wodzi wzrokiem za mną.

W ogródku mojej babci

W ogródku mojej babci
były kwiatki;
pod kwiatkami
sami pomordowani.

Tuż obok było prosektorium.
Nad miastem, gdzie wariat
na przepustkę wychodził,
dymiło ceglane krematorium,
na strychu esesman się powiesił,
wariat z nożem się zbiesił,
babcia mówiła: – Cicho!
Bo pod podłogą
rodzina ukatrupionych śpi!
Komin cichutko dymi,
to wszystko jest do bani,
myślałem jako zalęknione dziecko,
a na ulicy sami ekshumowani.

Oto babcia kurę chwyciła zdradziecko
i ciach jej głowę odrąbała
i głowa na trawę upadła,
a na obiad rosół cała rodzina jadła.
Na śniadanie, wiadomo,
parówka, jajecznica,
na dobranoc trzecia
Fatimska Tajemnica.
Rosły tam pomidory,
jak nazwa pokazuje,
z pomordowanych.
I pomyślicie, że
mi spokojnie życie mijało?
Nie – muchom nóżki się wyrywało.

Wieś

Powiem szczerze, moi krewni... wstydziłem się ich wieśniactwa, ich wsiowości... chociaż bardzo ich lubiłem.

Ciągle sobie czegoś zazdrościli i kłócili się ze sobą, a biedna babcia musiała tego słuchać, od ojca tak samo, pozerstwo i takie samo intryganctwo. Mój wujek sobie dodał do nazwiska pseudonim, nic złego, ale on twierdził, że jest synem generała amerykańskiego, to było w latach sześćdziesiątych. Drugi pełnił służbę na statku i coś nabroił w obcym kraju, i go wyrzucili. Jedni byli w Stanach, inni mieli ciężkie stany...

Ameryka

Sopot odwiedzaliśmy częściej latem, szliśmy na lody do Włocha, na molo, na kebab – tak, w socjalistycznej Polsce w Sopocie sprzedawano te wszystkie fanaberie: kebab, popcorn, pizzę i hamburgery, to był kurort, festiwal, i Sopot był miastem eksterytorialnym w morzu nudy, nie będę się rozwodził nad parasolnikiem i innymi oryginałami, wysiadłszy z kolejki, słyszało się natychmiast inną muzykę, chodziliśmy na wystawy do bewua, na koncert, na molo, Dwa Plus Jeden – pamiętam osobiście, i przede wszystkim na lody do prawdziwego Włocha, który te lody produkował. Staliśmy pośrodku tych wspaniałości, moja mama gruba, bardzo gruba pani w sukience w kwiatki, podszedł Cygan, moja mama tego nie widziała, czekaliśmy na tatę, który zniknął w środku, i ten Cygan w różowo-amarantowej koszuli z falbankami stanął za moją mamą i wykonał parę ruchów frykcyjnych przy wszystkich, na oczach całej kolejki do Włocha, cały Monciak patrzył na nas, mało tego, on jeszcze zawołał czy gwizdnął do swoich kumpli, moja mama tego nawet nie zauważyła, ale ja – co ja? Wszyscy patrzyli na poniżenie i na moją bezsilność i dupowatość, powinienem zdzielić tego Cygana, ale ja miałem dziesięć lat, a on dwadzieścia. Jakiś pan powiedział: – Siły nie ma na to chamstwo.

Wszyscy patrzyli, miałem wrażenie, że nawet ktoś nas filmował – będzie w *Teleranku*, jak Cygan moją matkę rucha, może to zadanie niewidzialnej ręki, ten Cygan jest z Niewidzialnej Ręki i w *Teleranku* powie: „Niewidzialna ręka numer 56753 wyruchała panią Wolkową, tak że pani Wolkowa nawet tego nie zauważyła”. Dziękujemy za uwagę. Teraz będzie film produkcji amerykańskiej *Przygody Tomka Sawyera*.

Dziękuję. Czemu moje życie składać się musi z pasma poniżeń, upokorzeń i niepowodzeń? Ja już dziękuję za Sopot dzisiaj, i za Amerykę pod wszystkimi postaciami: płynu, idei, atmosfery, dzięki za Amerykę pod postacią wujka z Ameryki. Dzięki za Sopot, Panie Jezu.

Niegodne czyny Włodzimierza Wolka

Nie wolno męczyć zwierząt, nawet tych najmniejszych, nie wolno wsadzać pasikoników do mrowiska, bo przyjdą chłopacy, którzy właśnie łażą po dachu, i wsadzą cię do skrzyni, gdzie zbierają zlewki. Wtedy krzyczeć będziesz, jak milczały zwierzęta, które ty w ogień rzucałeś z dziką radością i do pudełka po zapałkach, i trząsłeś, aż zdechły, i ty będziesz w metalowym pudle i trząść się będzie to pudło, samolot, i modlić o przeżycie się będziesz, jak zwierzątka, które męczyłeś, bez cienia litości, z radością dziką, bo to, co innym uczyniłeś, tobie będzie uczynione. Moja wina.

* * *

Zanim mój tata miał malucha i służbową syrenkę, to w ogóle ważne było, czy masz samochód, czy nie. Nie wszyscy mieli, mój tata miał jawę, uczył mnie jeździć na wrotkach, bardzo go kochałem, jego zapach, kładłem się tam, gdzie spał, i wdychałem, miał silne ręce, uciekłem do niego, to było na Helu, zobaczyłem jego płaszcz w oddali i zacząłem uciekać, mama wpadła w panikę, bo akurat była w kuchni, a ja uciekłem do ojca, który szedł ulicą.

Na koncercie Osjana

„Musimy dbać o naszego jedynaczka" – mówili. Poszedłem na koncert Osjana w Lastadii. Oczywiście dostałem obstawę z domu. Mój tata ze mną na Kraftwerk też poszedł, otwierali moje listy, zajrzeliby do najmniejszej jamki, wszystko chcieli wiedzieć, a skutecznie nie umieli mi pomóc.

No więc on poszedł ze mną na ten koncert. Wokalista, bębniarz, gitarzysta i perkusyjne efekty specjalne, pełno ludzi.

Koncert trwał, wokalista opowiadał, jak to jeździli po Alpach z bębnami, co pewien czas nucił *bambuli bambuli*..., to wszystko było bardzo hipisowskie, miałem piętnaście lat, i wtedy zaczęła się dzika improwizacja, bębny zwariowały, gitara wibrowała, chińskie czynele i nagle cisza... cisza... nirwana... i w tej ciszy... usłyszałem chrapanie, to chrapał mój ojciec, który mnie pilnował, żebym nie popadł w złe towarzystwo. Chrapnął, siedział dalej, nie mogłem go szturchnąć, cisza, kosmiczna cisza i ponowne długie chrapanie.

Początek stanu

Początek stanu zastał mnie na ulicy Słowackiego, byłem u Niedziałkowskiej... Niedziałkowska, to była dopiero... Szkoda, że jej wtedy nie miałem, bo i mieć nie mogłem.

Wracałem, był zmierzch, złapałem taksówkę, miałem mało pieniędzy, umówiłem się z taksówkarzem, że za sto złotych jest okej, i wsiadłem, nie ujechaliśmy stu metrów i wtedy na drodze stanęły nam lodówki, setki lodówek – jakich lodówek? No... Polar, mińsk, śnieżka, była też jedna pralka Frania, całkiem zasyfione, pełne starego, zgniłego mięsa i zbutwiałej bielizny – kolumna wozów policyjnych. Przyjechałem do domu i musiałem się tłumaczyć kamiennym rodzicom... I mówiłem o lodówkach, a oni mówili, żebym dał już spokój, i...

Opisanie czynów bohaterskich Włodzimierza Wolka

Wyszedłem rano, żeby pojechać do Gdańska, czyli do Głównego, bo tam od rana wrzało, i spotykam Słomę z obozu żeglarskiego, nie, on był z zimowiska, a on nawet rozmawiać nie chciał, pobiegł, bo wjeżdżał jakiś dalekobieżny, to w Oliwie było, i ja też jadę, a tam już swąd w Głównym, siarkowodór, jakby ze starej dupy atom puścili... Wyjść z kolejki nie można i strzelają, wszystkim łzy lecą, ale wysiadam, biegnę na forty, tu wszystko zadymione, milicja mówi przez megafon: „Mówi do was pułkownik Bajron; rozejdźcie się, bo użyjemy środków przymusu..." Jednemu starszemu gościowi, aż się oczy świeciły, tak mu się ta gonitwa z milicją podobała.

Ja wtedy biegiem na dół i do tunelu, a tak szczypie, że oślepić może, nie, dobiegłem do hotelu Monopol i w lewo, jesteśmy otoczeni, przebić się trzeba, a oni jacyś niemrawi, ale atmosfera matni, łapanka, biegnę w podwórko, ze wszystkich stron zomowcy... Walka, a ja hyc do drzwi i do środka, a to fryzjer był, wpadam, przecieram oczy, wszyscy płaczą, siedzimy, na zewnątrz dwaj stoczniowcy złapali zomowca, rozebrali go do gaci, położyli mu tarczę na twarz i wskoczyli na nią. Między zieleniakiem a tym szarym gmachem stał kordon, bitwa rozgorzała na dobre, wszyscy szturmowali, próbowałem wyjść, ale tak szczypało w oczy, że nie sposób było. Odwracam się, a tam fryzjerka stoi, stoi i patrzy.

– To może ja pana ostrzygę, nie mogę patrzeć, jak oni się biją, a tak się czymś zajmę, widzę, że pan dawno nie był u fryzjera.

– Wie pani, ja też jestem pacyfistą... Ale chciałem zobaczyć. – Siadam na fotelu. – A ile to będzie kosztowało? – pytam, ona, że nic, a zomowcy już za oknem ustawili się w tyralierę i szturmują.

Od strony Rajskiej polewaczka nadjechała, wóz pancerny, dwa czołgi, potężna eksplozja wstrząsnęła niebem i ziemią. Spojrzałem w lustro, fryzjerka, która miała właśnie wyrównać baczki, przejechała mi maszynką przez środek głowy. Podnoszę się i krzyczę:

– Co pani zrobiła?

A ona:

– Tak się przestraszyłam, że panu przejechałam, niech się pan nie przejmuje, ja to wyrównam, będzie punkrockowo.

Widzę, że ona jest jakaś taka całkiem do rzeczy i pytam, jakiej muzyki słucha, a ona że Clashów i Sex Pistols.

I pytam, która godzina, bo ja na angielski chciałem pójść, o osiemnastej miałem być na Żabiance, u magika, co uczył angielskiego w pomieszczeniu zaadaptowanym ze zsypu na śmieci, w wielkim bloku na czwartym piętrze. Jest piętnasta, kolejka i tak nie chodzi – ale może od politechniki chodzi, przejdę przez Suchanino i zdążę...

Już nie pamiętam, co ona powiedziała, tylko szyba pękła i wpadli do środka, adrenalina, i walili się nawzajem, ja się włączyłem do walki, aż tu nagle czuję, coś mnie ciągnie do tyłu, a to fryzjerka wciąga mnie do kantorka, nie, to była piwnica, idziemy na dół i ona mówi:

– Jeszcze ci nie wyrównałam, jak ty będziesz wyglądał? – Ciemno było i ona: – Zaraz cię wyprowadzę, tu się złap i idź za mną. Idziemy.

– Jak pociąg – mówi. – Przepraszam, że na ty... Bożena jestem. – Zapala świecę, a ja ją ciągle trzymam z tyłu za piersi i czuję, jak jej pod fartuchem brodawki twardnieją. – Stój, nie ruszaj się. – No to stoję, a u góry jakby stado koni przepędzali, mnie duszność bierze, i przeczucie, że już nigdy stąd nie wyjdziemy, że dom się zawali i ja i ona umrzemy, pogrzebani pod zakładem fryzjerskim, mówię do niej, żeby przestała mnie strzyc, bo zaraz umrę i nie wiadomo, co się tam u góry dzieje, bo to wygląda na zupełny kataklizm, może już tego domu nie ma. Do niej jakby dotarło, że może jesteśmy już zasypani, i zaczyna beczeć.

– Bożena, uspokój się – mówię – zaraz stąd wychodzimy, obojętne, co się tam dzieje u góry – a ona do mnie przypada i ryczy, że już dłużej nie wytrzyma, ja na to: – Wychodzimy.

– Dobra, ale muszę ci jeszcze wycieniować.

A ja jej na to, żeby się streszczała, bo nie mam zamiaru siedzieć w tej piwnicy, nawet jakby mieli nas zabić albo wysłać na Sybir. Ona mówi:

– Włączam radio, może się czegoś dowiemy.

W radiu marsze grają i Chopina, Wolną Europę to tak zagłuszają, że nic zrozumieć nie można. Wtedy jadę po skali i słyszę: „Przy kobyle zbiera się tłum". Drugi głos odpowiada: „Wyślijcie tam tygrysów". Szumi. „Już się robi", znowu szum. „Przy żelaznym zbiera się tłum". Zrozumiałem, że radio milicji złapaliśmy i że na górze spokój, wybiegam i jeb w ścianę, a ona mówi:

– Spokojnie, zaraz wychodzimy.

Wyszedłem na górę, a tam pobojowisko, szyby, lustra pobite, krew, jakby tu grasował fryzjer morderca, patrzę w resztki lustra i oczom nie wierzę. Stoi tam indywiduum podobne do mnie, co ma najwyraźniej łysienie plackowe połączone z irokezem z boku głowy, zaraz za mną wybiega Bożena i mówi:

– Idziesz już? – Chcę powiedzieć: „Nareszcie sobie idę" – ale się powstrzymuję.

Przypada do mnie i mówi, że chciałaby się ze mną jeszcze spotkać, żebym wpadł do zakładu. Wreszcie idę, w oczy szczypie tak, jakby ktoś rozpuścił kwas solny, robi się ciemno i zimno, mi też w tę łysinę z irokezem, wracam na chwilę do zakładu zobaczyć, czy tam nie ma czapki, i nie ma. Bożena bardzo się ucieszyła, że postanowiłem wrócić, ale wyprowadzam ją z błędu i mówię:

– Dziewczyno, tu zaraz będzie znowu gestapo i będzie Rosja taka, spierdalaj stąd, głupia!

Ona postanawia posprzątać i doprowadzić zakład do porządku, no bo co powie szefowa, jak wróci. Obok stoją dwa skoty, wojsko nie atakuje cywilów, tylko obstawia, i w zasadzie to nie ma się czego bać. Na wieżyczkach dwaj oficerowie krzyczą do siebie, pada mokry śnieg.

– Wasz dowódca jest tam!!! – pokazuję w kierunku Kartuskiej, sądu. Żeby jakoś się okryć, biorę z zakładu styropianową głowę. Jakoś jest nie jeden do jednego, tylko większa, reklamowa. Wkładam ją, żeby przykryć moją łysinę, ciekawe, jak teraz wyglądam. Padają strzały, są to kule plastikowe, przebiegam przez tory, idę do Bramy Oliwskiej, tam, skąd ruszają pochody pierwszomajowe, przy Żółtym Moście będą zaraz rozpędzać.

Ludzie dyskutują z żołnierzami:

– Nie, lepiej to się rozejść – mówi jeden niski. – Nie widzicie, że jest stan wojenny!

Na to ktoś mówi:

– Rozejdziemy się, jak wybierzemy demokratycznie nowy rząd, a nie jakaś hunta będzie nami rządzić.

Jakiś starszy jegomość krzyczy do zomowca w tunelu, ukrytego: – Ty pachołku moskiewski!!! Tam do dyrekcji kolei koło kina Goplana leci petarda.

Jakaś kobieta uskutecznia przed tłumem występy na wokalu: – „Marsz, marsz, Dąbrowski...” – Na mrozie, bardzo groźne dla strun głosowych.

Tłum przy Żółtym Moście rusza, ja z nimi w tej głowie styropianowej, koło mnie jakiś starszy pan dostaje petardą w nos, krwawi strasznie, mnie to uwalnia z zachowań stadnych, biegnę do lasu, uciekam na Przymorze. Potwornie zaczyna boleć mnie noga, ściągam spodnie i okazuje się, że dostałem plastikową kulą i od uda do kostki mam siniaka, mało powiedziane, ci chuje chcieli mnie trafić w genitalia – gnoje, dziwne, ale prawie godzinę nic nie czułem.

Kiedy już chcę iść do domu, niepostrzeżenie wyjeżdża lodówka zza węgła koło pogotowia, bo tyle już zdążyłem ujść, wszyscy przez płoty, a ja zapinam właśnie spodnie, na głowie mam tę styropianową głowę, oni na mnie patrzą jakoś dziwnie groźnie i ja na nich, i to są najstraszniejsze chwile mojego życia, oni spokojnie, dokumenty, i mierzą do mnie z pistoletu, podaję im dokumenty, czyli legitymację szkolną i książeczkę żeglarską.

– Do wozu – słyszę, a w środku jest, jak się okazuje, mały korytarzyk (star), teraz, sobie myślę, mnie zatłuką w tej lodówie, cicho, nikogo nie ma, oni stoją na zewnątrz, słychać tylko radiostację. Serce mi bije, i myśl: O kurwa, co ja zrobiłem, mogłem siedzieć spokojnie w domu. Sekundy zamieniają się w tygodnie, wtedy słyszę w szumiących odgłosach: „Ruszajcie do akcji, tygrysy" – brzęczy w radiostacji. „Halo, tygrysy, do akcji przy moście". Wtedy potężna ręka wyrzuca mnie z lodówy i:

– Masz szczęście, gówniarzu, że nie mamy teraz czasu bawić się w przedszkole. – Jest dokładnie osiemnasta, wiem, że mogę nie zdążyć przed godziną milicyjną, zadzwonić też nie mogę. Wstaję i słyszę znajomy głos:

– Włodek, co ty tu robisz?

Odwracam się, a tam koleżanka z klasy, Gosia:

– Chodź do nas na imprezę.

Wstaję, otrzepuję portki ze śniegu, i rzeczywiście impreza, wszyscy tańczą.

– Tatuś z mamusią pracują, no i pomyślałam, skoro ich nie ma, to co się będę nudzić. – A ja kalkuluję: pracują, aaa... Przecież jej ojciec jest milicjantem... Woodstock.

Trzeba mi iść lasami do Oliwy i stamtąd na Przymorze. Ale wchodzę, a tam alkohole.

Gosia pyta:

– Czego się napijesz?

Ja jej na to, że herbaty i że zmęczony jestem, a ona, że wie, i owszem, ale ona jest pacyfistką i jest party, no to ja patrzę... A tam kwiat młodzieży, siedzą, machają do mnie i mówią:

– Ty, Włodek, co ty masz na głowie, jesteś teraz punkowcem?

A ja, że owszem, że jestem punkowcem, tylko sobie jeszcze nie kupiłem skóry, ale zakładam kapelę.

A oni tańczą, piją koktajle, palą nie żadne tam popularne, tylko marlboro, i w ogóle jest bosko. Z magnetofonu słychać Maanam na przemian z Jethro Tull i Mikiem Oldfieldem... Niemożliwe, tam ZOMO, a tu ci się bawią.

– Wiecie co, coś wam pokażę! Proszę wszystkich do łazienki... – Panny i faceci, jak gdyby nigdy nic, nawet mi się to podoba, taka dekadencja, tam giną dzieci na ulicach, przysiadam. – Proszę państwa, pokażę państwu sztukę. – Ściągam buty, skarpety, wsadzam stopy do... do kibla i spłukuję. Oni trochę z niesmakiem, no to ja dalej spłukuję. Przyłażą z pokoju, przestali tańczyć.

No to ja buty biorę i wychodzę, mokre mam stopy i nie będę z nimi pił, idę do lasu, tam we Wrzeszczu jest las, szedłem alejkami, wrócić do miasta byłoby teraz niebezpiecznie, szedłem w zupełnej ciemności, minął mnie człowiek, usłyszałem kroki za sobą. – Kto idzie? – krzyknąłem. – Ja! – usłyszałem znajomy głos, ktoś tam szedł za mną. Dotarłem do Oliwy, szedłem nieśmiało, zrazu nikogo na ulicy, ale nagle już watahy po dziesięciu – piętnastu, szli stadami. Szedłem Piastowską, musiałem przebiec Krzywoustego. Nagle usłyszałem głośne „Stać!", jak nie przeskoczę na turbodoładowaniu adrenalinowym płotu, i za dom wbiegłem, i do szopki drewnianej, patrzę, co się dzieje. A tam taki bałwan stał z oczyma z węgli, z garnkiem na głowie, z rózgą i śpiewa: *Anarchy in U.K.* Połączone to jest z układem tanecznym, przecieram oczy. Bałwan dalej tańczy, wtedy wpadają zomowcy i pałują bałwana, chowam się głębiej, w szopie jest ciemno i straszno. A to nie szopka była, tylko mieszkanie prywatne, pani Machałowska, która mną się opiekowała, kiedy miałem dwa latka. Wstaje, mówi:

– O tej porze przyszedłeś, ooooo!! To ja herbaty zaparzę – zapiała tym swoim białoruskim. Herbatka była jak się należy, z konfiturami. – Włooooduś... Wstawaj, stary, patrz, kto do nas przyszedł – piała Machałowska.

Zmarznięty i obolały, przymknąłem oczy i zobaczyłem ją całkiem nagą, ale nie mogłem na nią się położyć, i wtedy usłyszałem jak ze studni:

– Ma herbatę.

– Kto? – spytałem, unosząc głowę.

– No on.

– Kto taki?

– On sam.

– Mam, mam, kochana pani Machałowska.

– Zaraz przynioose. Gdzie był?

– A byłem, walczyłem.

Na to wstaje stary Machałowski. Patrzy na mnie i mówi:

– Hospody pomyłuj, dzieciateczka na ulice ubijajut.

Położyłem się spać, bardzo dobrze mi się zrobiło, zasnąłem, obudziło mnie uczucie, że coś jest nie w porządku, odwracam się na plecy, oglądam siniaki, rozlaną siną krew, ciekawe, czemu ona się robi niebieska? rozkłada się i robi się niebieska na kształt Ameryki Południowej, wzdłuż mojej nogi, nie, coś było nie tak, pośladki moje były w czymś mokrym – mam krwotok – pomacałem, nie... Zsikałem się, naszczałem do łóżka, i to w gościach, naszczałem, kiedyś mi się to częściej zdarzało, ale teraz... Machałowscy są starzy, nie zauważą, a to, co im się wyświetla, to pewnie łany zbóż na Ukrainie.

Przyszedł Machałowski, popatrzył na zaszczane łóżko, nic nie powiedział, pewnie widział jakieś stepy...

W ich domku było mi chłodno. Te domki budowano zaraz po wojnie dla repatriantów albo oni sobie budowali sami, to był rodzaj baraczka. Stawiano, a w latach siedemdziesiątych wyburzano.

Następny dzień stanu

Następny dzień stanu wojennego, a w zasadzie wieczór, spędziliśmy nie wiem jak, ale mam wrażenie, że to był bardzo aktywny towarzysko moment, wiem, że wtedy mój kolega rozmnożył stado chomików. On też był członkiem organizacji podziemnej, chomiki kopały sobie nory. Od dwudziestej nie wolno było wychodzić na zewnątrz, świece w oknach i czytano pisma, ponieważ odwołano zajęcia, w falowcu dzięki galeriom można było przemieszczać się całkiem swobodnie. Zgasło światło, było na tę okoliczność przygotowane radio turystyczne Radmor na baterie. Skwierczeć i pierdzieć, szumieć i falować poczęły radia turystyczne Diora i inne.

Moja matka ściszyła ten szum i przy świeczce zaczęła:

– Rosja runie na Polskę i wciągnie wszystkie państwa Układu Warszawskiego, pomijając już działanie Polski i Czechosłowacji, widząc, że w razie zwycięstwa czeka je zagłada: walczyć będą nawet Niemcy ze sobą, a Rosja wywrze na tym kraju całą swoją wściekłość za cios z tyłu, za przegrywanie na wschodzie, za widmo klęski. Dopiero kiedy dojdzie do Atlantyku, ruszą inne narody zagrożone bezpośrednio. Rosjanie cofać się będą na skutek walk na Ukrainie, zostawiając za sobą spaloną ziemię i popioły miast...

Wtedy zaczęła uciekać fala w radiu i zamiast normalnego szumu liuliu pojawiło się: *„Milicjoniery kotoryje dieżurujut na ulice... liuliuliu... o bohu smyyrti, o posmyrtnom živote..."* – raz po raz włączały się stacje Wolnej Europy innych krajów demokracji ludowej.

– Obojętność na krzywdy, bogacenie się na nich, zaprzeczenie sprawom bożym nie pozostaną pomszczone. Rosja, która sama zdradziła, frymarczyła narodami, łamała podstępnie traktaty i umowy, zazna tego na sobie, ale zazna też zdrady i klęski Ukraina.

Chomiki, które jako pustynne gryzonie kopią nory, rozmnożyły się niewyobrażalnie w moim akwarium, widziałem ich setki, ale były tylko trzy, się goniły w systemie norek i kanałów.

– I wteeedy... – mama zawiesiła głos – i podstępne traktaty i umowy, zazna tego na sobie i Litwa, a w mniejszym stopniu Łotwa i Estonia, Białoruś. Polska i Węgry będą stosunkowo spokojne, a jedynym narodem chronionym przez Miłosierdzie Boże w ogólnej katastrofie pozostanie Polska. Czechosłowacja zniszczona zostanie już w czasie odwrotu wojsk rosyjskich, które będą dążyły na Bałkany i Ukrainę. Od południa uderzą Amerykanie z Iraku i zacznie się powstanie na Kaukazie, a do Turcji wejdzie Anglia, przy tylu frontach trudno podać kolejność.

Wryłowski

Tak, kraj ogarnęła mania leczenia, radiestetów, wróżbitów. Jest to ponoć mistycyzm porewolucyjny, znany z Francji i Rosji. Typowy dla krajów, które przeżyły rewolucję. Mój ojciec, który powinien zostać lekarzem, ale, niestety, wychował się w sierocińcu, to znaczy u redemptorystów, bo wojna, bieda, został tylko elektrykiem. Ale moc ducha i chęć niesienia pomocy innym go nie opuszczała.

Musieli na siebie wpaść. Przyszedł, rozejrzał się, był rudy, mówił, kończąc zdanie „te", „ne", co jest charakterystyczne dla Kaszubów starszej daty. Powiedziałem:

– Dzień dobry – i schowałem się w moim pokoju.

Atmosfera podskórnego życia, spotykania się, politykowania, Sprawy, konspiracji, ale też istnienia sił nadprzyrodzonych, które musiały w końcu zaingerować w los tego umęczonego i chorego ciała narodu, który tak walczył, tak się starał i tak niewiele osiągnął, i takie zło go ciągle spotykało.

Los Polski był dowodem na istnienie sił nieczystych, na istnienie zła, złego... Szatana. I całą mocą wszyscy, kobiety, dzieci, starcy, mężczyźni musieli mu się przeciwstawić.

Przeciwstawienie się nie było sprawą prostą, szatan mógł występować pod wieloma postaciami, na przykład ubeka albo działacza Solidarności, trockisty, mało tego, mógł się pojawić w niespodziewanym miejscu i przybierać nieoczekiwane formy, mógł też wstąpić w księdza, który utrzymywał niegodny związek z uczennicą klasy maturalnej. Biedny kraj wciśnięty między Rosję, tatarsko-bizantyjskie imperium, a Niemcy faszystowskie, teraz NRD, gdzie kupowaliśmy buty, laczki i garnki. Zachód, który nie chciał nam pomóc, tylko Ameryka, ale ona nic nie mogła zrobić. Ameryka spoglądała współczująco z okładki miesięcznika „Ameryka" oczyma Ernesta Hemingwaya.

Kraj oddany w niewolę Niepokalanego Serca Maryi stawiał czoło księciu ciemności, ale szatan nie spał, czaił się w złych zamiarach chorych na umyśle dzieci, z których spuściła troskliwe anielskie oko matka, ta matka, która w nocy kisiła ogórki, i choć głowa kiwała się jej ze zmęczenia, odmówiła dziesiątkę różańca, ta, która w cichości serca znosiła zniewagi u rzeźnika, która z pokorą przyjmowała źle zrobioną trwałą, przykrywając ją moherowym beretem. Ta matka, która pochlipując, szła do szpitala na operację wyrostka robaczkowego, popularnie nazywanego ślepą kichą.

Szatan jednak przede wszystkim należał do partii, do PZPR, był zdrajcą, był Judaszem, który chodził na zebrania partyjne, który brał talony na malucha.

Wryłowski był emerytowanym kościelnym, organistą czy kimś takim, w każdym razie był w Lourdes, nie wiadomo kiedy, utrzymywał, że wiązał buty Karolusowi, jak mówił o Papieżu. Nie ustawiała się do niego kolejka jak do Harrisa. Nie był rozchwytywanym towarem jak Harris. Zobaczyłem całkiem pijaną kobietę w kozaczkach na obcasie, która kopała w drzwi domu i krzyczała: „Otwórzcie, kuurrwa, załatwiłam wam kartki na Harrisa!!!" Wryłowski był wioskowym znachorem, mieszkał w małym ceglanym domku koło plebanii w Lezinie, we wsi różne się rzeczy słyszało na jego temat. Nie wiem, dlaczego mnie do niego zawiózł mój ojciec, nie wiem, jak trafiliśmy do tego rudego człowieka.

Siedzieliśmy przy stole w pokoju z ciężkimi meblami, wtedy pojawił się jakiś pan.

– Niech on idzie, ten Konkord, czego on tu szuka, to bieda jest, ten Konkord, a ja muszę Azę związać, bo ona nie dopuści. – I wyszedł wiązać owczarka niemieckiego Azę, żebym mógł iść do wychodka.

Anton Konkord pod nieobecność Wryłowskiego szybko obrobił mu dupę, że pije z milicjantami i prokuratorem.

Sprawa była wtedy prosta, byłeś z Bogiem albo z szatanem, piszę specjalnie małą, żeby ktoś sobie nie pomyślał. Wtedy nie było rozważań o racjach historycznych, grubych kresek, nie. Mój ojciec wyszedł na spacer z psem, było po godzinie milicyjnej i w zupełnym mroku złapał go jakiś człowiek w mundurze z okrzykiem: „Teraz cię mam!" Tamten myślał, że ma do czynienia ze złem wcielonym. Kiedy ojciec w ciemności dostrzegł jednak, że to pijany kolejarz, który wyszedł złapać wilkołaka, sprawił mu tęgie lanie. Wydaje mi się, że wiele kombatanckich historii miało taki rodowód. Widział go później z zadrutowaną szczęką. Tamten pewnie opowiadał, że go milicja tak załatwiła.

Zjedliśmy rosół z makaronem. Konkord poszedł.

Miałem Wryłowskiego za nieszkodliwego wariata, okazało się jednak, że poważnych spraw się podejmował, na przykład wiedział, jak się rzuca uroki. Jak wyleczyć różę, jak zamówić, jak zrobić, żeby wzbudzić miłość. Poświęcał temu dużo czasu. U rodziny mojej matki popisał się oddaniem moczu w rogach fundamentu, to był akt rytualny.

Powiedział: „Żeby ściany zdrowe byli".

Wielu ludzi, wyczerpawszy inne środki, zwracało się do znachorów, ale w mojej rodzinie nikt nie był wtedy ani chory specjalnie, ani załamany.

Myślę, że mój ojciec szukał podświadomie ojca, opiekuna duchowego.

Wryłowski odwiedził naszą rodzinę. Wujka, który właśnie przyjechał ze Stanów, przypalił roztopionym bursztynem, przypominało to niektóre metody medycyny chińskiej. Wujka schizofrenika powiązał i powiesił na drzewie za ręce, i trzeba z ręką na sercu przyznać, że nastąpiła znaczna poprawa. Wujkowi minęły objawy, a poprawił się zdecydowanie humor. Później wujek wsławił się tylko jeszcze jednym wystąpieniem, po latach próbował wpłacić na fundusz założony przez Kuronia jeden grosz i nie chciał odejść od okienka na poczcie.

A w małej miejscowości takie rzeczy się rozchodzą.

Aza była uwiązana, mogłem iść do wychodka, myślę, że spotkania z duchami najczęściej miały miejsce w wychodku. Wróciłem, ojciec powiedział, żebym poszedł do drugiego pokoju, że pan już czeka. Pełen wewnętrznego sprzeciwu poddałem się, wszedłem do ciemnego pomieszczenia.

– Żebi wyleczyc i przekazac miłosc, muesi se położyc jeden na druegim. Ja tu mam lekarstwo – powiedział, zbliżając się do mnie. – Scongnonc. – Wskazał na moją koszulkę, wylał sobie na rękę maź i zaczął mi smarować tors; siedziałem na jakiejś kanapie, na ścianie obrazy, księgi napisane gotykiem... Pomyślałem, zrobię to dla ojca, wysmarował mi całe ciało. – Nie wolno myc trzi dni. – Potem postawił butelkę z cudownym lekiem. Przyjrzałem się jej.

– Z NRF-u – wyjaśnił z dumą.

Był to normalny szampon do włosów ze znakiem Schwarzkopf.

Za drzwiami zawarczała groźnie Aza, która była teraz wewnątrz, w małym korytarzyku.

– Wrrrrrrrrrrrr... – I po chwili znowu: – Wrrrrrrrrrr...

– Teraz miłosc je po to, żebi przekazac energia – powiedział. Wciągnąłem koszulkę. Wstałem.

Szybko podszedłem do drzwi. – Wrrrrrrrrrrrr.

Ojcze nasz, ratunku... – pomyślałem.

Usłyszałem, że ktoś otwiera drzwi, pies rzucił się na niego, wtedy Wryłowski krzyknął: – Aza cechłe!!! – Pojawił się mój ojciec.

Wryłowski popatrzył mi tęsknie w oczy.

– Tato, jedźmy już – powiedziałem.

– Właśnie próbowałem zapalić, ale coś mam z zapłonem.

– Joo to zastanta...

– Nie będziemy robić kłopotu?

– Neee.

– Jedziemy – krzyknąłem, wybiegłem przed ceglany budyneczek, była zima, śnieg iskrzył cudownie, piękne puste niebo, nad nami gwiazdozbiór Oriona, Wielki Wóz, Plejady, jakież to piękne i straszne wszystko razem.

Wyszedł mój ojciec i zdziwiony zapytał:

– Co ci jest?

– Jedziemy albo zrobię rozróbę!!! – wrzasnąłem.

– O co ci chodzi? Pan nas zaprasza, jest dla nas miły, gościnny, a ty... Jak mamy jechać, jesteśmy odcięci.

– Musi być PKS, jak nie, to wracam na piechotę.

– To choć jeszcze wejdziemy, wypijemy herbaty – powiedział smutno.

Poszedłem za nim, on nie rozumiał, czemu nie podzielam jego zachwytu nad tym wspaniałym uzdrowicielem.

Wszedłem. Wryłowski zaparzył herbaty. Potem wyszliśmy, po drodze zaszliśmy do kuzyna Wryłowskiego, ojciec musiał zostawić samochód na jego działce. Kuzyn, wyglądał na bardzo rozumnego, był gminnym agronomem. Powiedział coś o Wryłowskim jako namiętnym amatorze uciech cielesnych, zaczął mówić coś o „mleczarniach" córki agronoma.

Wkrótce odjeżdżał ostatni autobus PKS, Wryłowski nas odprowadził, w ostatnim momencie wsiadł staruszek, pomogłem mu wspiąć się po stopniach. Wydawało mi się, że staruszek splunął, patrząc przez okno, ten gest był wyraźnie skierowany w stronę Wryłowskiego. „Panie, to diabeł jest!" – zakrzyknął.

Miałem tego serdecznie dosyć. Te słowa wyrwały ojca z żalu i melancholii i odsunęły pretensje do mnie, że nie chcę wziąć udziału w seansie spirytystycznym, rytualnej orgii, czymś, co jeszcze mógłby wymyślić ten szaman, półanalfabeta i zboczek?

Obserwowałem proporczyki nad kierowcą, X RAJD MŁODZIEŻY WIEJSKIEJ SZLAKIEM TYSIĄCA JEZIOR, pośród proporczyków dostrzegłem Matkę Boską z Fatimy, która wyciągała ręce do dzieci.

– To dziabełk, panie, to ruski ksiądz. Panie, jak przyszli Ruskie, to jego ksiandzem mianowali!

– A to ciekawe – powiedział ojciec.

Nie mogłem nie podsłuchiwać, chociaż dalej wlepiałem wzrok w proporczyki i w ośnieżone pobocza drogi. Autobus jechał teraz przez las.

– Łen to bel ministrantem, miol se za ksiandza uczyc, ale, panie, wojna bela i łen bel prec. Jak wrócil, to ksiandza nie belo i jego ruske sałdaty ksiandzem zrobili i łen msza łotprewioł i łen ni umiol czytyc jak ksiandz, czytal durch, a tak nie wolno, panie, zle narobiel, diachelstwo tedy całe to prziszlo do nos, to wszysci bez niego to jest, panie. – Pokiwał głową. – Tedy my z procesjom poszli przeciw nimu i wyszedł na plebania i tak stojał, me beli już blisko z kijami i wtedy jego matko czarownico wijszła, zdjeła laczka i tygo pierszego chlepa, łen bel wielk silny jak parowóz, panie, werżła w pesk, że mu smarki kole głowy dyń, dyń lotali. I my sie rozeszli, ale przijechali z kurii i łen musel prec! Potem mu pozwolili bec koscelnym. Łen jest czarownik, diocheł jeden. – Zamilkł.

Spojrzałem w okno, ciemna noc, iskrzące gwiazdy, błękitne, ciemne, granatowe niebo.

DKF

Zamiatałem dach. Czemu ten dach zamiatałem? I jak się na tym dachu znalazłem? Co to był za dach?

Był letni ranek, zamiatałem dach. Nie za bardzo lubiłem i do tej pory nie za bardzo lubię wcześnie wstawać. I nie za bardzo lubię prace, w które nie wkładam cząstki swojej duszy.

Wstało już słońce i miło świeciło w plecy, przy pewnej powtarzalności to nawet nie była taka ciężka praca... Kto to w ogóle słyszał, zamiatać dach. Przecież można spaść.

Jak to się stało, że wylądowałem na tym dachu? Mój kolega, który był u mojej rodziny w Niemczech i podał się za mnie, wrócił, założył spółkę z ograniczoną odpowiedzialnością. Czasy się zmieniały, co prawda niepostrzeżenie, jednak już zmieniły się emocje, dlatego poszedłem w wakacje do pracy, nie wiem, może zawsze traktowałem poważnie pracę, nie chciałem siedzieć z założonymi rękoma, nie! Chciałem być użyteczny, chciałem być moralny, mój mistrz mówił, że trzeba pracować. Na dachu razem ze mną, może trochę sprawniej, pracował saksofonista z zespołu alternatywnego, później przedawkował, taki jeden, taki drugi, teraz pracują albo w polityce, albo w telewizji, albo w innej babilońsko-bizantyjskiej strukturze, albo w biznesie, albo już nie żyją, paru chłopców z ludu, nie... z ludu – co to za faszyzujące określenie – oni po prostu byli z marginesu, też nie, nie umiem tego opisać, ale byli ciemnawi.

I tak we wspólnym wysiłku dla pierwszej z firm, no, jednej z pierwszych, zdobywaliśmy kapitał. Mój korepetytor z matematyki był doradcą ekonomicznym. W czasie poprzednich wakacji pracowałem w stoczni, a tym razem na dachu zajezdni tramwajowej.

Jegorowicz pracował w dyrekcji i malował kaloryfer, nabijał się z Andziego, który zamiast Wielka Brytania mówił Wielka Anglia, mówił też o Algierce, która dotknęła jego oka, i podobał mu się film *Thais*, bo jest tam trochę kobiecego ciała. Jegorowicz podpisał lewy rachunek i skasował trzydzieści tysiów, ja tego nie zrobiłem, nie żebym się bał, ale wtedy bardzo dbałem o kodeks, nie rozumiałem paru rzeczy... Sprzedawali na lewo papę i szli pić piwo do lasu. Tam gadaliśmy o filmach. Na przykład o filmie *Johnny poszedł na wojnę*.

Na dachu pracował też chłopak, który stał się legendą undergroundu, co prawda nieżyjącą, bo przedawkował w krzakach, później inny został znanym dziennikarzem, jeszcze inny wyniósł z katedry oliwskiej obrazy szkoły gdańskiej, której nigdy nie było, w obawie o ich stan, kapała na nie woda. Jegorowicz, który zawsze umiał się ustawić, malował kaloryfer, też był już wtedy legendą, po zebraniu DKF krzakowego za sprzedaną papę, na dalsze perygrynacje do miasta, nie uszliśmy daleko, bo po drodze przez okno udaliśmy się do Jegorowicza, jego ojciec sypiał w przedpokoju, dlatego wchodziło się do niego przez okno. Jegorowicz pokazał nam album ze zdjęciami, były to niewinne fotomontaże, wklejał swoją fotografię obok Beatlesów jako piąty Beatles albo wycinał twarz Lennona i wklejał swoją, albo obok Jima Morrisona, odbywał stosunek z Dolly Parton.

Potem poszliśmy do Wieczorka, on nam pomagał znaleźć nasze miejsce, naszą rolę, byliśmy zgubieni moralnie, sprzedaliśmy papę, zgubiliśmy wątek.

Piliśmy w kraju, który był częścią imperium sowieckiego, jednocześnie nią nie będąc, wszyscy chcieli być prywaciarzami, pracowali w prywatnej spółce, oglądaliśmy amerykańskie filmy. I wtedy trzeba było się rozstać. Ten moment smutnego gejowsko-pijackiego rozstania zbliżał się jak egzekucja, przedłużyć szczęście relacji, przedłużyć małżeństwo złączone w braterstwie alkoholowym, przyjemność i szczęście rodziny pijanych. Na końcu zostałem ja i Genek, Marek który opowiedział mi o swoim dwuletnim pobycie w więzieniu za te obrazy z katedry. I Wieczorek z nami poszedł, i byliśmy jacyś zgubieni, jacyś bez pointy.

Na Grunwadzkiej. I wtedy zza kiosku, bo już przeszliśmy kawałek, koło Jesionowej, wyszli dwaj żołnierze WSW, on trącił mnie i powiedział:

– Patrz, pałkarze muszą łazić...

Zadrżała ziemia, nadjechał tramwaj, Wieczorek i ja przystanęliśmy zobaczyć, co z Genkiem, i wtedy zobaczyliśmy, jak ten wykonuje gest wielce pogardliwy w kierunku tych z WSW, oni podeszli do niego, strzyknęli mu gazem po oczach, wykręcili ręce i poprowadzili, podniosłem kołnierz, było chłodno, podbiegłem do patrolu i mówię, że on żartował, oni nie chcieli słyszeć, za to Genek słyszał i mówił, wygrażał im, że jakby mógł, toby rzucał granatami w nich, rozbolały mnie oczy, szliśmy wybrukowanymi ulicami, moje oczy kłuło popsute niebieskie światło neonów. Doszliśmy do kina Zawisza na Słowackiego. Oni weszli razem z nim do aresztu wojskowego, myśmy stali, potem oni z nim wyszli, i przeleciał ptak, słychać było szum ulicy.

Ekspresówka

Minęło parę dni, nie wiem, czy pracowałem dalej, przyszedł do mnie Marek i mówi, że Genek będzie miał ekspresówkę. I jestem potrzebny jako świadek. Przygotowywałem się do tego długo, ubrałem się w marynarkę. Ekspresówka to był taki proces przyspieszony bez możliwości odwoływania się.

Na korytarzu pojawił się adwokat, dobry adwokat, adwokaci ci od rozwodów to często źli ludzie, ubierają się w togi... Czynią tak, bo pozornie chcą dobrze dla ciebie i innych ludzi, i dla swoich dzieci, ale tylko namnaża się zamieszanie, piszą odwołania, powołują ekspertów i przysyłają rachunki. Ten to był dobry adwokat z lat osiemdziesiątych, taki, co to broni ludzi przed systemem, w garniturku, idziemy korytarzem. Zaraz rozprawa. Stres.

– Niech mi pan powie, co się właściwie stało.

– Genek pokazał język.

– To był gest skierowany do pana?

– Tak mam powiedzieć?

– Ja tylko pytam.

Tu spryciarz dał mi wskazówkę, jak mam postąpić.

– Zaraz wchodzimy – powiedział i podszedł do żony Genka. Genek, jak się okazało, był ojcem rodziny.

Weszliśmy. Genek siedział na ławce kar.

Wyglądał jak ziemniak w mundurku źle obrany, na głowie miał słoninę, nie miał włosów, tylko połeć słoniny. Wszedł sąd, wszyscy wstali, wszedł też biedny milicjant, z podpuchniętym oczkiem. Genek ziemniak też miał podpuchnięte oczy, to byli tacy sami faceci, tamten też nie miał włosów, tylko słoninę. Bazaltowa pani sędzia usiadła. Musiałem tam pójść, ekspresówka to ekspresówka. Prokurator był milicjantem, bardzo podobny do Genka. W zasadzie taki sam, może trochę starszy, potem przyszli dwaj żołnierze, ale jeden w ostatniej chwili musiał wracać do jednostki.

Ja kłamałem, że to do mnie ten język i te nieprzyzwoite gesty w okolicy rozporka.

Potem była przerwa i spotkaliśmy Marysię, moją dawną znajomą z kursu tańca.

– Co ty tutaj robisz? – pytam.

A ona:

– No wiesz, taki jeden mi takie gesty obraźliwe pokazywał. I ja przyszłam z milicją i go aresztowali. Przyszłam za pięć minut, jeszcze siedział i pił piwo z kolegami. A ty tu co robisz?

– Ja, wiesz, to sprawa polityczna. Jestem świadkiem obrony.

– A... – Spojrzała na mnie z podziwem.

– Słuchaj, zaraz ogłoszenie wyroku. Będę biegł.

Weszliśmy, sąd ogłosił wyrok, Genek został skazany na dziewięć miesięcy sprzątania dworca.

Wychodziłem. Marysia stała w korytarzu, ta głupia. Płakała, podszedłem do niej.

– Co ci jest? – spytałem. – Czemu płaczesz?

A ona:

– Tylko rok dostał, jego rodzice przyszli do mnie z pieniędzmi, chcieli mi dać trzysta tysięcy złotych, ale ja nie chciałam.

Poszedłem. Gdzie poszedłem? Pojechałem szukać oświecenia...

Kontrkultura osiedlowa 1983

Jesteśmy w kanciapie u Puka. Puk skoczył z okna i ma zmiażdżone ucho i pół twarzy, mówimy o głośnikach, Gama czyta swój nowy tekst, Korba jeszcze nie przyszedł, ale Telewizor już jest. Będzie muzyka, narkotyki, koty osiedlowe, jeaa...

Tylko u nas fajne były napisy na murach, „Hmur gnur spotyka wnochenera", bo wszędzie było napisane: „Bóg wybacza, Lechia nigdy".

Oni się już trochę niepokoili, wiedzieli, że spotkania z Johnnym Rottenem mogą się źle skończyć dla ich zdrowia, potrzeba jednak...

Postanowiłem przestać bywać po drugiej stronie; co mnie osobiście najbardziej niepokoiło, to że oni znają moje teksty na pamięć, że zdobywam coraz większą popularność, że mam fanów i jest mi naprawdę lepiej niż w rzeczywistości. Wtedy przestałem raz na zawsze.

Reszta się boleśnie przekonała że... A część uratowało wojsko i Monar.

Zboczeniec

Wszystko zaczyna się nad morzem, potem jest las. Las, który odwiedzam, leży na skraju wielkiego miasta. Kim był? jest panem, który zawisł nad lasem na białym prochowcu, cały obnażony nad moją matką i mną z wilczurem. Lasek rozpościera się od Brzeźna po Jelitkowo, a w zasadzie nawet po Sopot, na granicy jest miejsce nazywane „górką pedała".

Potem zaczyna się miasto, na początku paw Aldony, usługowe, potem bloki. Zboki.

* * *

U mojej matki wszystko było jak podczas wojny, smutne, gotowe do wymarszu, przerażone...

Grundig

Teraz sobie myślę, czy oni nie mieli racji?

Przecież postępowali logicznie, mój ojciec wchodzi, kiedy mam jakiegoś gościa, najczęściej kolegę (wyłącznie), matka moja przynosi herbatę. I jak przyprowadzić dziewczynę. Jak się normalnie rozwijać?

Mało tego, przychodzi ojciec i mówi, że w mieszkaniu jest podsłuch, jest podsłuch. I żebyśmy nie rozmawiali o sprawach politycznych, na to ja mówię, że jak jest podsłuch, to włączę muzykę, włączam grundiga i rozmawiamy, no bo przez muzykę się deklarujemy, jeśli słuchasz hard rocka, AC/DC, to jesteś metalem i najczęściej chodzisz do zawodówki albo technikum, jeśli słuchasz rocka symfonicznego i rozmawiasz o solówkach Led Zeppelin albo o Genesis, to jesteś hipisem, a jak słuchasz... i wtedy wsuwa się głowa mojej matki, nie ojca, który często ni stąd, ni zowąd zaczyna szukać czegoś w moim pokoju, chodzi po pokoju, nawet jak nikogo nie ma. Jak ktoś jest, on też ciągle tam jest, nawet kiedy mnie nie ma, to on coś wnosi, coś wynosi z mojego pokoju, stoi, zamiera bez ruchu, stoi, miał już wyjść, wyszedł już, już biegnie po schodach, jego tu nie ma, i wtedy ma krótki błysk, i wtedy biegnie dogonić siebie, goni siebie, ale on już mu uciekł poprzednim autobusem, jego maluchem, ucieka, stary goni go autobusem, tamten zatrzymuje się na postoju taksówek i podrzuca jakąś tlenioną blondynę, ojciec to lubi, ale ojcu ucieka ojciec, tata uciekł ojcu maluchem, a tamten pojechał prosto, wtedy wylały mu się rybki, które wiózł ze sklepu akwarystycznego, jak schylał się po mieczyki, wylało mu się mleko, które miał w kieszeni, na podłogę autobusu, w tym czasie mój ojciec jechał już z tą blondyną na dobre... do delikatesów jechał, a jakże.

Sprawa z moją matką miała się odwrotnie, ona zawsze zostawała, została we mnie na zawsze, tak jak ojciec mój ze mnie wyszedł (cały czas wychodzi), ale wszyscy się spotkamy, jak ja wrócę do matki, ona zostawała... wychodziliśmy na przykład, a ona wracała, sprawdzała, czy woda jest wyłączona... potem znowu, czy gaz wyłączony, potem, czy się nie ulatnia, wąchała, pytała mnie: „Czujesz coś?"... Wąchała, tak... to jej chyba z wojny zostało. Jeszcze raz powrót... Czy drzwi zamknięte?

Ojciec wraca, dzwoni w charakterystyczny sposób, zdaje się, że jest to SOS, tak, to znaczy, że wszyscy jesteśmy w niebezpieczeństwie, huczą samoloty, ja już jestem pogodzony z tym, że zostanę sierotą, moja matka utrzymuje mnie w przekonaniu, że jest ciężko chora... ma naprawdę problemy z wątrobą, nic dziwnego, po tym, co przeszła.

– Wyobraźcie sobie – mówi – uciekaliśmy... alboo ukrywaliśmy się... śpimy, a to przyszli... Niemmmcy, śpimy, a tuuu budzęę sięę... cały pokój w ogniu, błękitny ogień... A to już front szedł i Rosjanie rzucili bombę fosforową...

Ale jest OK, mamy znowu stan wojenny.

Historia muchy owocowej (poemat komiksowy)

Mucha owocowa rozpoczęła lot z
Cytryny i udała się do rozwartego pyska
Ryby słodkowodnej, która leżała
Na stole, tuż obok piętrzących się
Brudnych talerzy.

Jak się za chwilę okazało, ryba żyła
                    (problem brudu).
Mucha opuściła pysk ryby,
Konkretnie karpia, i poleciała
Do śmietnika z plastikowego tworzywa.

Mucha postanowiła odpocząć.
Śmietnik wydał się jej miejscem
Przytulnym i dobrym, tuż obok
Leżały utkane, spoczywające i wiszące
Głowy ryb, w gałązkach wysuszonej
Pelargonii na dnie leżała
Przegniła gazeta.

Mucha wyleciała z kuchni
I zaczęła lot po pokoju.
Co widziała? Co czuła? Jak widziała?
W pokoju byli ludzie i
Telewizor, w telewizji leciała
Rakieta, mucha usiadła
Na ekranie. Promieniował
Szarobłękitnym

Światłem, na kanapie
Siedział chłopiec w niebieskich
Rajstopach, obok niego
Kobieta. – Patrz – mówiła zachwycona
Kobieta – ląduje na Księżycu.
– I co z tego? – powiedział chłopiec.
Mucha siedziała na ekranie,
Za oknem robiło się ciemno.
Wzeszedł Księżyc, mucha.
Mucha zaczęła lecieć do Księżyca.
Ta sama mucha przeniknęła do
Telewizora, usiadła na rakiecie
I zaczęła lecieć w kierunku
Księżyca, siedząc na rakiecie
(Niczym stary pijak bezdomny
Przybłęda).
Lecąc tak do Księżyca
Spostrzegła mniejszą kulę.
Kula świeciła żółtym
Światłem, przysiadła

Na księżycu, wyciągnęła
Ssawkę i piła sok.
Drozofile opijają
Się sokiem, po czym umierają.
Tak też się stało.
Sok księżycowy był nagrodą,
Był przyobiecanym
Przysmakiem, rakieta jednak
Leciała wciąż.
Mucha, która dalej leciała
Do księżyca, spostrzegła stragan
I na straganie ananasy, cytryny
I pełno muszek, tuż obok przechodził
Chłopiec w niebieskich
Rajstopach, ale tym razem
Były one pod spodniami
W kratę, chłopiec był już nieco starszy,
Było lato dziesięć lat później.

Kiedy astronauci wysiadali,
Drepcząc, spostrzegli całe roje
Muszek, skąd wzięły się te
Muchy? – spytali samych siebie.
Schowali parę do probówek.

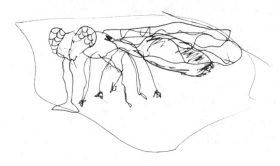

Kiedy przybyli na Ziemię,
Okazało się, że muchy
Kosmiczne mają zamiast
Głów telewizorki

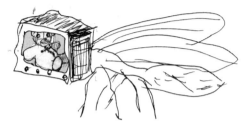

I świecą w ciemności.

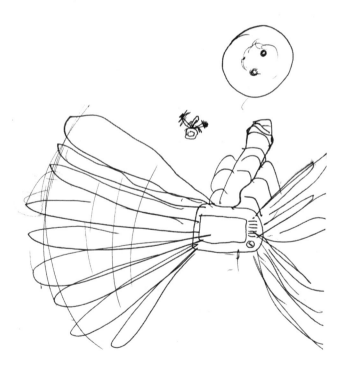

Przyłapani

Kiedy przestałem już męczyć zwierzęta, robiliśmy straszne rzeczy, najczęściej nie kończyło się na rzucaniu torebek z wodą na przechodniów. Wystrzykiwaliśmy przez okno szczochy zmieszane z błotem, pluliśmy na klamkę w kwiaciarni, a potem rzucaliśmy kamieniem, pani wychodziła i chwytała za klamkę. Myśmy to wszystko obserwowali z klatki, rechocząc jak idioci. I tak nie byliśmy najgorsi, na przykład Dowgiłło i Kowalczyk uciekli z domu i spędzili noc pod szalupą, którą rano mieli zamiar odpłynąć do Szwecji, do krainy pornografii, wtedy były modne pornole z dziećmi, nie było jeszcze zakazu, może były nielegalne, oni pewnie myśleli, że kiedy przypłyną do Szwecji, czekać na nich będą syreny i wciągną ich, i zaznają czegoś, czego jeszcze nie zaznali, wyrosną im długie włosy blond, dostaną gitary i będą występować w zespole Abba 2 Poland, no i oczywiście będą oddawać się rozpuście, paleniu papierosów, w nagrodę zostaną przyjęci przez Papieża w Watykanie, bo są Polakami, będą mogli zagrać dla Papieża piosenkę kościelną na rockowo.

Potem pojadą do Ameryki, zrobią karierę, wrócą do Polski, na nauczycielki nawet nie zwrócą uwagi, a pani od matmy to nasrają na wycieraczkę. Na razie to wisiał kondom na klamce w sali do matmy.

I my zostaliśmy aresztowani, bo posądzono nas o kradzież rzeczy w szatni AWF, chodziliśmy tam, to był cały kompleks budynków wyższej uczelni, ja uciekłem, ale Adaś się zagapił i nie zdążył, zabrali go do suki, wtedy ja wyskoczyłem i powiedziałem: „Ja też jestem z nim". Zobaczyłem w jego oczach uwielbienie dla mnie i przerażenie, wieźli nas przecież do poprawczaka, do więzienia, hańba... Nas, młodocianych zboczeńców.

Na komisariacie postawiono nam jednak całkiem inny zarzut, że kradniemy w szatni ubrania i inne rzeczy. Przyznaliśmy się, prawie płacząc, ja nigdy nie płakałem, i wtedy puścili nas, i powiedzieli, że napiszą do szkoły, czekaliśmy, kiedy wezwą nas do dyrektora i zostaniemy wyrzuceni ze szkoły, ale nigdy tak się nie stało.

A sprawa dziennika też nigdy nie wyszła. Chociaż wszyscy wiedzieli.

Kiedy byliśmy już w pokoju nauczycielskim (kto tam był, nie powiem, i jak tam weszliśmy przez okno, też nie powinienem zdradzać) i wstawiliśmy sobie dobre oceny, o zgrozo, przylazł Wrędzik, nie wiadomo, od kogo się ten piździelec dowiedział, okej, wpisaliśmy mu, co trzeba, żeby zamknął tę gębę, okej, Kowalczyk wpisywał, potem spaliliśmy dziennik innej klasy i podejrzenie padło na nich, nie na naszą klasę. Zrobił się rejwach i przyjechała milicja, wzięła najsłabszych uczniów. Był tam taki jeden z lekkim niedorozwojem i dzielnicowy walnął go w brzuch zgodnie z zasadą: Kto ma, temu będzie dane. Jakiś lekki paraliż dziecięcy i słabo się uczył, może był złośliwy, ale był niewinny, tymczasem nasze fałszywe oceny przeszły niezauważone. Z tego chłopaka nic nie wycisnęli, no bo skąd? On nic nie wiedział.

Z kalekami to był problem, nie żebym im nie współczuł, ale taki Atrament na przykład szczypał, miał wadę serca, szczypał, kopał i gryzł, i umarł. Miał fioletowe usta i otoczkę wokół oczu. Albo siedzimy na drabinkach i wszyscy nabijają się z Gremowszczaka, że ma podarte spodnie, a on patrzy na jednego takiego, którego babcia jest inwalidką, a dziadek zbiera butelki po osiedlu.

– I co, Łapeć, dziadek na czarną godzinę zbiera?

– A ty co masz podarte gacie, Gremoszczak?

Wywietrznik.

Urwało się, a Gremowszczak siedzi, nic się nie mówi. Tamten mówi:

– Chodźcie, złapiemy psa.

I oni tego psa złapali.

Nie wiem, co mu zrobili, bo już musiałem iść, później słyszałem, że mu żyłkę zarzucili na jądra, przywiązali do trzepaka i walnęli sztachetą.

Potem sprawa zaczęła eskalować, łapali psy, polowali na bezdomne psy.

Aż ich ksiądz złapał i zabronił przychodzić na religię.

Bo oni już byli uzbrojeni w niebezpieczne narzędzia.

To było takie wilcze stado chłopaczków, chodzili po mieszkaniach, jak ktoś zdradzał objawy bycia ofiarą, był przez nich prześladowany. Na przykład taki Jarek, przyszli do niego i okradli go, weszli przez okno pod nieobecność jego rodziców, wiedzieli, że będzie afera, ale im właśnie o to chodziło, i ukradli pierścionek, moja mama chodziła z jego ciocią do szkoły podczas wojny i jego ciocia sikała ze strachu przed nauczycielką Niemką, jak się okazuje, wilki i ich ofiary są we wszystkich czasach. Ciekawe, że ofiary często przekazują swoje cechy potomstwu, do mnie też przyszli, zobaczyli skromne mebelki, brudnawą pościel i odpuścili.

Ale w szkole ciągle mi nie dawali spokoju, jeden Potworski nie miał ojca i brat go bił, i on po prostu się mścił. Kozieniak mówił na to:

– Niedługo koniec świata.

Wtedy Bóg złapie to całe towarzystwo łącznie ze mną i wrzuci w ogień piekielny, a będzie tam płacz i zgrzytanie zębów.

Liceum ogólnokształcące, pierwsza klasa

Za chwilę rosyjski.

Jak ma na imię ta dziewczyna, ta zarozumiała dziewczyna, która na bok i z nikim, podejdę do niej? nie, ona jest z pierwszej C. Dlaczego ja je wszystkie ubóstwiam, Bóg z Boga, światłość...

Nie, przecież to zarozumiała snobka, szpanerka, wpięła sobie ten znaczek po to, żeby ładniej pasowało...

Na korytarzu jest chłodno i strasznie.

Na kołnierzyku jej białej koszuli widać wyraźnie znaczek Solidarności.

Włodka oczy spotykają się ze spojrzeniem Maryli.

– Co to jest?

– To?

I ona patrzy teraz na swoje. Patrzy na swoją koszulę. I śmieje się do mnie.

– To ma jakieś znaczenie?

– To jest ładne. – Ona się uśmiecha krytycznie do mojej osoby skromniutkiej, a jednak nad wyraz bezczelnej i wściekłej.

Jeszcze raz widzimy Marylę. Tym razem obraz przypominany sobie przez Włodka.

Jest to obraz wyidealizowany. Dlatego wygląda to inaczej – kolory wyraźniejsze.

Wszystko przypomina film kręcony na szesnastce sprzed dwudziestu lat.

– Co to jest?
– To?
I ona patrzy teraz na swoje. Patrzy na swoją koszulę. I śmieje się do mnie.
– To ma jakieś znaczenie?
– To jest ładne. – Ona się uśmiecha krytycznie do mojej osoby skromniutkiej, a jednak nad wyraz bezczelnej i wściekłej.

Jak sobie teraz pomyślę, to mi dobrze, że mam to za sobą: piegi, zęby, włosy.

I zaczął się ten rosyjski. Temat był: „*Jest'-li żyzń na Marsie*", to był temat z pisma „Ogoniok", które rozdawał nam pan profesor. A potem wnosił adapter z zaplecza i włączał piosenki Ałły Pugaczowej, „*Milijon, milijon ałłych roz iz okna widisz ty*". On chyba musiał być w młodości w jakiejś organizacji. Chodził jak taki pionier, on był z „Murziłki", miał krótkie nogi. Po rosyjsku „noaoogi", co powtarzał czasami po pięć minut. Twarz miał w tych okularach jak ruski krokodyl.

Potem matematyka.

Nadeszła pani matematyczka.
Wszyscy uczniowie usadawiają się na swoich miejscach.
Pani matematyczka zaczyna sprawdzać obecność.
Do klasy wchodzi pan nauczyciel Kucharski.

Człowiek o owsianym wąsiku:
– Włodek Wolek.

– Jestem. – Podrywam się na równe nogi.

– Do pana dyrektora, Wolek! – monotonnie powiedział.

Po klasie przebiega niekontrolowany szept, pomruk.

W gabinecie pana dyrektora.

Widzimy pana dyrektora siedzącego za biurkiem.

W gabinecie jest palma, czerwony dywan, gablotka z pucharami i innymi osiągnięciami, flaga wisi, jest fotel, na który cię nikt nie poprosi, bo jesteś nikim, czyli uczniem, za oknem krajobraz do kontemplacji dla zestresowanych uczniów...

Gabinety wyglądały tak samo jak w podstawówce.

– Czemu ty nie nosisz tarczy, Wolek? Czy ty się naszej szkoły wstydzisz?

– Ale przecież mam.

– Na agrafkę to każdy może sobie przypiąć, nawet pijak. Wolek, ja cię ostrzegam! Jeśli ty dalej będziesz słuchał starszych kolegów i należał do nielegalnych organizacji, to do widzenia. To wszystko, co ci miałem do powiedzenia. Idź do klasy.

– Do widzenia.

Próba

Byłem wtedy chory albo symulowałem chorobę, nie było mnie w szkole. Następnego dnia dowiedziałem się, że chłopaki znaleźli rękę. Dlaczego rękę, i gdzie ją znaleźli? Dlaczego na torach? Przebiegnięcie przed pędzącym pociągiem uchodziło za popis godny podziwu. Było to na Oruni, wracaliśmy ze szkoły, w okresie intensywnych sprawdzianów, a szła nas cała paczka: Jegoro-wicz, Jacek, ja i Andrzej, przebiegaliśmy przed pociągami...

Rzecz została omówiona w ubikacji. Jacek brutalnie wyrzucił Marka, ale nie wydało mi się to podejrzane. Droga z Oruni z ręką, bez paznokci, do Oliwy odbywała się szybką kolejką miejską, ręka była w worku foliowym. Do chłopaków przyczepił się pijak i zabrał im woreczek, mówiąc, że chodzi na ryby. Krótko trwała szarpanina i pijakowi na peronie wyrwano rękę w worku foliowym.

Co z tą ręką?

Jak wiadomo, przedramię było przysmakiem wśród dzikich z Polinezji.

Życie toczyło się normalnie, przygotowywałem się do matury. Aż tu spotykam Marlenkę, bierze mnie na bok, bo to przy przejściu podziemnym było, i ona mówi: „Ci dranie rękę do domu pocztą ci posłali, ja się boję, żeby nikomu się nic nie stało. A ty powiedz rodzicom i uprzedź ich".

Przychodzę do domu, a tam, co to był za dom, to był falowiec, odpowiedź lat sześćdziesiątych na gehennę wojny – falowiec jako więzienie samsary, jako fabryka mieszkalna, jako obraz ideologii.

Topografia zasiedlona przez sprawczość ludzi, ciał, i Platon pierdolony, i Żyd wywalony *iz siewiernego Jeruzalima*, i zikkurat nadmorski, i piramida marksistowska, i Gdańsk zawsze polski, Westerplatte widoczne i Oświęcim zawsze, telewizor wszędzie obecny, mur chiński i tajemna informacja dla Proximy Centauri, istot z nieba, i gówno spływające z dziesiątego na parter.

No i wita mnie ojciec, i uśmiecha się. Ja do niego przypadam i z ciężkim sercem wyznaję.

– Ręka ludzka do domu naszego nadejdzie. – A on mówi:

– Wiem, wyrzuciłem rękę, wyrzuciłem. Wierszyki popisane na ręce były, „Włodzimierzu Wolkanie, To z ciebie zostanie", napisane było – mówi.

– I co zrobiłeś? – pytam.

– Wywaliłem – mówi.

– Gdzie? – ja pytam.

– Do śmietnika.

Sprawa jednak zrobiła się głośna i opowiadana jest do dzisiejszego dnia, jak to Jacek, Jegorowicz i Krzemyk mi rękę przesłali.

Lata minęły ciekawe, co się później z tą ręką stało?

Może ktoś podjął grę, i kursowała, znaleziona tym razem na śmietnisku, na którym też wylądowała moja papużka falista, drugiej zrobiłem kremację na podwórku. A trzecią chyba pogrzebałem, niebieską spaliłem, żółtą wyrzuciłem, zieloną pogrzebałem.

Zadyma

Nie wszyscy mieli tyle szczęścia, był taki głuchoniemy, który pokazywał język milicji, była manifestacja i mu wypalili oko rakietnicą, mojego innego przyjaciela pałką przez głowę potraktowali. Tak, nie wszyscy mieli tyle szczęścia co ja.

Więcej ekspresji!

Mirek był głuchoniemy od urodzenia, w naszej grupie stanowił rodzaj pretekstu, inaczej nie mielibyśmy uzasadnienia, by używać sali związku głuchoniemych.

Przejdę do rzeczy, Mirek był cukrzykiem i tracił kontakt, kiedy nie wziął insuliny.

Rodzina Mirka mieszkała koło pana Jurka, gdzie mój ojciec trzymał swój skarb, fioletowego malucha, tak, mój ojciec, nim zaczął straszyć tarpanem na ulicach Trójmiasta, miał malucha, późno go miał, inni ojcowie rozpierali się w dużych fiatach, polonezach, niektórzy w volkswagenach. Tak jak maluch przez Gierka, tak volkswagen przez Hitlera... ile oczywiście było dywagacji na temat licencji, dlaczego nie wzięliśmy licencji volkswagena... i w ogóle... ile rzeczy... szerokie tory, statki wszystkie do Związku Radzieckiego, szynka, Huta Katowice i...

No tak, z córką Jurka było coś nie tego, miała dziecko nieślubne i była walnięta, no i Mirek był ich sąsiadem...

No to tyle o nim. Mirka spotkałem parę razy, teraz siedziałem z nim w pociągu, jechaliśmy na warsztaty teatralne, uczyłem się od niego języka migowego.

Pokazywał, czemu nie chce iść do armii, bo tam ogłupiają, ogolą i debilizm, pokazał nam, jak jest Breżniew, jak Jaruzel w języku głuchoniemych – salutowało się i robiło coś w rodzaju falki koło głowy, co przypominało pokazywanie komuś fioła... bardzo nam się podobało. Breżniew to były dwie figi zamiast brwi, w końcu dotarliśmy na miejsce, oczywiście nic nie było załatwione, spać mieliśmy w namiocie...

Rozbiliśmy namiot i ćwiczyliśmy, przyszli Cyganie, no i dziewczyny, Ćwinial i Mucha, poszły z nimi na „spacer”, no i stało się, nie ma jej kwadrans, przychodzi spanikowana Ćwinial i mówi, wielce zdziwiona, że się do niej dobierał, a ten mały, ale całkiem dojrzały Cygan mówi: „Oni tam są, tam nad rzeką”. Wtedy my z Benkiem biegniemy, a Benek był studentem, student to był wtedy półbóg, no i poszliśmy ratować Muchę (od tej pory ratuję muchy), nic się na całe szczęście nie stało, oni nie próbowali na nas Bruce'a Lee, jeden tylko podszedł i powiedział mi: „Mamy żyletki" – ale do niczego nie doszło, one są koniec końców winne tej całej historii, nie łazi się z obcymi.

Ćwinial była dorodną nastolatką, mówiła, że jej ojciec uważa artystów i duchowieństwo za darmozjady, chyba był partyjny, a może tak tylko... W każdym razie wtedy Kościół był czymś potężnym, ale nie miał takiej mocy i był kojarzony z czymś innym niż teraz, z czymś, czy ja wiem... Dojeżdżaliśmy do teatru na zajęcia, a spaliśmy w namiocie, to z nią całowałem się po raz pierwszy, ale mnie wzięła za Pilona i potem zrobiła scenę, że jestem świnią, ale było ciemno, muszę przyznać, że mam traumatyczne doświadczenia, aż dziw, że nie zostałem transwestytą albo zboczeńcem.

Włączył się Barnaba, który leżał w namiocie z nami, w ósemkę, i ją przekonywał, że to w porządku jest, że uczucia, że ja też mam uczucia i...

Zbliżał się czas premiery, sala wypełniona po brzegi, przyszedł nawet ten chłopak, któremu milicja wypaliła oko, to znaczy strzeliła rakietnicą w oko, wszyscy czekali na przedstawienie, zaraz po miała się odbyć dyskoteka, na którą władze wydały pozwolenie!

Wreszcie zaczęło się. Mirek zaczął rzeźbić wyimaginowaną Galateę, biedni ci oficjele, prezydent miasta i inni; oni też byli zaproszeni; wszyscy głuchoniemi, którzy walczyli o to, żeby ich nazywać niesłyszącymi, zaczęli się niecierpliwić, Mirek rzeźbił i rzeźbił, wszyscy głuchoniemi patrzyli z wyczekiwaniem. Sala zaczynała się niecierpliwić, zaczęły się nerwowe migania, gdyby można było to przełożyć na dźwięki, to byłby to nawet nie szept, ale pomruk. Już rozumiałem język migowy i to, co oni skandowali, migając: „Spierdalaj, spierda-laj..."

Mirek rzeźbił, spojrzałem na niego, łzy ciekły mu po policzkach...

Gestykulowali brutalnie, wymachiwali rękami, słychać było mlask bezgłośnie wymawianego „spierdalaj". Mirek przestał rzeźbić, wtedy my weszliśmy na scenę, już nie patrzyłem, co się dzieje na widowni, spojrzałem w bok, zobaczyłem błyszczący sygnet jakiegoś dostojnika partyjnego, reszta sali skandowała migowym językiem:

– Pigmalion, spier-daa-laj, Pigmalion, spier-daa-laj, Pigmalion, spier-daa-laj!

Cisza nocna od 22^{00} do 6^{00}

Normalny blok (koty, sąsiadki, zboczeniec).
Ciemność.
Bloki ginące w mroku.
Słyszymy dzwony z oddali, szczekanie psa, odgłosy zasypiającego Przymorza.
Następnie słychać dziwny odgłos, jakby płacz dziecka. Po chwili jednak rozpoznajemy marcujące koty.

„Pani Jadziu, niech się pani wnukiem nie przejmuje, niech się pani psem zajmie".

I te niezaspokojone babsztyle, dlaczego ja mieszkam w tym kołchozie, gdzie wszyscy na kupie, kurwa, spać nie dadzą, to nieludzkie, kiedy sąsiad pierdnie – słychać, ten szpicel na zewnątrz patrzy i obserwuje, pełno tych ormowców, ubeków, konfidentów.

I znowu te pizdy...

„Pójdziemy sobie na ławkę, pani Janinko, naleweczki się napijemy, na przeczyszczenie gardła".

Co tam się dzieje!? Pierdolą się z tymi kotami?!...

„Nie widziały panie mojej suczki?"

One same jak suczki, tylko psa nie widać, i wtedy ta stara pierdolnięta, żeby tamtej drugiej, chorej z niezaspokojenia:

„Gdzieś tam pobiegła z innymi psami".

Cisza ogarnia mnie, błogość... zapadam się w sobie, ale gdzie tam! Te pizdy dalej...

„Będą potem biegać z młodymi. Wylęgarnia".

I ta niezaspokojona nauczycielka biegnie i krzyczy: „Dzikuniaaaaa, Dzikuniaaa!"

Ciemno

Chodziliśmy dłużej... po osiedlu...

W krzakach się ukryliśmy, wreszcie się chcę w spokoju, nie, nie chcę... leżeliśmy na kocu, patrzę, jeśli coś można w tej ciemności zobaczyć, patrzę, a tam facet za nami siedzi i ordynarnie wpatruje się w nas, stojący na ławce w ciemności mężczyzna masturbuje się, ma spuszczone spodnie, nie widać tego dokładnie, ale widać zarysy, kontury, wszyscy zleźli się, ja w tym momencie widzę jeszcze jednego za nim, w gęstwinie zboczeniec masturbuje się zamaszyście, patrząc na pośladki tego drugiego, i ja, ja to wszystko widzę, ten facet zapina się i podchodzi do nas, a... a tuż obok w krzaczkach siedzi kot, którego zapędziła tam Dzikunia pani od polskiego, kot jest myśliwym, siedzi i myśli, myśli i siedzi, ryby, ryby... ten człowiek gniecie ryby... – myśli kot.

Bo wszędzie czuć rybą, mastką, mączką rybną...

Tamten przychodzi i mówi do mnie, ja siadam na trawie, z przerażeniem patrzę na niego.

– Co, grubasie, przygruchałeś se dziewczynę, oj, spadnie ci ten brzuch, jak pójdziesz do wojska. – To był atak, ale tak naprawdę to próba pobratania się. – Bo ja na laminatach robię – dodał, zwinęliśmy koc, powoli wycofywaliśmy się do falowca.

Robi się ciemno.

Mieszkaniec falowca

Spotkany w windzie nie zdradzi się... Spotkania mają długi cykl. Ostatni raz widziałem go jedenaście lat temu. I wtedy był po prostu zwykłym człowiekiem w kapelusiku i wionęło od niego alkoholem. Teraz opowiadał o surowcach wtórnych, o ołowiu i wędkach. Zresztą jak gdyby nigdy nic. Wsiadam jedenaście lat temu do windy, a on: „Piwo podrożało". Teraz: „Ołów chciałem kupić, ale pięć złotych za kilogram. I trzeba obowiązkowo jeszcze kupić pięćdziesiąt kilogramów. A ja chciałem na ciężarki do wędki".

Było ciemno, widziałem go w świetle podłużnego okienka opadającego w dół, stał w kapelusiku z małym rondem, zapach w zasadzie nie nieprzyjemny, taki gorzki, przesuwały się piętra, on wysiadł na ósmym, my wysiedliśmy na dziewiątym.

Długi pocałunek i ona mówi:

– Nie, tak się nie całuje!

– A jak?...

I wtedy ona zaczyna całować, i to jest dzikie i bolesne, i strasznie sztuczne, i... biegnie do swoich drzwi...

Ściągam windę i wchodzę do tej ciemnej plamy, ale już ktoś tam był, dało się to wyczuć intuicyjnie.

– Kto tu? – wołam w ciemność.

Nie ma nikogo. Zjeżdżam, jednak jest tu ktoś... Próbuję zapalić zapalniczkę, miałem, paliłem jugo, jedyne zresztą, i słyszę:

– Nie świeć.

Mijamy piętro, gdzie jest żarówka, patrzę, a z boku stoi ktoś, mijamy kolejne piętro i on mówi:

– To ja, sąsiad, tata Justyny Mazgalis.

– A, dobry wieczór.

– Chciałem ci coś pokazać, chodź ze mną.

– Gdzie mam iść?

– Nigdzie, zostań, ja włączę ją i zjedziemy niżej.

I rzeczywiście, nie wiem, jak on to zrobił. Ale byliśmy w piwnicy.

Mazgalis zapalił lampę, szliśmy wzdłuż setek drzwi piwnicznych.

W piwnicach, niektórzy, przeważnie mężczyźni, urządzali sobie warsztaty, uciekając przed ciasnotą, żonami i dziećmi, myśmy też mieli w bloku 63 siłownię z gołymi babami, gdzie męczyliśmy Rudzika, chłopaka, który mówił zamiast „jedzie" – „jadzie" – był ze wsi, poddany został strasznym mękom, ale to było w podstawówce. Teraz Mazgalis prowadził mnie tymi katakumbami, co chwila słychać było uspokajające pukanie młotkiem. Doszliśmy do piwnicy z napisem: Piwnica Służbowa Ochotniczej Rezerwy Milicji Obywatelskiej. Otworzył drzwi i weszliśmy. Zapalił światło, zobaczyłem wypchanego

77

psa milicyjnego. Na ścianie puchary za zajęcie trzeciego miejsca w wieloboju obronnym.

Wtedy przebiera się w strój zomowca, nakłada hełm, bierze gitarę i zaczyna śpiewać *Schody do nieba*, siada koło mnie i mówi:

– Już długo cię obserwuję... Ludzie teraz nie lubią takich jak ja, a czy ja jakiś parchaty jestem?

– Nie wiedziałem, że tak ładnie umie pan grać takie nowoczesne kawałki.

– A ty mi się podobasz... Ja was pamiętam, jak wy z Justyną, napijesz się z teściem? Tamten gość to nie chciał się ze mną z jednej butelki napić. Czy ja mam jakąś chorobę, czy co? Daj no buzi, synuś.

Teraz dopiero spostrzegłem, że Mazgalis jest pijany, żarówka zaczęła mrugać i iskrzyć.

On zbliżał się do mnie, wyciągnął ręce, wielkie łapy milicjanta ochotnika, sprawne w zapisywaniu, jego ręce, jego oczy przenikliwe, i poczułem ciężar i uścisk tych dłoni na ramionach, zgasło światło i poczułem oddech Mazgalisa na twarzy, i poczułem usta Mazgalisa, i poczułem mokry pocałunek na ustach i język w ustach moich, i szorstką skórę, i krem po goleniu, i piwo, i on tego nie robił sztucznie jak nastolatki, to było naturalne, trenowane długo z żoną, z którą spłodził Justynę i jej brata. Trenował z nią też boks, wielokrotnie miała drutowaną szczękę. Pałka zaczęła mi się pałętać między nogami. Wybiegłem ciemnym korytarzem do drzwi klatki schodowej... Szarpię – zamknięte! Ma mnie. Biegnę do następnej klatki, serce mi wali, dalej, dopadam drzwi, też zamknięte. Biegnę, piwnice były połączone, prawdopodobnie na wypadek pożaru.

Dobiegam do ostatnich drzwi i słyszę kroki za sobą. Pojawia się pan w słabym świetle żarówki, wysoki, w okularach

– Co ty tutaj robisz?! – spytał dudniącym głosem jak odgłos betoniarki, okulary jak denka od butelek z penicyliną.

– Co ja tutaj robię? – Wtedy przypomniałem sobie, że w krzakach znaleźliśmy ślepą myszkę, dopiero co urodzoną. Ciągle kręcił się tam kot i postanowiłem ją schować, kot wiedział o jej istnieniu, bo piszczała, dlatego ciągle się koło nas kręcił, zabrałem ją do pudełka po zapałkach.

– Wie pan co, chciałem tu wypuścić mysz...

– Jaką mysz? – zabulgotał.

Wysunąłem rękę i pokazałem mu na wpół otwarte pudełko po zapałkach z kwilącą myszą, licząc na to, że się zlituje, że otworzy drzwi z tego piekła, przecież zaraz mógł nadejść Mazgalis, oskarżyć mnie o gwałt na nim, o okradanie piwnic, może są w zmowie, razem wezmą mnie na komisariat, oskarżą, wsadzą mnie do poprawczaka, a tam nie będzie już zmiłowania...

Złapią mnie i wytną mi krzyż na głowie, tak przecież postępują z chuliganami i innymi młodocianymi. Wtedy ten okularnik wytrącił mi z ręki to pudełko i upadło na ziemię, na betonową posadzkę, w szczelinę wpadło, myszka wyskoczyła i ten rozdeptał ją, nie żeby tak za jednym razem... Nie, kantem buta, takiej narciary grubej, powoli ciągnąc wzdłuż tej szczeliny, powoli, ogonek bił na strony, wtedy on stanął, ogonek zawinął się do góry, on tupnął, jak robią to narciarze, i spojrzał na mnie, teraz była moja kolej.

– Myszy tu będzie wyrzucał! – Wziął listewkę i zamachnął się, zasłoniłem się ręką, uderzył w nadgarstek, bił jeszcze parę razy.

– Jak się nazywasz?

– Mazgalis – skłamałem.

Stał nade mną skonsternowany.

Otworzył drzwi do klatki schodowej i niezbyt pewny siebie bulgotał:

– Następny raz powiem ojcu!

Dwie siostry zainspirowały grono młodzieży męskiej

To było tak. Ja coś do niej czułem, no w zasadzie to było jasne, co ja do niej czuję, ona chodziła z tym Jarkiem nawet... i Jarek powiedział... nie, to ona powiedziała, że on napisze na kominie, że ją kocha, nie mogłem ukryć zmieszania, no i spotykaliśmy się na Salu Solo.

No i odwiedzaliśmy Sopot...

Jarek też tam bywał i nie był bardzo zazdrosny...

Traktowano mnie jako niegroźnego wariata, toteż...

* * *

Nie wiem, gdzie one się poznały, takie to były czasy, cholipka, natchnione, w każdym razie Maryla mnie do niej zabrała, ta niby mnie uwodziła, niby nie. Dorota, bo to o nią chodzi, test mi zrobiła w swoim pokoiku z krucyfiksem i koniecznie modną sentencją, bardzo trafnie jak na wariatkę, opisującą jej stan: „Idź i nie grzesz więcej”.

– Zapal zapałkę – powiedziała. Zapaliłem.

– Jesteś kobietą – powiedziała, a potem: – Kiedy wyciągasz klucz?

– Przed drzwiami – powiedziałem.

– Ale zaraz przed drzwiami, tak?... – I coś tam jeszcze, w każdym razie z tego psychotestu wyszło, że jestem w siedemdziesięciu pięciu procentach kobietą i dwudziestu pięciu mężczyzną... głupie, i to wszystko na fali zainteresowania psychoanalizą...

Jej ojciec był architektem i byli zamożni, nie to co my. Mieszkali w domu w górnym Sopocie, nie wiem, jak to opisać, ale to taka różnica jak między Rumunią a Szwajcarią. Podczas którejś z wizyt pojawił się brat z zespołem Downa i zaczął opowiadać dowcip o facecie, który chce pożyczyć nożyce od Kowalskiej i idzie na dziewiąte piętro, wchodzi coraz wyżej; „Zapytam ją i poproszę uprzejmie", jakaś tam była gradacja, a na końcu drzwi, otwiera Kowalska i on mówi: „Niech pani sobie te nożyce w dupę wsadzi". Brat Doroty dostał ataku śmiechu wielominutowego z tego dowcipu, który sam sobie opowiedział... miała jeszcze dwie siostry, młodszą i starszą, i u niej była imprezka.

Tak, nie tak, nie, tak, nie tak, nie tak, nie tak, nie tak, nie.

Zaczęło podrastać nowe pokolenie, konkretnie – siostra Maryli.

No, w każdym razie przychodzę ja do tego babilońskiego domu w Sopocie; imprezę słychać na kilometr i drzwi mi otwiera nie kto inny... tylko siostra Maryli, upita, i mówi:

– Powiedz mi, Wolek, w kim ja się zakochałam? – Było to pełne namiętności, choć naiwnie, pijano i głupio wyglądało...

Ja byłem zakochany w Maryli, toteż nie zwróciłem uwagi i... nie doceniłem, jak poważna to jest propozycja. Dla mnie to był zapity podlotek, pełen wdzięku, ale...

No, ale ona szybko się pocieszyła w ramionach wielkiego typa o wystających zębach i zniknęła w tym wielkim mieszkaniu...

– Miałeś długie włosy? – zapytała.

– Tak, ale gliniarze mi obcięli.

– Świnie, musiałeś pięknie wyglądać...

Tańce i tak dalej...

– Puśćcie mnie, ja też chcę tańczyć. – Brat z upośledzeniem.

Włodek cały czas patrzy na Marylę.

W korytarzu goście palą jointy. Z celebrą godną lat osiemdziesiątych.

Nie wiem, skąd taka popularność sióstr, pewnie urodziwe były, w każdym razie mogłyby spokojnie otworzyć nielegalny klub w domu... Kto tam przychodził, nie będę wymieniał nazwisk, bo byłby z tego jakiś skandal polityczny albo co, nie? Starsza paliła papierosy w lufce, malowała i chodziła w powłóczystych sukniach, pełno tam było ram i farb. Ja też byłem.

Pełno tam było gości wrażliwych na wdzięki płci niewieściej, w tym przypadku obu sióstr. Najlepszy był Jegorowicz, przyszliśmy do tej młodszej, a Jegorowicz miał wtedy narzeczoną w Norwegii.

W progu mówi:

– Mną się nie przejmuj, ja mam narzeczoną w Norwegii.

Potem położył się pod kocem i zaczął puszczać bąki...

Poszliśmy nad ranem i tylko rozbawialiśmy młodszą.

Z magnetofonu Grundig dobiegają dźwięki muzyki Mike'a Oldfielda.
Z niedopałków unosi się dym.
Ktoś dzwoni.
Maryla wykonuje ruch, jakby chciała rozwiać dym.
– Starzy! Otwórz okno!!
Maryla biegnie otworzyć drzwi; w drzwiach pojawia się jednak Jarek.
– Jak się masz, Wolek? – *Z przekąsem.*
– Dziękuję.
Jarek całuje Marylę.
Wolek wychodzi z pokoju.
Widzimy Marylę i Jarka.
Często czułem się ignorowany podczas tych spotkań.
Słychać cicho zamykane drzwi wejściowe.

Działacz

Narodowa Demokracja podkreślała będzie zawsze rolę generała Sikorskiego, w przeciwieństwie do piłsudczyków, którzy podkreślać będą geniusz Marszałka, ale zasługa ponoć należy do generała Rozwadowskiego...

Piętnaście metrów jak lat piętnaście

– Nie rób mi wstydu. – Pamiętam, szliśmy ulicą, i ona powiedziała: – Możesz przyjechać, ale musisz rozbić się daleko od domku moich rodziców.
Dobrze.

Właśnie dwóch chłopców, jeden z wyraźną wadą wymowy, zaczęło krzyczeć w naszym kierunku:

– Miiłoosz!!! Miiłosz, Miłosz!

O co im chodzi!? – spojrzeliśmy na siebie – takie małe dzieci wykrzykują nazwisko noblisty...

– Oni krzyczą „miłość"... i wyśmiewają nas...

Kiedyś to się krzyczało „panna z kawalerem", głupie te dzieciaki.

– Możesz przyjechać, ale musisz się rozbić po drugiej stronie jeziora.

Szesnaście metrów jak lat szesnaście

Przedzierałem się przez las, ten las to był las mojego umysłu.

Las porastał całą Polskę, ale tu przybrał formę lasu sosnowego, czasami zda się karłowatego, gdzieniegdzie rosły graby, to znak, że było tam małe jeziorko, które zarosło – taką postać lasu nazywa się ols. Przepraszam, że się chwalę, ale wygrałem olimpiadę geograficzną w ósmej klasie. No, więc tak, chciałem się tam rozbić, a co miało się tam stać, co mnie tam ciągnęło? Siła, przyspieszone tętno, każdy jest przecież tak zaprogramowany. Podszedłem pod ten domek, skradałem się, nie można nie zauważyć, że to moje uczucie jest wielkie jak krowa, nawet nie wiem, kiedy natknąłem się na jej matkę... I tu ja stoję z tym moim uczuciem wielkim jak buhaj, napięte żyły jak postronki trzymające dziesięciotysięcznik, aż skrzypi, a ona patrzy na mnie, kobieta, matka dwóch dorodnych podlotków – pełen sukces biologiczny. Myślę, że to ja ją wywołałem, przecież nie byłem blisko ich domku letniskowego, musiałem wysłać fale jak ruska radiostacja wojskowa. No i co ja robię... Normalny, zrównoważony młodzieniec powiedziałby pewnie dzień dobry, a ja odwróciłem się na pięcie w tych moich kraciastych spodniach i berecie i uciekłem...

Akademia Pana Kleksa

Pokoik sióstr to było coś pomiędzy pracownią a pokojem dziecięcym, tam poznałem się z ważnymi postaciami w Gdańsku, tam było coś w rodzaju klubu czy salonu. Biedna ich mama przypłaciła to później zdrowiem.

Razu pewnego przyszła dziewczyna, myślałem w pierwszym momencie, że to młodsza koleżanka z kolonii w Zwardoniu... Ale, nie wiem, skąd ta znajomość, Dorota ją przyprowadziła...

Maryla miała fazę wychowawczą wobec młodszej siostry, paliliśmy papierosy, tak więc kiedy rozległ się dzwonek, szybko otworzyliśmy okno... Weszła siostra i jeszcze jakaś dziewczynka, moja pierwsza reakcja na na to, co mówiła, a mówiła o tym, że była na świetnym filmie *Akademia Pana Kleksa*, była niekontrolowana... Dostałem ataku śmiechu, takiego z brzucha, nawet było mi głupio, ale im bardziej mi było głupio, tym bardziej się śmiałem.

– I co tak rżysz? – spytała urażona.

Z notatnika ormowca 2

Raport albo rozmowa, albo znaleziony notatnik.

Będąc powołany z zaciągu ochotniczego do służby rezerwy milicji obywatelskiej, wracając ze służby ochrony kolei J. Mazgalis wracając ulicą Krzywoustego usłyszałem krzyki głosu kobiecego dochodzące ze słabo oświetlonej ulicy Mściwoja, zaraz ruszyłem w kierunku odgłosów, spostrzegłem dwie postacie, napastnika i kobietę, nie namyślając się wiele zdzieliłem napastnika pałką rtęciową w głowę i użyłem gazu obezwładniającego, zatrzymałem nadjeżdżający radiowóz, wylegitymowałem się, pokazałem przepustkę na poruszanie się podczas godziny milicyjnej, sprawcę zabrano, spostrzegłem, że ci z radiowozu patrzą na mnie z podziwem, poszkodowaną uspokoiłem i udzieliłem ustnego upomnienia w sprawie poruszania się po godzinie milicyjnej.

Ci z radiowozu mogliby mnie podwieźć do domu, ale im to do głowy nie przyszło, tylko... dobra róbcie tak dalej... I pojechali. Ile to się gówniarstwa do tej milicji pcha i szacunku nie mają do służby. Jak moi synowie pójdą do milicji po technikum, starszy jest... to się wszystko uspokoi i pójdą na szkółkę do Słupska albo do Szczytna, ja ich tam nie będę zmuszał. To nie będą tak się zachowywać.

Nieoczekiwane spotkanie

Szliśmy ulicą; czemu ona się musiała właśnie teraz napatoczyć.

Szedłem z nią i szedłem, rozmawialiśmy o czymś, ja pewnie coś kłamałem, ona udawała albo odwrotnie. Trudno było ją odróżnić od dziecka, chociaż miała już siedemnaście lat, chodziła na filmy dla dzieci, jak *Akademia Pana Kleksa*. A, zapomniałem, miała na imię Aldona.

Miś był z takiego pluszu, z gąbką w środku, miał rozprute koło nogi po operacji wyrostka robaczkowego. Dam jej tego misia, szybko, co będzie, jeżeli ona zechce pójść do ubikacji, a tam będą leżały gacie mojej matki...

albo coś gorszego, i ten smród, brudna wanna, odrapane ściany, brudna boazeria, i ojciec ze spojrzeniem przewiercającym, w podkoszulku na ramiączkach, i gruba matka, która zaraz zrobi herbatę.

– Poczekaj – powiedziałem, szybko wbiegłem schodami, minąłem panią Polańską na schodach.

Wszedłem, gdzie on był, ten miś, otworzyłem skrzynię z zabawkami, w zasadzie łóżko, taki zestaw, który dał ojciec zrobić w pracy na lewo, oklejone laminatem, w środku kolejka i powinien być ten miś, nie, może w szafie, w szafie te rzeczy, cała kupa, może pod tą kupą, grzebałem długo, natknąłem się na starą jedwabną chustkę matki ze smokami, taką ciemnogranatową, ale misia nie było, chyba zejdę i nic jej nie dam... Nie!!! Jest!!!... Leżał jednak w zabawkach, ale tak zwinięty, że w ogóle go nie było widać.

Była po drugiej stronie ulicy.

– Myślałam, że już nie przyjdziesz.

– To dla ciebie. – Dałem tego misia i poszedłem, a ona go wzięła i chyba przycisnęła.

Wolek odwiedza Waldka

Robiliśmy dziwne rzeczy, głównie jaja, czyli Waldek udawał atak epilepsji, albo udawaliśmy turystów z Anglii, nie wiem co jeszcze, a on pisał powieść pornograficzną i wiersze... Raz byłem u niego w mieszkaniu na Suchaninie.

I on mówi:

– Kafka przewidział wszystko.

Uczyliśmy się czegoś.

– Co mianowicie? – zapytałem.

– Obozy koncentracyjne. – Wzrok miał taki mocny, psi.

– To było do przewidzenia już po pierwszej wojnie światowej.

Dużo miał książek, jego mama pracowała w księgarni.

– To było już do przewidzenia w czasach biblijnych... Wiesz, mój tata był oficerem... i teraz spotkał się ze świadkami Jehowy... Ja też zacząłem studiować Pismo Święte...

Zmierzchało, z okna widać było latarnie zapalające się na statkach stojących na redzie... latarnia zaczęła mrugać...

– Czuję obecność szatana – powiedział. – Ja czuję literalnie obecność szatana...

Przestraszyłem się, wzeszedł księżyc.

– Jak to czujesz?

– Nie wiem, jak to powiedzieć, ale czuję.

– Ja muszę lecieć.

Wychodzimy, schodzimy po schodach, na ulicy kałuże, przeskakujemy przez nie.

– Ja uważam, że nie istnieje zło na poziomie absolutnym. Zło, szatan to ludzkie postrzeganie czegoś, czego człowiek nie jest w stanie zaakceptować. Dla mnie Bóg jest tożsamy z postrzeganiem, ze światem. Ostatecznie to wszystko to miłość. Jeżeli coś takiego istnieje, to jego istotą musi być miłość.

– A faszyści?

– Ale to zło na poziomie ludzkim.

Nadjechał autobus, wsiadłem i pojechałem, on jeszcze stał na przystanku.

Co robi Wolek po kryjomu?

Czemu ja muszę być taki grzeczny, czemu mu nie powiedziałem, jak bawię się z gazetkami świadków Jehowy, że dorysowuję im członki, prorokom, patriarchom, biedny Hiob pokryty wrzodami dostał ode mnie w prezencie chwilę ulgi pod postacią zeregowanego członka pierwszej klasy, sto dwadzieścia centymetrów długiego, jego pełne oddania usta z pisemka skrupulatnie branego od starszych pań, „Strażnicy", wypełniła sperma wyprodukowana przez mój grzeszny długopis.

Z pamiętnika Waldemara Birkota (1983)

Siedzieliśmy w jego mieszkanku, które przypominało poczekalnię albo gabinet, on wyciągnął zeszycik spod łóżka, spojrzał jeszcze raz w kierunku drzwi i zaczął czytać:

„Rozrzuciła nogi, ukazując uwalane krwią nogi.

– Ty suko – powiedział, lecz w głębi ducha odczuwał szacunek do tej samiczki, która cała pachniała pewnością siebie, ciało tej ladacznicy wymuskane przez miliony mężczyzn, jaj, ciemne włosy, chciał je sobie owinąć wokół członka, ona nazywała się Ines, rozrzuciła nogi, ta dziwka, uwalane krwią miesięczną, i powiedziała do niego: «Chodź tu do mnie» – ale on wiedział, że jest córką szatana przebraną za anielskie dziecko, wyobraził sobie ją jako dziecko, w śliniaczku..." i tak dalej przez wszystkie zboczenia.

Potem znowu wyciąga z tym swoim psim spojrzeniem; jest psem, liże i czyta mi:

– „...dłońmi obejmował ją w kostkach, pieścił jej stopy, wtedy posiadł ją i zniszczył jej twierdzę". I co, jak ci się podoba? – zapytał, merdając...
– Co to ma być ta twierdza?
– Jak to, nie rozumiesz?
– Ale co, stosunek odbywali?
Tu go rozzłościłem:
– Tak, tak, odbywali. Albo posłuchaj tego: „Oczy miała ciemne, jej oczy, jej piersi falowały..."

Słodkiego miłego

Żabianka, to była inna kraina, to była piękna ulica, ten stojący tam samolot, pani Wisia i jej córka, która mi wróżyła z ręki, oni mieli kominek w domu i w ogóle było tam pięknie.

„Słodkiego miłego życia".

Był sylwester, wszystko niby okej, leżeliśmy na materacu i Andrzej powiedział:
– To wszystko nic niewarte.

A ja mu ma na to:
– Marnujemy nasze najlepsze lata.

I tak leżymy, on nic nie mówi, ja nic nie mówię.

Tak go jakoś przygarnąłem i rękę na brzuchu mu położyłem. Trójki, listy przebojów, słuchaliśmy. Mówię:
– Chodź, się wykąpiemy.

No to się położyliśmy do wanny. Słuchaliśmy listy przebojów programu trzeciego. *Słodkiego, miłego życia*, *We are detective, we are select*, *Kocham cię, kochanie moje*, Classic Nouveaux, Perfect.

A on mówi:

– Gdyby nas nasza klasa widziała, nie jesteśmy pedałami...

– I ostatnie notowanie w tym roku – zabrzmiał głos w radiu. „Słodkiego miłego życia, bez smrodu, głodu i gnicia...”

Jelitkowo

Była pogoda, bez wiatru, i mgła unosiła się, że nic nie widać, może parę metrów. Byliśmy nad morzem i Andrzej mówi:

– Jeżeli istnieje Bóg, to jest tam...

Wskazał na morze...

Z notatnika ormowca 3

Kiedy brałem udział w akcji hiacynt w ramach akcji pierścień x3 pod kryptonimem „hiacynt”.

Przeciwko pederastom. To wśród nich może znajduje się zwyrodnialec, ten który morduje w lasku kobiety Skorpion, czy Płonący Krzak, który morduje chłopców.

Brak świadków bardzo utrudnia śledztwo, nie wiadomo gdzie się udać, z kim rozmawiać, ale przestępcy zostawiają zawsze na miejscu zbrodni ślady, odcisk buta, odcisk palców, wtedy milicja nakazuje nam robić wywiad środowiskowy, kto jest podejrzany na osiedlu.

Niedawno znaleziono ciało w lasku przy morzu z wetkniętym drągiem w odbytnicę...

U rzeźnika sprzedają zeszyty

Nie wiem, dlaczego u rzeźnika, ale tam sprzedawali też zeszyty i przyjechał ten, co ciągle jeździ na rowerze, ten rudy. Staliśmy po te zeszyty i rozmawialiśmy, trochę dla zgrywy, żeby inni słyszeli, ale też na poważnie.

I ja mówię, że te jego poglądy to jakiś fatalny dualizm, i wywodzi to z Platona, daj spokój...

A on na to:

– Jeżeli przyjmiemy Biblię jako jedyny przekaz słowa Bożego, to nie ma innego wyboru... – i dodał jeszcze: – poganinie.

Wtedy mu mówię:

– Nie mogę się zgodzić na Boga, i to nie jest ani chrześcijańskie, ani logiczne, Bóg jako władca. W moim rozumieniu jest to immanentna cecha percepcji: widziane i widzący to jedno.

I wtedy wtrącił się pan, że po pół kilograma będzie, bo nie starczy dla wszystkich, i że nie po cztery zeszyty, tylko po dwa, wtedy pani w drewnianych klapkach zamachnęła się toporem. Zapłacił on, potem ja. Wyszliśmy ze sklepu.

Historia światła

Statek. „Pozmywaj statki" – tak mówiła moja babcia. Statki, statek – staczać. Stocznia.

Kuchnia babci, piec, „plata", tak go nazywała; garnki, tasak z psem stojącym, jaka była prawda, co mówiły garnki, wędliny, aluminiowa wanna, co leży u podłoża? Co wytapiam w piecu, co piekłem w piekarniku? Czy Pan

Bóg jest w garnkach, a jeżeli jest w garnkach, to jest też w klozecie, to duch, który przenika wszystko.

Jak zbudowane są ulice...

Pierwsza ulica Kołobrzeska.

Pierwsza w prawo, na której końcu stoi anioł i tej ulicy przyporządkowana jest modlitwa *Aniele Stróżu*, nazywa się Słupska, koło stacji Przymorze. Dalej, *Zdrowaś Mario*, na której końcu stoi Matka Boska, to ulica Arkońska. Następna ulica, Szczecińska, to *Ojcze nasz*.

Matka Boska oświetlona światłem. Ojcze nasz, królestwo twoje symbolizowało piękne zielone doliny, winowajcy to szpaler grzeszników klęczących i kto wie, czy nie skutych łańcuchami, i to wszystko na Szczecińskiej, na końcu tych ulic startowały i lądowały samoloty.

Co to wszystko ma znaczyć? Czy to wszystko wodzić mnie będzie do końca życia na pokuszenie, za nos w tę i we w tę?

Babcia, wydawało się, wiedziała, ale nie mogła tak wprost odpowiedzieć.

Zamiast tego mówiła różne żarty i bajki.

Garnki milczały, autobusy jeździły czerwone, w środku był konduktor, często pani, i w autobusie 139 przyszła mi myśl do głowy, czy może się urodzić ślepo--głucho-niemy-bez-czucia. Ojciec udzielił mi odpowiedzi wymijającej.

U babci w Świetlicach głowy śledzi milczały, Madonna z Dzieciątkiem milczała, wodząc wzrokiem po pokoju, niebo wisiało ołowiane, z prosektorium ruszał pogrzeb.

Razu pewnego przyszli rodzice i wieźli małą trumienkę na rowerze. Czemu ja żyję? Na pewno w szkole się wszystkiego dowiem. Szkoła?

Nikt jednak nie udzielał w szkole odpowiedzi, czy deska jest prawdziwą deską, czy ławka ze słojami, atomy drewna są naprawdę, czy może na niby, czy jak mi się śni tygrys i goni mnie, to jest to naprawdę, czy na niby? Po co to wszystko?

Uczono nas znaków, cyfr, nikt nie powiedział, jak to jest, ciągle chodziłem zdziwiony.

Aż razu pewnego zobaczyłem swoje odbicie w szybie i pomyślałem: To ja stoję tam po drugiej stronie.

Stanąłem po drugiej stronie, a była to zwykła szyba, od zasuwanego okna, w pierwszej klasie, zaraz po wizycie w fabryce bombek, stałem w odbiciu i czułem, że stoję naprzeciw mnie samego, czyli gdzie jestem? W tym momencie stało się coś, stanęło mi serce na moment, stanął czas. Przez moment mnie nie było. Czyżby to miała być odpowiedź?

Znowu zamieszkaliśmy na Przymorzu, zabudowano widok na lotnisko.

Kolejne nieoczekiwane spotkanie

Stoję sobie na rogu Mściwoja i Piastowskiej, robi się ciemno, ale nie jest jeszcze późno, patrzę, a tam idzie jakaś niewielka postać.

To Aldona.

– Co tu robisz? – mówię.

A ona z taką egzaltacją, jakby stał się cud:

– Byłam u Poety i nic... A ty byś nie chciał mnie odprowadzić?

Klaudyna na to:

– To ja przepraszam, że wam przeszkadzam!

– Nie, nie, Klaudyna, zostań.

A Aldona:
– To ja pójdę.
I tak mnie zostawiły na ulicy.

Aldona wyrusza w kierunku bloku Wolka

Wtedy ona poszła. Przesmrodziła się przez całe Przymorze. Do bloku o milionach drzwi i okien. Wlazła po schodach i dzwoni. Czeka dłuższą chwilę, chce spadać, gdy przed nią staje mama, potężna – sto kilogramów – i patrzy.
– Słucham? – pyta po dłuższej chwili.
– Ja do Włodka.
– Nie ma Włodka. Czy coś przekazać?
– Nie, dziękuję.
Drzwi się zamykają i ona patrzy... patrzy na zamknięte drzwi.

Blokowisko

Teraz to są slumsy z prawdziwego zdarzenia, gdzieniegdzie wyspy tak zwanych normalnych ludzi, ale kiedyś tak nie było, było to młode osiedle, ludzie z mnóstwem dzieci, z różnych klas społecznych, robotnicy, inteligencja, drobnomieszczaństwo i tak zwany element, ale w zdecydowanej mniejszości, artyści. Była to typowa komunistyczna pralka, moja matka robiła przy biurku, ojciec też – studiów nie mieli, sąsiadka była krawcową, a druga pracowała w stoczni, drzwi dalej mieszkał adwokat, jeszcze dalej kolejarz. Jakiś dziennikarz, stoczniowiec. Powoli pod koniec lat siedemdziesiątych zaczął się odwrót od tego niesamowitego eksperymentu, jakim był falowiec, co wrażliwsi uciekali, nie mogąc mieszkać w czymś, co przypominało mrowisko, wielu doszukiwało się w nim piękna, ale piękno to było pięknem koszmarnym.

W środku tego bloku moja matka woła do mnie zza drzwi:

– Co ty tam wyprawiasz?

– Jak to co, kąpię się – skłamałem. A ja właśnie nogi sobie goliłem.

Mama Włodka zza drzwi, przekrzykując szum wody:

– Była tu u ciebie jakaś dziewczynka. – Szarpie za klamkę. – Dzikie oczy miała. Oczy takie dzikie!!! Całkiem pogryzioną szyję miała. W dziecięcych butach.

Kiedy leżę w wannie przykryty pianą, wdziera się, staje w drzwiach, sprawdza każdy szczegół i wykonuje sferyczny ruch wokół szyi.

– Nie znam takiej.

Poczułem, że ciało mi tężeje. Spojrzałem na nią, zajmowała całą przestrzeń drzwi, to ciało wydało mnie na ten świat, na męki codziennego... To jej rajstopy widywałem tu w łazience, na tak małej przestrzeni nic się nie da ukryć.

– Pytała, czy jest Włodek.

– Na miłość boską, kto tu był?

– Kasia, Małgosia, Asia, znasz takie dziecko w bucikach, pogryzione?...

– Nie znam nikogo takiego, proszę, daj mi spokój!!!

Potem się zanurzyłem i długo leżałem pod wodą.

Mama Wolka

– Pomóż mi włożyć rajstopy, bo nie daję sobie rady.

Włodek pomaga mamie wciągnąć rajstopy.
Tymczasem na parapecie w kuchni życie aż wre w pęczku pietruszki, pełno tam much.
Jedna z drozofili przelatuje przez mieszkanie, leci i obserwuje muszym oczkiem kanapę, łazienkę, na koniec podlatuje do telewizora, przelatuje przez szybę ekranu i siada na rakiecie lecącej na księżyc.

Z notatnika ormowca 4

Ten spod piątki wydaje mi się podejrzany, pali światło po nocy, przychodzą do niego podejrzani koledzy.

Ludzie stoją w kolejkach, na trawniku kopulują psy. Gonią się psy. Odbywają stosunek płciowy.

Myślę, że nie jest to łatwa sprawa dla tych emerytek, tak godzinami stać; gorzej jak psy sczepiły się i stały bezbronne, biedne emerytki musiały na to godzinami patrzeć, a wszystko, żeby rodzina miała co do garnka włożyć.

No i stało się

Była wiosna, dzwonek do drzwi, który wywoływał stany lękowe, bo mieszkanie było zasyfione, zagracone, i każdy, kto ten słodki zapyziały matecznik chciałby nawiedzić, był intruzem. Otwieram raz, a tu dwóch oficerów, Arabów ze szkoły Marynarki Wojennej. Nie wiem, czego chcieli, ale mój ojciec coś im obiecał, stali, i musiałem ich jakoś inteligentnie spławić, coś im nakłamałem, że ojca nie ma, a on pojawił się za mną, stawiając mnie w żenującej sytuacji, tym razem jednak to była... Tak.

To była ta mała, zrozumiałem moją mamę źle bądź opacznie, a może złośliwie opisała znamię na szyi Aldony jako pogryzienie, te cholerne piegi to ma być pogryzienie, a te buty dziecięce – nie, to są przecież całkiem normalne, bardzo fajne buty z okrągłym noskiem.

– Przyszłam do ciebie...

– Poczekaj, wejdź do mojego pokoju – powiedziałem, wskazując ręką kierunek.

Pies zaczął wściekle ujadać, ten pies znaleziony przez ojca w tramwaju.

Weszliśmy do pokoju, zapytałem, czy napije się herbaty. A ona usiadła za moim biurkiem i mówi:

– Przyszłam tu do ciebie... żeby cię uwieść.

Wrodzone kabotyństwo. Normalny, zrównoważony chłopak zachowałby się inaczej, ale ja się cofnąłem i wlazłem do szafy, tam, gdzie spędziłem dzieciństwo, różnie można to interpretować, powrót do łona czy jak? Ona mnie wyciągnęła i pocałowała mocno... a może ja ją pocałowałem, była wiosna, dzieci wyszły na podwórko – krzyczały.

Wtedy

Poczułem się u niej nawet swojsko, rozpierdolony dom. Mieli się zaraz, to znaczy za trzy tygodnie, wyprowadzać na Morenę, wszędzie kartony, było popołudnie.

No i ona pyta, czy ja już to robiłem z jakąś dziewczyną, a ja na to... kto to jest ten chudziaczek na tej zalanej

fotografii, a ona ąę, to braciszek. Czy miałem coś z Marylą, a ja się pytam, czy jej chodzi o Marylę Rodowicz, ona
się głupio śmieje, no, wtedy ja mówię, że miałem coś
z Marylą, ale to była Maryla Gombrowicz.

Nie, dzielny to ja może jestem, ale w jakimś perfor-
mansie, jak wypicie wódki wąsatemu i odkupienie mu,
ale żeby już we wkładanego się bawić, to nie.

Nic jej nie powiedziałem...

Leżeliśmy tak i ona zaczęła mi opowiadać, jak była
na pielgrzymce do Częstochowy i jak śpiewali: *A my
mamy Wałęsę, aha.*

– W oazie też byłaś?

– Tak, bo bardzo przyjaźniłam się z księdzem.

– A ja byłem raz i głupie mi się wydało to spotkanie... może głupi ludzie byli.

Głupio, może potoczyłoby się to wszystko inaczej.

Grzesiu

Szliśmy z moją dziewczyną, nie z moją..., dumny
byłem, że jest ktoś taki, do przedszkola Jacka i Agatki,
spóźniliśmy się.

Ona zapewniała: „Polubicie się".

Nie chciałem wchodzić do przedszkola, pamiętałem
matkę, która się spóźniała, bo miała bilans... doszły mnie
tylko okrzyki pani przedszkolanki.

Nie żeby od razu tak krzyczeć, przyszliśmy prawie
o czasie, może minutę za późno... Chodziło o to, że jej
braciszek nabroił, a w ogóle to nie powinien chodzić do
normalnego przedszkola. I to, że brat jest trochę opóź-
niony, wywoływało u niej te nadzwyczajne emocje. Grzesiu szedł z nami nie za bardzo pogodzony z losem.

– Wyskoczę z okna i będą same kości – oświadczył.

– Ma osiem lat i chodzi jeszcze do przedszkola?

– Powinien chodzić do szkoły, ale to wszystko machinacje mojej matki. Wiesz, on potrafi szantażować całą rodzinę, raz nawet wsiadł do tramwaju i pojechał na Przeróbkę.

Było już ciemno, pożegnałem się.

Odkwiecenie

Miało się to stać tego dnia, była wiosna, wychodziłem rano, matka chrapała jak niedźwiedź. Było już jasno, mijałem mleczarzy, wjechałem na szóste piętro, stanąłem przed jej drzwiami, biło mi serce, wargi zaczęły pulsować.

Wcisnąłem guzik, pojawiła się matka Aldony.

– Zastałem Aldonę?

Spojrzała na mnie groźnie.

– Jest, ale wychodzi zaraz do szkoły!

– No, bo ja pożyczyłem od niej książkę, a może być jej potrzebna.

Wyciągam wtedy tom psychologii, czy co tam to było.

Ona wzięła i zamknęła drzwi, takie białe.

Na dole była cukiernia, tam się ukryłem, nie wiem, wydawało mi się, że wyszła, że to widziałem. Wróciłem, wjechałem na szóste, zadzwoniłem do drzwi. Otworzyła mi Aldona i powiedziała:

– Nie przejmuj się, poszła.

No i wtedy zaczęliśmy, było cicho, z radia przemawiał do nas rzecznik rządu, kiedy ona zaczęła mnie lizać, powiedział, że rząd się zawsze wyżywi. Zacząłem ją całować i wtedy zgubiła mnie moja natura żartownisia. Powąchałem jej łono i chciałem docenić jej wysiłki w utrzymaniu higieny osobistej, powiedziałem: „Mydło toaletowe", ona się roześmiała. Kiedy miało dojść do włożenia, a w zasadzie w środku, jakoś tak sucho tam było i nie udało mi się, wtedy Jerzy Urban podziękował za konferencję prasową i zaczął się serwis informacyjny. Spojrzałem w szybę szafki przygotowanej do wyjazdu i takie śmieszne mi się to wydało. I opadł mi zupełnie entuzjazm do dalszego poznania tej wiedzy ezoterycznej...

Ona powiedziała:

– Spróbuj jeszcze raz, czy coś jest nie tak?

– Nie mogę ci powiedzieć.

– Coś poważnego? – I tak wytrzeszcza oczy, jak to ona.

– Nie, ale spojrzałem w bok, a tam było odbicie w szybie i to mi się strasznie śmieszne wydało.

– Może poczekamy do jutra z tym pierwszym razem...

Śledzik

Mieliśmy to zrobić u niej, ale coś się wydarzyło, to był śledzik, a może Wielkanoc.

Leżeliśmy na plaży, przejeżdżały patrole i nagle stwierdziliśmy, że jest po godzinie milicyjnej. Ukryliśmy się pod przewróconą łódką, nawet się trochę wymacaliśmy, ale przyszli milicjanci, sprawdzili dokumenty, wyciągnęli spod łódki. I przesłuchiwali nas długo i namiętnie.

A pamiętam, że bardzo poniżające było zamknięcie w izbie dziecka i rewizja z gumową rękawiczką.

Poeta na zamówienie

Zadzwoniła po tego Miskiego i mówi:
– Przyjdę do ciebie, Miski.
A on:
– Ja do ciebie przyjdę.
– Nie – mówi ona – nie przychodź do mnie, bo matka dostanie zawału, a ojciec cię udusi.
A on, bardzo podniecony, mówi:
– U mnie nie możemy tego zrobić, bo moja matka na pewno dostanie zawału, przyjdę do ciebie.
A ona znowu to samo, ale w końcu mówi:
– Dobra, przyjdę do ciebie.
– I co, jak wtedy? – pyta on.
– Tak, tak jak wtedy – mówi ona...
– A ja myślałem, że to wielka miłość z tym Wolkiem – mówi on, a ona:
– Wiesz, on jakiś nie taki.
– Co to znaczy?
– Sama nie wiem, czy go kocham.

Tuż przed poznaniem Aldony nie było ze mną najlepiej, kiedy się dojrzewa, jest się bardzo neurotycznym, nie można chyba tego cierpienia uniknąć.

Wejście z galerii przez okno

Jezuuu, żeby tym razem się udało, żeby się nie obudzili, co ona mogła myśleć innego.

Ubrała się w długą suknię, w drugim pokoju spał oj-ciec, wściekły naukowiec, i matka, manipulatorka sroga, ojciec to był w ogóle tyran, złośliwiec i paskudnik, ponoć dusił Aldonę i robił inne rzeczy... potem się wyprowadził od nich, miał kochankę. No i oni tam spali, brat Grzesiu, matka, i ojciec chrapał. Falowiec zbudowany jest tak, że z klatki schodowej wychodzi się na galerię, na długi ta-ras wzdłuż mieszkań, był to francuski projekt kupiony przez komunistów, bardzo im odpowiadający z przyczyn ideologicznych, wszyscy mieli po równo i mało. M3, czyli mieszkanie dla trzech osób, to było ledwo czterdzieści metrów kwadratowych. Le Corbusier narobił.

Okna Aldony wychodziły na galerię, można było wejść przez okno do malutkiego pokoiku, pojawiła się głowa, Aldona leżała przy zapalonej świecy i myśla-ła: „Żebym tylko mu się podobała". Dlatego ta długa suknia.

Pojawiła się głowa, ręka, tułów, spuścił nogę, wyglą-dał w świetle gromniczki jak bohater grecki, brakowało mu tylko wieńca laurowego, wygranego w pojedynku o najmniejszą dziewicę dzielnicy Przymorze w klubie osiedlowym Jacek i Agatka. I wtedy ten bohater, przyczaj-jony jak kot, jak puma, zdmuchnął płomień świeczki.

Iluminacja

Panie Jezu, Boże, przeciw któremu bluźniłem mo-imi niegodnymi czynami, spraw, żebym mógł być z Aldo-ną i żeby ona była szczęśliwa, i żebym zdał do następnej klasy, i żeby... Ukłąkłem i modliłem się, ale naprawdę to był lament, coś więcej niż modlitwa, bój o... To był krzyk, to było konanie. To był skok w dal, w drugie ja, ja Włodek Wolek, od tych modlitw wielogodzinnych, od tego naprężania się doznałem czegoś, czego nie da się opowiedzieć. Tak, stany poznania pozazmysłowego istnieją. Dlatego warto poświęcić życie. Podniosłem się z klęczek, czy co to była za kuczna pozycja, i nie byłem tamtą osobą, rzewna i tkliwa energia, jaka się odsłoniła przede mną, to było coś niewiarygodnego.

Zajrzałem do drugiego pokoju, matka oglądała TV, niesłychane, nawet nie ma co otwierać ust... Co powiedzieć, mamo, wszystko zrozumiałem? Nie, po co to powiedzieć, komu? Mama zapewne wie to co ja; świadomie bądź nieświadomie wszyscy to wiedzą, ale wszyscy boją się spojrzeć prawdzie w oczy. Co było dalej, nie wiem... poszedłem gdzieś. Na spacer?

To było niefajne, że otwierali moją korespondencję, a były to całkiem niewinne listy od Maryli, pełne humoru, z pająkiem w środku, i wydawało im się, że wszystko jest w porządku. Maryla została zesłana do Kwidzyna za zbyt żywiołowy związek z Jarkiem i pisała do mnie miłe, nic nieznaczące listy, w których opisywała ceratę na stole u jej babci, pisała, że wiosna idzie.

Z notatnika ormowca 5

Wczoraj na komendzie wojewódzkiej na Świerczewskiego było szkolenie. Będzie na temat zboczeńców, przyjechał specjalista od seryjnych morderców z USA, mówił, że seryjny morderca morduje w promieniu nawet do stu kilometrów, według jego analiz u nas są dwaj, morderca jeden działający z pobudek na tle sexualnym i drugi na tle paranoicznym. Tak jak ten wampir z Katowic.

Włosy

Włosy i fryzjerzy, dostawał wzwodu na sam odgłos maszynki, golarki, goło, goło, nago, bez włosów. Dlaczego bałem się do armii? – bo tam obcinali włosy, tam kastrowali, zabierali człowieczeństwo, wycinali zarówno włosy, jak i mózg, wycinali wiązania synapsy, pańcie nauczycielki też naciskały na pozbawianie żywotności. Jednak sam akt, przypominający amputację, wyzwalał: co obcięte, nie może zostać odcięte, bo już jest odcięte. Masochistyczna satysfakcja, kiedy ze starej twarzy wychynie nowa, głupia, uśmiechnięta wstydliwie, o większym nosie, odstających uszach, pucołowata. Ileż przesądów związanych z włosami, chustki u muzułmanów itd.

Włosy, jak ja się was nakochałem,

O święte włosy Maryli,

O ciemna czuprynko Aldony,

O gęsta dżunglo, porastająca ku memu przerażeniu me łono w wieku dwunastu lat,

O gęste loki, spadające na podłogę,

O świeża szczecinko, porastająca wygoloną skórę,

O łysa kopuło czaszki bez włosów poczęta,

O szczęku nożyczek, pozbawiający ciężaru włosów,

O pomruku maszynki, przyprawiający o erekcję,

O sierści pudla mego,

Ileż was napieściłem i pieścić przestać nie mogę.

Praktyki (erotyczno)-duchowe, techniki onanizacyjne: ręka, kościotrup, jasne światło

Onanizm rozwijałem od siódmej klasy, onanizowałem się do zdjęć w *Encyklopedii PWN*, do zdjęcia Bolesława Leśmiana, do lasu zimą, ale to było wcześniej, byłbym zapomniał; książka do rosyjskiego, zmasturbowałem się podczas grypy do grupy pionierów radzieckich, raczej chłopców, były tam też dziewczynki; w *Encyklopedii drugiej wojny światowej* onanizowałem się do Hanki Sawickiej, do marszałka Montgomery'ego i do Koniewa, Żukowa zostawiałem w spokoju. Wreszcie, wraz z rozwojem, zacząłem onanizować się do kościotrupa, kontemplując śmierć i nietrwałość doczesnego życia. Orgazm do kościotrupa bywał najsilniejszy, bo było nieerotycznie, a potem następowała eksplozja. Potem nastąpił okres podniecania się jasnym światłem, i to było trudne, jak można się podniecać czymś, co nie istnieje.

Historyjka niebieską kredką

No i byłem u niej następnego dnia, niepotrzebny, nieuzasadniony, już byłem...
– Chodź, pokażę ci coś. – Byłem w tym zagraconym mieszkaniu. – Chodź, pokażę ci coś – na luźnych kartkach takie rysuneczki, i postać kobiety. Krwawiącej.
– Co to jest?
– To ja jestem.
– Krwawiłaś?
– Bardzo, ale jestem już kobietą.
– W jakim sensie?
– Był tutaj i stało się.

– Kto tu był... poeta?

Czuję, że blednę, że jest mi słabo, i wyjść chcę, wtedy dzwonek do drzwi, matka, ojciec będzie mnie dusił... Widzę Aldonę i jakąś postać za matową szybą... nie, to on, mój konkurent. Mleczny blondyn, nawet przystojny, usta piękne.

Mówię coś złośliwego, że zbezcześcił ten dom, on mi złośliwie odpowiada i ślina mu wyskakuje, na moją pierś leci, potem przychodzi jeszcze jeden adorator Aldony, ja jestem załamany. To ten z pielgrzymki do Częstochowy. Czerwoną ma twarz, to chłopak z ludu, spod Gdańska, pielgrzymka uratowała mu życie, poznał Aldonę, teraz chce jej ofiarować swoje życie, ale w środku siedzimy my, ofiary tej małej istotki, ofiary popędu, ofiary miłości. Rozmawiamy o filozofii, tomizm, Spinoza, chuj. Rozstajemy się nad ranem niby jak przyjaciele.

Coś mi się pojebało, zamiast tomizm powiedziałem atomizm. Aldona, wrażliwa na formę, dostała nerwowego ataku śmiechu.

* * *

Wydaje mi się, że się starałem. Pojechałem z nią do lasu, ona chodziła po lesie nago, a mi nie stanął, ale jeszcze był Grzegorz. W Gdyni na peronie jest takie miejsce, bar, automaty, słodki zapach cynaderek, czegoś, co znikło z jadłospisu. Zapach moczu, smakowity.

Pedalskie klimaty

Zastanawiam się, czy ona się nie domyśla, dzieliły nas cienkie drzwi; nie było progu, tak leżeliśmy, nie mogła się nie domyślać, w ogóle to nie była przecież taka stara, no myśmy tam leżeli i całowaliśmy się, ale co to, to nie...

A w telewizji szarej szary w beretce pan rolnik mówi: „Biorę udział w szkoleniu dla rolników", pan Kłos ze wsi Piszczory pod Inowrocławiem, ja byłem w kiblu, oficjalnie odrabiamy angielski.

Matka siedzi i to ogląda, matka, lat trzydzieści trzy, nauczycielka; matka, tylko inna; matka jest tylko jedna; matka. Matko, twój syn jest w rękach groźnego zboczeńca, ale rolnik, nie, *Sport*, redaktor Szaranowicz, zaraz będzie *Dziennik*, *Ekran z bratkiem*.

Wracam do pokoju Andrzeja, Andrzej ma na ścianach mapy różnych miast, Londyn, Hamburg.

– Wiesz, czemu nie mieszkamy z Kazikiem?

– A kto to jest?

– No, mój ojciec.

– To ty masz ojca?

– Zaraz dam ci w mordę, każdy ma ojca.

Był pilotem i strzelał do oficerów i do jego matki albo w sufit. Zwolnili go z armii i jest teraz alkoholikiem, siedzi na murku i pije. Z drugiego pokoju usłyszałem: „Pora na dobranoc, bo już księżyc świeci, dzieci lubią misie, misie lubią dzieci".

– Chodź, weźmiemy wszystkich na bezludną wyspę; ciebie, Aldonę, Krystiana. – Czy mojego psa Ledę też?...

– Powiedz mi, jaka ona jest? – Kto, Leda? Mój pies? – pytam, zdziwiony tymi kynologicznymi zainteresowaniami.

– Nie, przecież wiesz. – No, wtedy ja mu mówię, że się chyba zakochałem.

Matka

– Do czego to prowadzi? I czy ty w ogóle zdasz?...
Ciągle jakieś dziewczyny tu przychodzą, czy one są peł-
noletnie? ta pogryziona wyglądała na dwanaście lat.
Jak nie zdasz, to powinieneś zabrać papiery i jakiegoś
zawodu się wyuczyć. Chcesz być szewcem, krawcem,
stolarzem, musisz się wreszcie zdecydować, kim chcesz
zostać. Tak dalej być nie może. Cały rok nic nie robisz,
jakieś dziewczyny ciągle do ciebie przychodzą, a ty nic,
ciągle jakieś teatry ci w głowie, czy ty przypadkiem po
prostu nie jesteś próżny... Diabeł w ciebie wstąpił.

*Matka siedzi nad miską orzeszków, które wkłada sobie
nerwowo do ust.*

*Ojciec co chwila bezwiednie kiwa głową, odchyla ją do
tyłu, ale nie przerywa czytania. W TV rozpoczyna się film, więc
matka z lekka cichnie. I wtedy z drugiego pokoju dochodzi wycie, ale nie pochodzi ono od człowieka, lecz chyba raczej od
wilka. Twarz matki zastyga, wycie przybiera na sile. Matka
się podnosi i idzie z miską do łazienki.*

*Włodek oblany wodą z łupinami orzeszków ziemnych.
Włodek krztusi się, ale krzyczy dalej. Matka polewa go jeszcze raz. Widzimy, jak matka idzie do kuchni, nalewa wody do
miski, w której jeszcze pływają resztki łupinek. Włodek wchodzi do szafy i dalej krzyczy. Matka szarpie drzwi szafy. I leje
wodą bez litości.*

Bij

Wychodzę od Andrzeja, idę Chłopską, aż tu naraz
słyszę wołanie:

– Włodek!! Włodek!!

Patrzę, a tu biegnie Waldek i krzyczy:

– Czy mógłbyś zdjąć okulary?

Zdejmuję, a on mnie w mordę jak nie jebnie central-
nie. I wrzeszczy:

– Ty okropny pedale!

Ludzie się zbiegli, wstyd na całą dzielnicę, tam takie
wykopy były i tam zostałem. A on sobie poszedł.

Spotykałem się z Waldkiem; nie, co ja mówię,
czasami do niego przyjeżdżałem uczyć się; niezły był,
a w zasadzie jest, psychol; ostatnio doszły mnie słuchy,
że ten pierdolnięty się habilitował i nie jest już świadkiem Jehowy; miał tendencje psycholskie, myślałem, że
to rozwinie się u niego w weselszą mańkę, chciał jechać
na wojnę do Libanu walczyć po stronie Izraela. Wsadzał
sobie waciki pomalowane na czerwono, jak wykańczała
go Frida. Potem chciał mnie pobić za pedalstwo z Andrzejem, w zasadzie pobił, interesował się buddyzmem
w kontekście zabijania na odległość. Twierdził potem, że
z miłości mnie pobił, siedemnaście lat później spotkałem
go przypadkowo, wyznał mi to przy piwie.

A o moim doświadczeniu mistycznym twierdził,
że mi się coś stało w szyszynce. Poczułem, że sprawy
zaszły za daleko, byliśmy nad morzem w Jelitkowie, ja
oczywiście miałem podbite oko. Andrzej wskazał na
morze.

– Jeśli Bóg istnieje, to jest tam. – Miał talent do
metafor, opisywał swoją sytuację jako czarne włochate
zwierzątko. I posługiwał się aforyzmami tego typu: „Jedyną prawdą absolutną jest jej brak".

Czułem się źle. Poszliśmy na przystanek i tam powiedziałem, że chciałbym przestać się tak blisko przyjaź-

nić. Wtedy on powiedział nie wiem co, ale wyglądał na nieszczęśliwego.

Wizyta pana Śliwki

Ktoś zadzwonił do drzwi, właśnie zakończyłem seansik onanistyczny, otworzyłem więc nieco zmieszany.

– Dzień dobry – powiedział nieznajomy pan.

– Aaa, pan jest radiestetą.

– Ciiii-cho. – Rozejrzał się zmieszany. – Tak, jestem. Mogę wejść?

– Ależ proszę. – Wskazałem mu drogę, niski i niepozorny człowiek wyciągnął jakiś drut i zaczął chodzić po pokoju, na stole położył kartkę, kreślił na niej jakieś linie; ten pokój był w miarę posprzątany.

– Chcę sprawdzić jeszcze drugi pokój.

– Tam jest trochę bałagan...

– Jeśli jest to tylko twórczy bałagan... – powiedział.

Zrobił już plan żył wodnych, przyszedł tata i pan Śliwka zaczął pokazywać sztuczkę z kawą, którą mu zrobiłem. Uniósł różdżkę.

– Czy ta kawa jest dla mnie dobra? – spytał nie wiadomo kogo, różdżka poruszyła się. – Najwyraźniej jest dla mnie dobra – potwierdził werdykt różdżki. – Ustalamy konwencję i przez pytanie mentalne powodujemy odpowiedź różdżki. – Stał dość ceremonialnie nad stołem. – Tu, chciałem podkreślić, jest skrzyżowanie żył wodnych...

– Ile się należy?

Pan Śliwka spojrzał w blat stołu i powiedział:

– Pięćset złotych.

Przełknąłem ślinę, tata bez zająknięcia wyciągnął pięćset złotych i podał. Pan Śliwka mówił o telepatii, że coś odnalazł. Postanowił mnie zdiagnozować.

– O, młody człowiek jest zmęczony.

Jakieś moce telepatyczne musiał mieć, bo właśnie bawiłem się moim Rydzem Śmigłym. Istotnie byłem zmęczony...

Pan Śliwka długo nie mógł się z nami pożegnać.

Po tej wizycie ojciec oszalał, został radiestetą, zapisał się do związku i oddał we władanie pól, żył, promieniowań, siatek geopatycznych. Jak się temu przysłuchać, to aż się człowiek boi chodzić, leżeć i siedzieć.

Wtedy wychodziłem, zajrzałem do skrzynki na listy, a tam list do mnie. „Wolek, ty skurwysynu". Poznałem pismo Andrzeja. Potem się dowiedziałem, że poszedł nad morze i wysłał butelkę z listem, to znaczy wrzucił, co tam było napisane, nie wiem.

* * *

Jechaliśmy pociągiem, ja i pasażerowie. Naprzeciwko siedzieli dwaj chłopcy w wieku dziesięciu, dwunastu lat, mieli deskorolki, czapki baseballowe, uśmiechali się do siebie, z lekka przytulali, opowiadali sobie dowcipy, przewracali oczyma, obydwaj ciemnowłosi, może to cygańskie dzieci, patrzyli sobie w oczy, raz po raz wybuchali śmiechem. Naśmiewają się ze mnie – pomyślałem – a może z siedzącej po przekątnej zakonnicy, a może to... Zmieszałem się, chłopcy nie przestawali, byli jednak uroczy. Wysiedli na tej samej stacji, podążyłem za nimi w odległości dość znacznej. Szli tam, gdzie ja miałem iść. Weszliśmy do lasu – pewnie myślą sobie, że jestem zboczeńcem, chłopcy w takim wieku mają temu podobne idee. Przyspieszyłem kroku i zbliżyłem się tak, że słyszałem ich rozmowę, wprawdzie niewyraźnie. Szliśmy lasem bukowym, który był miejscem odludnym i dzikim. Też przyspieszyli kroku, oglądając się nerwowo, odległość zwiększyła się, przyspieszyłem nieznacznie. Zmierzali do boiska sportowego za lasem, a było to jeszcze z piętnaście minut drogi.

Z wolna zacząłem przyspieszać, kiedy byłem już blisko, chłopcy znów przyspieszyli, ja również, kiedy byłem na wyciągnięcie ręki, chłopcy zaczęli uciekać biegiem, jeden wypuścił deskorolkę. Tego sobie odpuszczę – pomyślałem. Pobiegłem za tym z deskorolką, uciekał przez krzaki, smagały mnie gałęzie po twarzy, biegłem, przeskakując konary, pokrzywy, raz po raz różne ptactwo leśne uciekało mi spod nóg. Byłem już blisko, czułem zapach spoconego ciała chłopca (wypuścił deskorolkę). Chwyciłem go za kołnierz. Chłopiec zacharczał, szarpnęło rozpędzone ciało, przewróciłem go na brzuch, wprawnie wykręciłem rękę.

– Proszę mnie zostawić, czego pan ode mnie chce! – krzyczał.

Wokoło rosły pokrzywy i dziki bez, widoczność była ograniczona.

Podszyty krzewami las, typowy dla klimatu morskiego wilgotny bór bukowy, jako biotop był wspaniałym miejscem gniazdowania kosa, głuszca i ptaków drapieżnych.

Lewą ręką przycisnąłem głowę chłopca do podłoża porośniętego grubym dywanem mchu, krzyki zamieniały się w głuche wycie, prawą ręką trzymałem wykręconą rękę chłopca, kolanem przyciskałem klatkę piersiową, rozejrzałem się, drugi chłopiec pewnie już dobiegł do skraju lasu i zaraz narobi rabanu.

Zacząłem myśleć o ucieczce przez ogródki działkowe, ale rozpiąłem płaszcz i kiedy już wyciągnąłem miecz, aby ofiarować dziecko, z nieba zagrzmiał głos jak grom:

– Zostaw dziecko. Nie podnoś ręki na chłopca, nie czyń mu nic, bo teraz wiem, że boisz się Pana. Odłożyłem tedy miecz i zacząłem uciekać.

* * *

Było to tak: Grzegorz działał w opozycji, zaczął w niej działać, dostał właśnie paczkę z ulotkami, miał je przynieść w umówione miejsce. Wykręcił numer, jakiś głos w słuchawce powiedział:

– Słucham.

Krzysztof powiedział lakonicznie, wiadomo, telefony były na podsłuchu:

– Mam.

Głos w słuchawce również lakonicznie zakomunikował:

– No to przynoś.

Grzegorz przyniósł, było to niedaleko, jakieś sześćset metrów, na Obrońców, a tam już czekali panowie ze Służby Bezpieczeństwa. Krzysztof poszedł do więzienia, był początek stanu wojennego. Wyroki dostawało się konkretne, co prawda wyszedł po roku czy dwóch, ale na pewno był to człowiek po ciężkich przejściach, potem wiele dziewczyn się koło niego kręciło, nie wiem, czy działało to, że był bohaterem, czy to, że miał mieszkanie, czy to, że naprawdę był przystojny, w każdym razie w krótkim czasie miał trójkę, a niektórzy mówią nawet o piątce nieślubnych dzieci; jedną z dziewczyn była córka znanego psychiatry, który pomagał ludziom w unikaniu służby wojskowej. Ja też do niego przychodziłem razem z Aldoną... nie do psychiatry, a przydałoby się jej, tylko do Grzegorza, do psychiatry chodził brat mojego kolegi, który nosił sznureczki buddyjskie, i kiedy psychiatra je zobaczył, powiedział: „Aaaaaa... sznureczki". I to było rozpoznaniem choroby. Ja też leczyłem się na wojsko, czyli *morbus militaris*. W poradni w Oliwie coś tam naopowiadałem i również miałem zaświadczenie pani Machowskiej, bardzo tolerancyjnej.

Mniejsza o te opowieści, przyszliśmy do Grzegorza. Aldona zaczęła się zachowywać jakoś dziwnie, nie wiedziałem, o co chodzi, w każdym razie zachowywała się po prostu niegrzecznie, bo tam, to znaczy u Krzysztofa, siedziały takie dwie i zaraz zaczęły się zbierać, i powiedziały: „Idziemy". A Aldona całkiem głośno: „Jak dobrze!" Jeszcze nie zrozumiałem tego całego tańca godowego, tego zamiatania łechtaczką.

Z natury jestem chłopak prostolinijny i myślałem, że jak z nią kręcę, co prawda z przejściami, to coś z tego będzie, nie sądziłem, że z niej taka dziwka wyjdzie, taka pierdolona nimfomanka, której by nawet stado koni nie wystarczyło.

Nie pamiętam, czy to była pierwsza wizyta u Krzysztofa, czy druga, najpierw on przyszedł do mieszkania Aldony, potem ja powiedziałem coś o koniu, że tak biegł (bo chyba padał deszcz, jak on przyszedł), powiedziałem o koniu rozpłodowym, mógł się poczuć dotknięty, koniec końców siedzimy u niego, są lata osiemdziesiąte, pijemy wódkę. Aldona poszła z nim do drugiego pokoju i zaczęła się całować czy coś tam jeszcze, i zajrzałem do nich, i zapytałem naiwnie:

– Śpicie?

– Nie, całujemy się.

Wyszedłem na zewnątrz, usiadłem na brzegu piaskownicy i przykro mi się zrobiło. Ale wróciłem tam na górę i udawałem, że nic się nie stało.

Potem pojawiły się komplikacje. On trochę mi dokuczał, podśmiewał się, dzieci mu przybywało, pewnego razu przychodzę do niego, może wódki się napijemy, pomyślałem, bo parę razy zrobiliśmy seans, łazienkę mu zalałem, a on kłócił się z kimś o Witkiewicza, z jakimś gościem, u niego też poznałem Plemieńczuka i Januarego, raz zastałem go z takim, co opowiadał, jak siedzieli, jak parzyli herbatę za pomocą instalacji elektrycznej, no i przychodzę do niego, a tu drzwi mi otwiera ktoś bardzo podobny, pewnie ojciec, myślę sobie, oni właśnie sprzątali, i pytam:

– Jest Krzysztof?

A on:

– Nie ma Grzegorza... – I jakoś tak dziwnie popatrzył. Jego ojciec był budowniczym i konserwatorem organów. Grzegorz mu często pomagał.

Czy oni zniknęli?

Podnosi się, rozgląda. Idzie po śladach pośród przepięknej roślinności nadmorskiej, po pięćdziesięciu krokach widzi ich kochających się w krzakach.

Pamiętam, że miałem ideę spędzenia wakacji jakoś oryginalnie, na dachu, ale z Aldoną właśnie był koniec, nie zarejestrowałem tego boleśnie, bo mnie strasznie nie przeczołgała, a jeśli, to punktowo, i czymże to było w porównaniu z Marylą, na tych wydmach to bujda, że niby tłumaczę moją sztukę na plaży, naprawdę to było w akademiku z taką grubą dziewczyną, którą później umawiałem z takim Grekiem w hotelu Monopol, tam, gdzie ukrywałem się u fryzjera parę lat wcześniej, która nie wiadomo czemu uparła się zostać aktorką, ja tłumaczę mój dramat, dziełko młodzieńcze, dwadzieścia stron, wiem, że oni mieli romans, był też Krzysztof, ale nic nie kumał, nic dziwnego, umarł za trzy miesiące, i co ja od niego chciałem, żadnej plaży nie było, na plaży, to było w małym klubie w Sopocie, przylgnęła taka pani i postanowiłem to z nią zrobić, pojechaliśmy pod szwedzkie domki taksówką spod tego klubu, szwedzkie domki kosztowały tyle, że mogłem zapomnieć, taksówkarz miał pewnie ubaw, jak z tęgą miną szedłem do recepcji, a potem wróciłem, kurwa, co za wstyd, kryjąc swój wstyd, „z powrotem proszę", powiedziałem, wysiedliśmy w okolicy Grand Hotelu, wziąłem ją za rękę. To, że zaczęła się do mnie w tym klubie przytulać, zawdzięczać należy lufce, którą uprzednio wypaliła, szliśmy wzdłuż morza, ale parkiem, chyba jasne stało się dla nas, że zaraz będziemy leżeć na wydmach, było jednak trochę za dużo spacerowiczów. Dotarliśmy prawie do Kamionki, weszliśmy za krzaki, rozłożyłem skórę, powiedzmy, ale nie pamiętam, co wtedy miałem na sobie. No i zaczęła się szamotanina, walka o szczęście, nie wiem, jaki błąd uczyniłem, może te kłopoty, taksówka, prezerwatywa, że nie byłem w stanie zakończyć aktu. Komary się zleciały, jedyna pociecha, że ktoś miał z tego jakiś pożytek, ale jak ja miałem osiągnąć orgazm? Pogryziona dupa, zimno, po niezliczonej ilości ruchów frykcyjnych wydawało mi się, że dzięki naświetleniu, bo powoli zaczynało świtać. Nie było sensu się dalej męczyć. Odprowadziłem ją, po drodze wyznała mi, że ma męża i dziecko, w dodatku go znałem.

Dziękuję państwu za uwagę.

Typologia

Typologia pip: dziegciowa, kawowa, metaliczna, mleczna, obwisła, śmietanowo-cebulowo-ziołowa z grzybami. No więc ona miała metaliczną.

Pamiętam, jak matka chwyciła moją krótko ostrzyżoną głowę stopami.

Matki pipa – to tabu. Tabu – pochodzę z tabu, tabu mnie wydało na świat, wrócić do tabu. Młoda matka może być ponętna, może młodą matkę kochać dziecko, z wiekiem jednak nie. Wylizać matce cipę, wrócić do pipy, przykleić się pępowiną i nigdy jej nie opuszczać...

Ironia biologii polega na tym, że kiedy dziewczyny są nastolatkami, to faceci uganiają się za nimi jak nienormalni, a kiedy one mają trzydzieści lat, to uganiają się za facetami jak nienormalne. Kiedy się ma siedemnaście lat, można w ciągu jednej nocy trzy razy, kiedy się ma trzydzieści albo trochę więcej, to i z jednym może być problem. I dziewczyny zmieniają się w babsztyle, to jest kara za fiu-fiu, za fochy, za pomiatanie chłopakami. Chłopaki tak stwardnieją, że ich nic nie rusza. Czyli wojsko – służba w wojskach rakietowych, lata masturbacji.

Niektórym nie udaje się dożyć trzydziestki, szczególnie słabszym psychicznie.

No więc Krzysiu odwiedzał też Dorotę i... Któregoś pięknego dnia zawiązał drzwi kablem, zastawił kolumnami i wstrzyknął sobie coś do żyły. Jego mit o silnym człowieku ziścił się...

Te dwie... idiotki, histerycznie śmiały się przez pół godziny, jak jedna przyszła opowiedzieć drugiej, co się stało, czyli że strzelił samobója. Kiedy się dowiedziałem, stanął mi przed oczyma ten pan, który sprzątał u niego w domu. Najciekawsze, że jedna z jego dziewczyn mieszkała obok niego dwa czy trzy dni, i znalazł go dopiero jego kolega, przyjaciel, który przyszedł go odwiedzić.

Koszmar się ziścił

Włodek zostaje sam. Zostaje na drugi rok w tej samej klasie. Wychodzi sam ze szkoły.

Zawsze śniło mi się, że przemykam się na lekcję, sytuacja zabagniona, dobiegam do klasy przed dzwonkiem, siadam w ostatniej ławce, i kiedy strach dochodzi do zenitu, mam być wywołany do odpowiedzi przy tablicy, kiedy jest wszystko przegrane, wylatuję przez okno. Grawitacja, o której właśnie rozmawialiśmy, bo to była fizyka pomieszana z przysposobieniem do życia w rodzinie. Rozmawialiśmy o różniczkach i o kablu dwużyłowym i trzyżyłowym, o schemacie lokomotywy i...

Czy chcesz iść do armii, czy nie – potrzebujesz zaświadczenia

Świadectwo lekarskie
Nazwisko: Wolek

Imię: Włodzimierz

Miejsce urodzenia: Gdańsk

Imię ojca: Wacław

Imię matki: Helena

Adres: ulica Chłopska 11h/5

Województwo, miasto, dzielnica, gmina, niepotrzebne skreślić.

Rejon szpitala:

Stan cywilny:

kawaler	żonaty	wdowiec	rozwiedziony	brak
1.	2.	3.	4.	5.
panna	zamężna	wdowa	rozwiedziona	danych

Liczba dzieci:

Z kim mieszka: 1. samotnie 2. z rodzicami 3. z małżonką 4. dziećmi 5. z innymi w indywidualnym gospodarstwie domowym 6. inne (zakład, dom akad., wojsko itp.) 7. brak danych.

Wykształcenie: 0. bez wykształcenia 1. podstawowe nieukończone 2. podstawowe ukończone 3. zawodowe zasadnicze 4. zawodowe średnie 5. średnie ogólne nieukończone 6. średnie ogólne ukończone 7. wyższe ukończone 8. brak danych.

Źródło utrzymania: 1. czynny(a) zawodowo poza rolnictwem 2. utrzymywany(a) człon. rodziny poza rolnictwem 3. czynny(a) zawodowo w rolnictwie 4. utrzymywany(a) człon. rodziny w roln. 5. utrzymujący się ze źródeł niezarobk. (renta, opieka społeczna, stypend.) 6. brak danych.

Zawód wykonywany: uczeń

Zakład pracy: VIII Liceum Ogólnokształcące

Czy jest ubezwłasnowolniony(a) tak – nie, częściowo – całkowicie.

Numer akt:

Tożsamość chorego stwierdza się na podstawie:

Wywiad (od osób trzecich)

Choroby psychiczne, nerwowe, weneryczne i alkoholizm w rodzinie. Rozwój w dzieciństwie i w wieku pokwitania. Przebyte choroby, urazy i operacje. Szkoła, zawód i praca. Małżeństwo. U kobiet cykl menstruacyjny: poronienia, porody. Charakter. Stosunek do otoczenia. Konflikty z prawem. Warunki materialne, mieszkaniowe. Początek choroby i przebieg: od kiedy, nagły czy powolny, po raz który choruje? Opisać pierwsze objawy choroby, zmiany zachowania, nastroju, charakter, zaburzenia snu, łaknienia. Zaburzenia przytomności, stany podniecenia, napady drgawkowe, stany lękowe. Tendencje samobójcze. Urojenia. Omamy. Zaburzenia mowy.

Alkoholizm. Zaburzenia życia płciowego. Gdzie leczony. Kiedy, jak?

Pacjent lat 18. Okresowo nieobjawowy, kawaler, jest uczniem.

Leczy się od paru lat, początkowe rozpoznanie: *morbus bleuleri.*

Od kilku miesięcy nie myje się, bierny.

Nie potrafi określić, co się z nim dzieje, zegar biologiczny rozregulowany.

Z wywiadu od ojca wiadomo, że od około miesiąca zachowuje się agresywnie. W nocy potrafi zjeść trzy bochenki chleba, kurczaka i kilogram cukierków. Spotyka się z kolegami z „marginesu", na wszystko się obraża. Nie dba o higienę osobistą, na dwór potrafi wyjść w butach na bose nogi, bo nie zwraca na to uwagi.

Wynik badania chorego

A. Stan fizyczny. Czy chory dotknięty(a) chorobą zakaźną, ewentualnie jaką?

B. Stan psychiczny, objawy zaburzeń psychicznych z uwzględnieniem wywiadu, uzyskano od chorego(ej)

Napęd psychoruchowy obniżony, reaguje prawidłowo. W nastroju obojętnym. Stwierdza się: „Osobowość z cechami rozpadu. Bycie popędowe bardzo rozbudzone".

Przepowiednia na dwanaście lat

Wszystkie sytuacje są uprzednio
przepowiadane przez wyraźny
napis na niebie.
Niestety, napis widziany jest bądź za

późno, bądź jest przesłonięty,
mijają lata i bystre oczy
dostrzegają, że to lub owo
było znakiem, wtedy szukają
napisu, ów wtedy
jest już nieaktualnym
szyldem przeżartym
przestrzenną treścią
nieba, patrzymy jeszcze na
niego, wielce zachwyceni
ale nic już nie wróci
łez, uśmiechów, westchnień,
drobnych kłamstw.
A wszystko przepowiedziane było.

To popołudnie jest przepowiednią na najbliższe dwanaście lat. Pojawił się napis na niebie. Ja oczywiście napisu nie widziałem, tak to bywa, dopiero po latach człowiek jest w stanie zobaczyć napis, ale jest już on szyldem zamkniętego rozdziału, jeszcze patrzy się, ale już błękitne niebo kryje zagęszczoną istotę tamtego dnia pośród miliardów dni, zapadających się w poprzek bani wydarzeń.

Gdzieśmy się spotkali? Jedziemy najpierw tramwajem.

Jegorowicz drze się wniebogłosy, żeby zwrócić na nas uwagę. Jest to żałosne, ale rozumiem go, też to robię. Mam na sobie skórę, która ponoć należała do Cybulskiego, ale w to nie wierzę, jeśli nawet – to co? Gdzie jedziemy, do knajpy? Pijemy, przysiada się Janclaż i jakiś gość (znajomy Jegorowicza). Mija czas, słońce zachodzi, jest wiosna 86, klub się nazywa Billamat. Pijemy drugie piwo.

Ja mam lat dwadzieścia, Jegorowicz siedemnaście, szybko się upijamy, obok pije wycieczka z NRD.

Jegorowicz namawia mnie:

– Idź do nich i powiedz: *das maine kacendrek*, to takie grzecznościowe powiedzonko po niemiecku, będą się cieszyć.

Wzdrygam się, poza tym Jegorowicz nie wie, że rozumiem, co powiedział, ale był na tyle przekonywający, że prawie mu uwierzyłem.

Ten kumpel Janclaża opowiada o Finlandii, znajdują więc wspólny temat z Jegorowiczem. Mówi o golonce, którą zamówiła jego bratowa jakiemuś Finowi, potem się przypierdala do mnie i mówi, że trzeba być czystym, miałem wtedy długie, pewnie tłuste włosy związane w kitkę. Wychodzimy (zaraz, zaraz, a może jest rok później?). No i Jegorowicz wyje ze śmiechu, co by to było, gdybym powiedział *das ist maine kacendrek*. Wyczytał to u Haszka, jak Szwejk jechał na front.

Knajpa była na bocznej ulicy od Burzyńskiego albo Barzyńskiego, niżej rektorat, wyżej Polanka i góra, na którą chciałem zaprowadzić Jegorowicza. W zupełnej ciemności, cicho. Las wokół nie szumiał.

Zaczęliśmy się wspinać po drabinie (a z każdym szczeblem nowa tajemnica się odsłaniała, drzewa wyżej i w końcu miasto), ja pierwszy, on drugi. Wieża miała około dwadzieścia pięć metrów, wystawała ponad drzewa. Miasto w dole świeciło jak lampa.

Jegorowicz poczuł się pewnie, zaczął nazywać mnie Kwiczolem i pluł na mnie. Spodobało mi się i też go oplułem, zeszliśmy.

Nie spodobał mi się tylko nadmiar adrenaliny w jego ruchach i głosie.

Ruszyliśmy w głąb lasu, doszliśmy do żwirowni.

– Nie skoczyłbyś – powiedział, przykucnąwszy. – Ja bym nie skoczył – wyznał.

A był to okres, kiedy z Jackiem i Andrzejem przebiegaliśmy przed pociągami. Skoczyłem, było w dół ze dwadzieścia pięć metrów, ale nie pionowo, tak że miałem kontakt ze ścianą wyrobiska, rosły tam małe drzewka, były jakieś słupki, mogły mi się wbić w krocze, zacząłem się modlić. Czas wydłużał się niemiłosiernie, w końcu zetknąłem się z ziemią. Leżałem, poruszyłem nogą, ręką, poza pośladkami nic mnie nie bolało. Zacząłem się wdrapywać, z góry usłyszałem:

– Żyjesz?

Pomyślałem, że przez chwilę nie będę się odzywał, żeby mu napędzić strachu. Ale w duchu byłem wdzięczny, że nic się nie stało, więc powiedziałem szybko:

– Żyję, żyję.

Otrzepałem kraciaste portki i zacząłem się wdrapywać na ścianę zbitego, skamieniałego piasku, ale po dwóch metrach zsunąłem się. Obszedłem lasem, za dobrą chwilę spotkałem się z nim, wyszliśmy z lasu, tam mnie dopiero wzięła wściekłość i zacząłem go okładać skórą, którą zdjąłem. Goniłem go ulicą Polanki. Skręcił koło akademików, kiedy biegliśmy Macierzy Szkolnej, wyprężył się i na skrzyżowaniu z Wita Stwosza kopnął mnie potężną stopą prosto w wątrobę. Padłem bez tchu na trawnik mokry od rosy.

Było późno, pierwsza w nocy, był maj, szumiał gaj.

A wszystko to przepowiednia była na następne dwanaście lat.

Prawdziwy pierwszy raz, ale jednak nie...

Kazię poznałem podczas spontanicznego spotkania poetyckiego. W osiedlowym domu kultury.

Potem piliśmy, jechaliśmy kolejką i całowaliśmy się namiętnie.

Nie wiem, gdzie piliśmy, wtedy był z nami taki kaowiec, a ja z nią się całowałem, potem musiałem ją pożegnać na dworcu Gdynia Leszczynki, znikła mi z oczu.

Bardzo się zakochałem i chciałem się z nią jeszcze raz spotkać. Wtedy nie było domofonów, klatka po klatce, dom po domu, wiedziałem, jak się nazywa, nie zostawiła mi telefonu, nic...

To jest nieludzkie zostawienie, zostawiony staje się nieczłowiekiem, zostawiający też, wiem, że to banał, ale do widzenia, tu jest pociąg podmiejski, kierunek Gdańsk, do, cześć, bynajmniej nie obwiniam nikogo, taki jest świat.

No i po tygodniu znalazłem jak pies, który szukał pana, zadzwoniłem, ale okazuje się, że ludzie noszą to samo nazwisko, ale to inni. Czyż jednemu psu Burek, jeszcze dwa dni chodziłem po Grabówku, były wakacje, właśnie się zaczęły i mogłem sobie pozwolić... Czy zdawałem egzamin wstępny, w każdym razie znalazłem ją, otworzył mi jej ojciec, dał mi jej numer, to była bardzo piękna kobieta.

Nawet nie wiem, jak udało mi się to wszystko zorganizować, znajoma miała mieszkanie we Wrzeszczu i tam poszliśmy, ja zagrałem naiwnego prawiczka, którym byłem, kupiliśmy łososia, jajka przepiórcze, łóżko się rozsuwało, tak że nie mogłem nic zrobić, mówiłem sobie: spokój, w końcu nie jesteś inny niż inni, ale nic mi nie wychodziło.

Zespół Jegorowicza, wielka fascynacja Włodzimierza Wolka

Jegorowicza odwiedzałem w garażu, który mieścił się w domu Świszczypały, Jegorowicz był idolem, nie będąc jeszcze idolem, mieli pierwszy koncert za sobą na „Poza kontrolą", podkreślał na każdym kroku swoją wyższość.

Był samotny, wielki, utalentowany, predestynowany, syn profesora habilitowanego, narzeczona przylatywała do niego z Londynu. On też do niej latał, tak, miał dzięki ojcu paszport w czasach, gdy nikt go nie miał. Jegorowicz był prymusem, półbogiem, cudownym dzieckiem, Mozartem, Lennonem, wcieleniem Wisznu, drugim Morrisonem, wielkim i tragicznym... Jego zespół stanowili Bartłomiej Świszczypała, perkusista, później student uniwersytetu, i Jacek Gapalski, gitara prowadząca. Próby odbywały się w zupełnej ciemności w tym garażu.

Ojciec Świszczypały był przeciwny, chciał, żeby syn studiował medycynę, Jegorowicz nalegał, żeby Gapalski kupił sobie droższą gitarę, gibsona. Jegorowicz był przekonany, że za chwilę czeka ich międzynarodowa kariera, i nie rozumiał małostkowości ojców swoich kumpli z zespołu.

Wiem, że oni w tym garażu nie tylko grali, oni się tam masturbowali i gadali o samobójstwie. Masturbacja to takie samobójstwo na raty. Mało tego, pod pozorem uczenia się rytmu jeździli kolejką podmiejską i Jegorowicz zmuszał ich do onanizmu w rytm kolejki za stacją

Gdańsk Stocznia czy Gdynia Stocznia i Gapalski sobie coś uszkodził.

Przyszedł kanar, albo to była kanarzyca, oni się zupełnie zagubili i Gapalski musiał później odpowiadać przed kolegium za naruszenie porządku publicznego.

Kiedy mieszkałem z Jegorowiczem, opowiadał mi, jak uciekali przed sokistami i zostawili Gapalskiego, ale ponoć to nic nie zmieniło między nimi, jest jednak faktem, że Gapalski odszedł z zespołu, pomimo że od dzieciństwa grali kolędy po domach.

Po Jegorowiczu można się było wielu dziwnych rzeczy spodziewać, kiedy mieszkaliśmy razem, zawołał z kuchni: „Wolek, mam dla ciebie kiełbaskę" – i podał mi coś, co przypominało kaszankę. Wziąłem do rąk talerz, ale to nie była kiełbaska, tylko cuchnące gówno. Taki był, wstrętny.

Jak mężczyzna może kochać mężczyznę? Jak – jak mocno? Jak? Mocniej niż kobietę? Mocniej – czym jest śmierć tysięcy żołnierzy napoleońskich, jak nie miłością, czym innym niż umiłowaniem boskiej charyzmy? Gdzie szukać przyczyny? Miłość do taty. Miłość do Boga?

1988, Szulc – kompan w poszukiwaniu oświecenia, jak i pomocnik w wykopywaniu grobowca

To było tak: najpierw spędziłem jakiś czas u mojej cioci w Arschehof, gdzie mieszkała razem ze stryjem, pracownikiem Volkswagena. Stryj listownie zażądał ekshumacji z grobu rodzinnego Józefa, ojca innego wuja, bo nie należał do rodziny. Ten wujek, kiedy się ośmieliłem coś powiedzieć, zaczął krzyczeć i kiedy już... nie,

nie mogłem się wyzwolić ani ruszyć, od ciotki i wujka, od przesłodzonej herbaty. Był adwent, okres radosnego oczekiwania na święta Bożego Narodzenia, wujek postanowił jednak posadzić róże, nie wiem, czy początek grudnia to właściwy okres, ale wtedy spostrzegłem jego wielką pasję... Będę miał lepsze, niech sobie nie myślą... Stryj i ciocia mieszkali w domu, który spłacali od lat, uciekli z Polski tuż przed stanem wojennym.

Ruszyłem od nich autostopem, wdzięczny im będąc wielce, ale też zadowolony, że się uwalniam od tych historii rodzinnych. Kiedy mnie stryj zawiózł na stację benzynową i zacząłem stopować, pierwszy był Holender, mówił coś o pomocy dla Polski, że wiózł dary, potem skręcał i musiałem przebiec autostradę, potem był Szwed, z którym zjadłem bułki od ciotki, popijając ciemnym piwem, potem stałem sam i pytałem czarnego żołnierza, czy by mnie nie podwiózł, a ze Szwedem jechaliśmy wśród gór, pokazywał mi NRD, oczywiście z drugiej strony. Potem był smutny Niemiec, który nie zrozumiał, gdzie jest wolność, i się dopytywał, bo mu się wydawało, że komunizm to wolność, że ja tak powiedziałem, musiałem mu to dwa razy powtarzać. Potem był autobus, późna noc, i powoli nic nie przypominało Polski, potem było spotkanie z Ole, podwiózł mnie tam jakiś fizyk z Krakowa, który spotkał tam kolegę ze studiów, na tym spotkaniu tej naszej sekty buddyjskiej. Potem jechałem z Ole w Alpy, w ośrodku było dziwnie, ale bardzo interesująco, potem pojechałem stamtąd do Wuppertalu, gdzie siedział już Szulc z Grubym, i się zaczęło, mniejsza o to jak...

Ale nim samolot zniżył lot i uderzył kołami o płytę lotniska Warszawa-Okęcie...

Z Wuppertalu ruszamy stopem, jedziemy do Karlsruhe; tam jest Wacek i Maciek, dwie kurwy za utrzymanie i atrakcje ruchające dwie dziewczyny. My do pracy w górach, oni do Włoch.

Zwiedziłem to miasto, one wyfiokowane, wyfarbowane, jedna była córką kolegi Einsteina, musiałem sobie kupić szczotkę do zębów, jedna była bardzo pomocna, na środku miasta stał świr, tak jak u nas w Sopocie, i coś perorował, szliśmy z Grubym i Szulc zaczyna naśmiewać się z Grubego, jest coraz bardziej złośliwy:

– Co, Gruby, jak się nazywa twoja nowa dziewczyna? Atari – odpowiada sam sobie pod nosem.

Gruby go ignoruje. Co chwila któryś się zatrzymuje i chce coś kupić, podziwia.

W autobusie Szulc dopiął swego. Gruby wymiękł i powiedział: „Pierdolę, nie jadę z wami w góry".

Na boku mnie namawiał, żebyśmy Grubego nie brali. Wyszliśmy na stopa, dojechaliśmy do Ulm, miasta Alberta Einsteina, który powtarzał, że Bóg nie gra w kości, i tu się zaczęło. Kiedy tak staliśmy, podszedł do nas Murzyn i powiedział:

– Wyglądacie na ludzi, którzy mają kłopoty, mam coś dla was. – I podał mi wizytówkę z napisem. – Musicie to powtarzać, macie problemy, skąd jesteście?

– Z Polski.

– Słyszałem, że macie tam poważne problemy, powtarzajcie tę mantrę, a wszystko będzie dobrze. Tina Turner powtarza i bardzo dobrze jej się powodzi.

– Słuchaj, skoro jesteś takim altruistą, szukamy noclegu – mówię do niego, to ja prowadzę negocjacje, a Szulc jest niezadowolony i tak będzie do końca naszej podróży.

Murzyn się zamyślił, spojrzał w głąb chodnika, na którym staliśmy, i powiedział:

– Bardzo mi przykro, ale nie mieszkam sam i, niestety, nie mogę.

Zaczęliśmy się kręcić w kółko, wróciliśmy na dworzec, położyliśmy się na ławkach, nie mogliśmy zasnąć. Poza tym chodziła policja. Policjant powiedział nam o schronisku młodzieżowym, podał adres i kazał nam ruszać. No to ruszyliśmy, było ciemno, siąpiło, pogrążone w spokojnym śnie miasto, po wielogodzinnym marszu dotarliśmy na miejsce, ciemno, pukam, patrzę, zamknięte (*geschlossen*), wracamy, spotykamy pijaka, krzyczy za nami *Zolidarrrnoszcz*. Idziemy na autostradę, tu dopiero lać zaczęło, a był luty i ten deszcz zamarzał. Pokręciliśmy się pięć godzin po niezrozumiałych skrzyżowaniach autostrad, no i z powrotem na salę dworcową i lulu. Rano, czyli po niecałej godzinie, obudziło mnie potrząsanie (policja, mówiłem cały czas po angielsku, to nas traktowali po pańsku, ale nie wiadomo, co by zrobili, gdyby się dowiedzieli, że jesteśmy z Polski). I wymarsz na autostradę. I tak aż dojechaliśmy w góry. Ale nim dojechaliśmy, natrafiliśmy na typa, który wysiadał z nowej gabloty na parkingu, to był dziesiąty kierowca, z Elbląga, rodak znaczy się, i piąty policjant, który wyrzucał nas przed znak na zjazd, ach, na autostradzie angielski zdawał egzamin, przynajmniej w 88 roku Niemcy mieli duży respekt przed angielskim. Mój kolega na przykład, nielegalny, dawał się podwozić policji, miał przygotowaną śpiewkę, że jest z Finlandii i jedzie właśnie do konsulatu. Ale dla niemieckiej policji mam wyrazy najwyższego uznania, cierpliwa, przyjacielska, ani śladu tego, co naprawdę do ciebie czują. Później, jak po pijaku wjedziemy na garden party, przebiwszy żywopłot, nie będą tacy mili, kierowca zostanie aresztowany, a kiedy będę go próbował oswobodzić, usłyszę dzikie wrzaski. Był to drugi miesiąc autostopu, śniła mi się wyłącznie droga, ciągnęła się jak płonąca taśma filmowa, jak rytmiczna ścieżka, samochody były naładowanymi zespołami informacyjnymi, terabajtami memów o dziwnej i zabawnej właściwości pochłaniającej człowieka, pędzącymi *wpieriod*... Do piekła i nieba, zarazem słodko odbijając się zawrotem głowy opadłej na pierś bez świadomości, podróżującej do Polski na skrzyżowanie Chłopska – Lumumby, gdzie prawie spóźniony i rozzuchwalony rozprzężeniem społecznym w osiemdziesiątym roku, pozwalam sobie na pierwszy w życiu autostop, zatrzymuję panią, która podwozi mnie prawie pod szkołę. Potem pan w syrence niemiły, studzi moje autostopowiczowskie zapędy...

W końcu dojechaliśmy. Gdzie dojechaliśmy i po co tak jeździliśmy? W zasadzie trzeba by od początku. Ja i Szulc byliśmy wyznawcami, powtórzę: wyznawcami sekty, to całkiem przecież neutralne słowo, pochodzące od dzielenia, sekty buddyjskiej. Naszym nauczycielem, guru, był pewien Duńczyk, który w latach sześćdziesiątych miał doświadczenia mistyczne, przebywał w Himalajach, gdzie spotkał mistrza szkoły Kagju Karmapę i przebywał w odosobnieniu, po doświadczeniach mistycznych rozpoczął nauczanie w Europie i Stanach Zjednoczonych.

Haus był, można powiedzieć, świątynią w Wuppertalu, byliśmy też w takim ośrodku i tam, pamiętam, rozmawiałem z kimś z Polski, rozmawiałem miło, był to jakiś kolega, powiedziałem nasze przysłowiowe *heilhitler*, cała kolejka do telefonu aż zadygotała, ale nikt nie miał żadnych uwag, jednak zaraz mnie pokarało (za naigrawanie się z historii), bo spadłem ze schodów. Byliśmy w Szwarzenbergu, mieliśmy czekać na zlecenie z Monachium i...

Nosiliśmy drewno, potężne bale z drewna w Schwarzenbergu, potem zadzwoniono po nas i zaczęliśmy pracę u Karl-Heinza, Karl-Heinz miał dla nas dziwną, ale interesującą pracę, wykopać grobowiec dla jego matki w Monachium, wymurować ściany i wykafelkować. Zamieszkać mieliśmy u Koni, wyznawczyni buddyzmu, Karl-Heinz pomimo pięćdziesięciu lat był buddystą, zaczęliśmy pracować u niego w ogrodzie, nie wiem dlaczego, ale miało to być w ogrodzie Karl-Heinza, najpierw mnie chwalił, potem przeklinał, razu pewnego wywieźliśmy deski na takiej przyczepie, Karl-Heinz się pochwalił, jaką ma skrzynię biegów, tak ruszył, że wszystkie deski wypadły na ulicę, ja, pracownik na czarno, on w kapelusiku sto sześćdziesiąt centymetrów wzrostu, z wąsikiem. Szulc siedział w dole, ciężko pracował, a ja w mniemaniu Szulca obijałem się z Karl-Heinzem, no cóż, on nie znał żadnego języka, przepraszam, trochę znał angielski, a Karl-Heinz francuski, a ja trochę znałem niemiecki i jakoś się z nim dogadywałem, cały układ był ciekawy, bo to wszystko członkowie tej samej sekty... Zabrałem się do zbierania i co widzę, Karl-Heinz robi mi zdjęcia. Był rzeczoznawcą sądowym i nosił ze sobą wspaniałego canona, a jeździliśmy mercedesem drogim i nowym. Mercedes miał prawie 100 koni.

Koni, u której mieszkaliśmy.

Była nieco otyłą dziewczyną, buddystką, bardzo potrzebującą, ale nikt się z nas nie kwapił – ja, bo mnie brała, a on, bo go pewnie nie brała. Musieliśmy jej to jakoś wynagrodzić, tę niedogodność, toteż wyszliśmy z grobu i szliśmy skręcać jej regał, o co ona nas zresztą poprosiła. Najbardziej baliśmy się, że do naszego dołu zajrzy policja nasłana przez sąsiadkę podsłuchującą naszą polską nielegalną rozmowę, ja co chwilę spoglądałem do góry i przed oczami stawały mi sceny z opowieści rodzinnych z drugiej wojny światowej. Karl-Heinz bardzo pilnował kafelków, które układaliśmy w grobowcu; były bardzo piękne, zrobione na zamówienie.

Na sąsiednim cmentarzu ewangelickim bardzo źle obchodzono się z nieboszczykami, grabarze, nawet czasem w cylindrach, odczekiwali, aż rodzina pójdzie, i na *ein zwei drei* rzucali trumnę, potem bardzo szybko wrzucali piasek, ziemię do dołu i wtedy przyjeżdżał spychacz i zrównywał ziemię. Co się działo z trumną i ciałem!

Kiedy wszystko zrobiliśmy, wyszło nasze nieudacnictwo, szczególnie moje, i ręce miałem poparzone od zaprawy, trzeba jednakowoż powiedzieć, że dużo zrobiliśmy dla ośrodka buddyjskiego i grób był wykopany i wymurowany, ale nie bardzo równo, i kafelki były położone. Zapłacił nam połowę, patriarchalnie poklepując po plecach i mówiąc, że młodzi ludzie muszą się uczyć, potem pożegnaliśmy się z buddyjską gminą i z Koni, z którą tego nie zrobiliśmy, pożegnaliśmy się, ale nie obeszło się bez nieco żenującej sceny ofiarowania nam starych rzeczy, czyli lumpów, próbowałem wykonać do zdjęcia przyjacielski gest, ale wyszło, jakbym chciał się chwalić, jak przedstawiciel krajów Trzeciego Świata, jaką to mam fajną cycatą dziewczynę.

Czas było wychodzić na autostop. Pierwsza była piękna blondyna z Bawarii, pielęgniarka, niestety jechała dwieście, a w takich warunkach nie można spokojnie pogadać. O Lisbet, gdzie jesteś teraz? Myślę, że ona się nas, przede wszystkim Szulca, bała, dlatego tak szybko jechała. Umówiliśmy się później w Berlinie Zachodnim, gdzie pracowała.

Byliśmy w Pradze, Szulc chciał na południe, do Grecji, ja zaś miałem w głowie egzamin wstępny, gdzieś w Berlinie poszliśmy na kompromis, pojechaliśmy do Pragi, jakoś nielegalnie; mnie się podobało, były takie stare wagony, nieco przypominające cesarsko-królewskie czasy, na granicy stali celnicy, myśmy spali, obudzili nas:

– *Kuda*?

A my powiedzieliśmy:

– Do Pragi.

– Wiza – rzekł. Wąsy miał jak huzar jego cesarsko-królewskiej mości. Uniósł palec wskazujący i powiedział:

– Tylko jeden dzień. – Bo my na bezczelniaka tam wleźliśmy. Taka była metoda Szulca, zresztą skuteczna. No i nas puścili – cały ten system oparty na lęku działał źle. Wyjeżdżaliśmy z Berlina Zachodniego, Szulc na dworcu Friedrichstrasse kupuje tytoń, a ja jakąś czekoladkę, pani w kiosku jakaś bezinteresownie złośliwa, a ja nie wiedziałem, że jesteśmy w Berlinie Wschodnim. I pani była wściekła, że my w dobrym humorze możemy przekraczać granicę, a ona musi siedzieć w tym zasranym kiosku. Drugi raz to też był ten dworzec, ja po trwającej długo kontroli byłem już w strefie przejściowej i wydawało mi się, że już jestem w Berlinie Zachodnim, ale gdy zobaczyłem żołnierzy radzieckich na metalowych pomostach, pomyślałem, że ktoś zakpił sobie ze mnie strasznie, nie wiedziałem, gdzie jestem, chciałem zadzwonić do kogoś szybko, do znajomych w Berlinie Zachodnim: „Rosjanie zajęli Berlin!", ale zapytałem starszego pana o telefon, czym wywołałem uśmiech pobłażania na jego twarzy, dopiero po chwili dotarło do mnie, że to jest taka śluza, wsiada się do pociągu, a potem dopiero dojeżdża się do Zachodniego.

No i w Czechach jakoś dziwnie było, tak samo sennie jak w Berlinie Wschodnim. Zimno, miałem wszystkiego dosyć, poszliśmy do muzeum, gdzie dostałem zniżkę, bo skłamałem, że jestem studentem, a Szulc musiał zapłacić, poszliśmy się tylko ogrzać. Czesi wprowadzali jakieś utrudnienia, trzeba było zamówić całą butelkę wina, Szulc nie pił, czyli ja musiałem ją sam wypić; on nie pił ze względów religijnych, a ja nie chciałem się upić, wystarczyła mi ta podróż. Szulc jechał do Indii, ja chciałem wracać, zmęczył mnie ten cały pobyt, jeszcze ta pielęgniarka, która jechała z nami z południa dwieście, i ta czarna studentka. Żadnej nic nie zrobiliśmy, pewnie nawzajem się jakoś blokowaliśmy. Nie wiem.

Ale nim samolot uderzył kołami o płytę lotniska Warszawa-Okęcie...

Przyjechaliśmy do Polski, taksówki stały w kilometrowych kolejkach, taksówkarze narzekali i klęli, wtedy nie wiedziałem jeszcze, że Polska tak jak moje życie to kraj cyklicznych kryzysów.

Nie wiem, co Szulca naszło, na rynku w Krakowie powiedział: „Lecimy samolotem". W zasadzie nie miałem nic przeciwko, ale jakoś szaro i strasznie było w tym Krakowie. Pojechaliśmy do Balic, w środku faceci w mundurach, z pistoletami maszynowymi, i właśnie siadaliśmy, ja przy oknie, kiedy podeszła stewardesa i powiedziała:
– Czy mógłby pan zdjąć płaszcz, dowódca grupy antyterrorystycznej prosi.

A Szulc, że owszem, ale mu będzie zimno, jak będzie spadać. Zdjął płaszcz, a ja poczułem się źle. Dlaczego miałby spadać?

Samolot wystartował, był to antonow 24, niewielki samolocik, górnopłatowiec, dwa silniki, śmigła, ładna sylwetka, ciasno w środku, podczas lotu podawano cukierki, na tylnych siedzeniach siedzieli dwaj, może było ich więcej, może w cywilu – milicjanci. Był koniec stycznia.

Jego śmigła,
aluminiowe skrzydła,
jego konstrukcja
solidna,
jego kondycja
zgrzebna i bidna,
jego loty wysokie,
upadki rzadkie
lub żadne,
jakież wtedy życie
było ładne.
Antonow po niebie się
wspina.
Nie łączy nas z ziemią
ni linka,
ni pępowina,
lecz oto turbulencja
nami wstrząsnęła,
trwoga średniowieczna
mnie zdjęła.
I oto maszyna podniebna,
wehikuł
stał się klatką!

Czy życie trwać będzie?
dalej – zagadką.

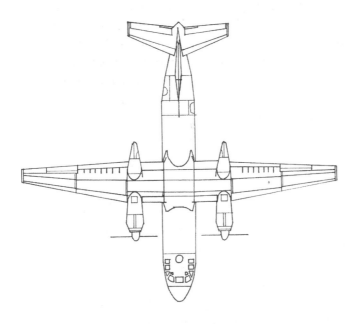

I wystartował, leciał, ale nie tak normalnie, miałem stany lękowe, bo byłem miesiąc w niezwykłych dla mnie warunkach, ale nie był to lot normalny, samolot wzbił się i opadł, chciałem wyjść... „Dziękuję, panowie, jestem mięczakiem". Nie można, trzeba siedzieć. I udawać, że wszystko jest w porządku. Ale rzuca – stwierdziłem, a była to pierwsza minuta lotu. Miałem nadzieję, że zaraz przestanie; pomyślałem, że jeżeli teraz miałoby to nastąpić, to ja nie zdążyłem zrobić najważniejszych spraw w życiu, ba, nawet i nie zacząłem, zrobiło mi się słabo, pomyślałem o Aldonie. Nie, o nikim nie myślałem, myślałem jedno – po co ja tu wsiadłem z tym psychopatą, co ja tu robię, piekło zawsze przecież jest na dole, nie u góry, mamo, panie Boże, *omanipemehung*, powiedziałem mantrę, gdybym mógł zemdleć i nieświadomy przeczekać – nie! Za co? Za chciwość, kochanku, za chciejstwo – za męczenie zwierząt, za znęcanie się nad kotem.

I wtedy zaczęło porządnie rzucać, jak na rolkasterze. Dlaczego? Płakać mi się zachciało, dlaczego musimy tak cierpieć? chwilowo przestało rzucać i uspokoiłem się chwilę, ale po to, żebym cierpiał dogłębniej, przechodziła właśnie, trzymając się siedzeń, kostropata stewardesa.

– Czy coś nie w porządku? – spytałem.

– Nie, wszystko w porządku, czasami tak się robi, to są dziury powietrzne. – I poszła do kokpitu. Bo zaraz będzie katastrofa, powietrze wdzierające się do maszyny rozszarpie nam płuca, będzie minus pięćdziesiąt, spadniemy, ja pierwszy jako grubszy, Szulc później w tym płaszczu kolejarskim. On to ma za sobą, a ja mimo dwudziestu jeden lat – gdzie, co? Pół stosunku z Aldoną – to się nie liczy, on miał związek tu, związek tam, a co ja mam powiedzieć w momencie śmierci. Płakać, rzygać, panika, pobudzenie, ale miałem siedzieć cicho, modlić się – mantra, to powinno pomóc, mantra, powtarzaj tę mantrę, którą dał wam Murzyn na autostopie, może to jest rozwiązanie tej zagadki.

Nam je orngie kyo. Jakby trochę przestało, ale nie, jeszcze bardziej...

Kłopoty z błędnikiem zaczęły się w dzieciństwie, nie mogłem jeździć taksówką, raz mama wzięła mnie do pracy i zrzygałem się w tej starej warszawie, mama musiała sprzątać. Siedziałem na taborecie u mamy w biurze i oddychałem głęboko. Pracowała wtedy w jednostce obsługi finansowo-księgowej i tyła w zastraszającym tempie, w dzieciństwie byłem zakochany w starych fotografiach matki, ale teraz nie mogłem kochać tego wielkiego ciała, które tak troskliwie mną się opiekowało, ścierało moje rzygi, podcierało, wzywało lekarza, czułem, że moja matka wszystko robi dla mnie i do tego jest ciężko chora, i umrze niedługo, do czego doprowadzi ją moje niegrzeczne zachowanie, to ona zabraniała mi skakać z murku, z balkonu, krzyczała: „Nie skacz, bo ci pęknie wątroba, nie słyszałeś, co mówiła pani doktor Pawłowska?" Umrze, i ojciec znajdzie sobie inną kobietę, ja pójdę do domu dziecka, winny śmierci swojej matki. Co to miało za znaczenie teraz, kiedy spadał samolot?

Dotknąłem członka; wypróbowywałem to, kiedy bolał mnie ząb, lekko trącałem żołądź. Tak to się chyba nazywało; mojego kutasa, człowiek podniecony nie odczuwa bólu, sprawdzałem to, jak mi się trójka popsuła, ale nie mogłem tego zrobić, moje ręce panicznie trzymały się oparcia tego ruskiego ustrojstwa.

– Jarek, słuchaj – stęknąłem – mam do ciebie prośbę – błagałem. – Mógłbym cię o coś poprosić?

– Co? – spojrzał na mnie. – Nie mam awiomariny, misiu – powiedział ze współczuciem, nie wiem, co malowało się na mojej twarzy.

– Czy mógłbyś mnie zmasturbować?

Też nie wyglądał najlepiej. Zaśmiał się, uznał to za dobry żart, podał mi cukierka do ssania, bo ja mój pogryzłem. Jakiś gość czytał gazetę, same nekrologi, nawet go znam, to gościu z Przymorza. Co on tu robi? Ale i tak nie było sensu nawiązywać z nim kontaktu, bo jak zaczęło hulać, rzuciło w górę i w dół ze sto metrów może, w górę i w dół.

Będzie egzekucja, ale nie wiadomo kiedy, powtarzałem sobie, chodząc po naszej planecie, po ubitej ziemi, zdanie wydawało mi się dowcipne, to była właśnie egzekucja, natura odbierała zapłatę za latanie, tak, jeszcze buddyzmu wam się zachciało! Ten facet był z bloku numer 28, załatwiał jakieś kontrakty i latał tym cudem techniki radzieckiej...

Jak mnie jeszcze nie było na ziemi, inżynier radziecki O. K. Antonow skonstruował to pod Moskwą. Sołżenicyn jako więzień budował mu podobno modele, znowu zaczęło rzucać, tak więc nie mogłem myśleć, trochę to przypomina sztorm na morzu, brak kontroli, bycie we władaniu. Jeszcze mnie nie było na świecie, a inżynier O. K. Antonow składa części ze sklejki w Moskwie, samolot był pomyślany jako bardzo bezpieczny, mógł startować nawet z jednym silnikiem. Dzisiaj jednak samolot miał rozpaść się na kawałki, nic nie można zrobić, za chwilę zimna przestrzeń...

Prostranstwo rozedmie mi płuca, a ja śmiertelnie okaleczony zacznę spadać. Góra, nie, jeszcze nie, pomęczymy się, góra, dół, niedobrze i niedobrze, słabo i w górę. Burza na morzu szalała, piorun uderzył w szalupę, Mańka się burty trzymała, a bosman ładował ją w dupę. Na morzu jest podobnie, hej, marynarska brać ma doświadczenie w bujaniu, nie należy wtedy patrzeć przez bulaj, widzi się wtedy te góry zielonej wody, tak mniej więcej wysokie jak bloki. Czteropiętrowe. O Jezu! Idą na nas wielkie zielone góry, złośliwie – powodują nudności. *Ommanipe me hung*, a za oknem, żeby można było zobaczyć, gdzie spadamy, nie... mleko, biała nicość bezwymiarowa, renesansowe wyobrażenie Boga w ratuszu staromiejskim. Ale ja chcę pierwszy stosunek – te próby to się nie liczy, ja chcę żeby wreszcie skończyła się męka, i wtedy słyszę: „Za dziesięć lat masturbacji zostaniesz zaraz zgładzony". Za co? I za męczenie zwierząt, i za to, czego jeszcze nie zrobiłeś, za twoje przeraźliwe tchórzostwo, za lęk przed AIDS. Na gestapo było lepiej – wystarczyło się przyznać i przestawali cię napierdalać, pod warunkiem, że coś wiedziałeś, bo jak sobie nie mogłeś przypomnieć od tego napierdalania, to cię zapierdolili. Tak jak Sztyrlica albo Klossa. Kloss sobie przypomniał.

Stanęły mi łzy w oczach, gdyż kapitan do nas przemawiał, skrzeczał coś o warunkach, złej pogodzie, i żeby zapiąć pasy, od dzieciństwa rzygałem, narzygałem w taksówce i rzygałem, pamiętam, w górach, jak jeździliśmy po górach, i wtedy też rzygałem. A teraz chciało mi się rzygać, srać, wyjść za wszelką cenę z tej klatki.

Zamilknij, nie mów, niech twój mózg przestanie produkować myśli, cisza, ból brzucha był jeszcze bardziej wszechogarniający, całe życie tylko gadałem, bo chciałem być amantem, szarpnęło nami całkiem zdrowo. Zaraz zginiemy. Samolot obniżył się i głos w głośniku oznajmił: „Temperatura na lotnisku Okęcie minus jeden stopień, prosimy o zapięcie pasów i wygaszenie papierosów". Mówią tak, żebyśmy nie wpadli w panikę... Zaraz grzechotnie tak, że ja dziękuję. Zrobiło mi się słabo, koszula ściemniała, powietrze w uszach ogłuszyło, nacisnąłem guzik, ale pomoc nie nadchodziła.

Byłem zgubiony, stracony, nie miałem swego miejsca, nie byłem skądś, byłem znikąd, genetycznie też rozczłonkowany, moi przodkowie byli Polakami mieszkają-cymi w Stanach Zjednoczonych, dokąd chciała pojechać moja matka, ja byłem teraz nad ziemią, może to był mój naturalny stan, wcale nie na ziemi, tylko tu, w przestwo-rzach, tu, w niebie, może na tym polega pójście do nie-ba, ale czemu tak rzuca, ooohh?

Ratunku, niech tylko wyjdę z tego samolotu, a obie-cuję, że więcej nie wejdę do pojazdu mechanicznego, będę przykładnie chodził jak człowiek średniowiecza, żadnej dynamiki.

Bo tak szczerze, wybuchy na słońcu, chmura foto-nów i po nas, po całej ludzkości i zwierzętach, i po co wszyscy jesteśmy tak blisko, między Mao i Bobem Mar-leyem?

Jegorowicz poznał mnie z muzykiem, który się przyjaźnił z Marleyem, a Dalajlamę zna Ole, w młodo-ści Dalajlama musiał przebywać w Pekinie i rozmawiać z Mao. A ja znam Olego, on zna Dalajlamę i ten muzyk znał Marleya, czyli ja jestem między Marleyem a Mao. Tu, w tym samolocie, który nigdy nie wyląduje, tylko tak będziemy się pocić i umierać...

Zacząłem sobie wyobrażać, że jadę pociągiem albo płynę statkiem. Jestem moim pradziadkiem, płynę do Ameryki, jest sztorm na morzu i muszę się czymś zająć, bo zwariuję, i wtedy zobaczyłem wyraźnie profil Szul-ca, oświetlony, po drugiej stronie ciemno, odpiąłem pas, żeby wstać i zobaczyć, ale wtedy podeszła stewardesa i powiedziała, żebym zapiął pasy, bo być może będziemy lecieli z powrotem z powodu złych warunków atmosfe-rycznych, usiadłem i pomyślałem o moim dziecku, do-brze, że biedaka nie zabrałem na taką poniewierkę, spoj-rzałem przez okno i rzekłem: „Ruskie gacie, dupa, chuj".

Wlatywaliśmy do ciemnej jamy, jeszcze czegoś takiego w życiu nie widziałem, przed nami otwierała się czarna przestrzeń, bez gaci, przed nami otwierała się potężna wagina. „Mamo! Dośrodkowanie, gol..." – usłyszałem głos redaktora Ciszewskiego.

Zgasły światła, uspokoiło się, wstałem, podszedłem do drzwi do pilota, wchodzę, a tam jest napisane: „Sala dobrych uczynków", i są moje dobre uczynki, tak mi opowiadał tata, jak się topił w Wiśle i dusił się, to mu się wszystkie uczynki, wszystkie chwile z życia wyświetliły, i tam były moje wszystkie dobre uczynki, bardzo mi się ten film podobał, jak byłem mały, i głos mówił: Bóg z Boga, Światłość ze Światłości, Bóg prawdziwy z Boga prawdziwego, zrodzony, a nie stworzony, współistotny Ojcu... Ojcu współistotny, wszedł ksiądz bardzo podobny do mojego ojca. – „Zeszyt" – powiedział. Ja miałem zeszyt pożyczony od koleżanki, nie mój... Bo ja zeszytu w ogóle nie prowadziłem. Podałem mu ten zeszyt. – „Bardzo ładnie prowadzony – powiedział ksiądz, popatrzył jeszcze na statuetkę Napoleona Bonaparte – aż dziw, że chłopiec tak ładnie prowadzi zeszyt..."

Wyszedł przez jasne drzwi, ja odruchowo za nim. Patrzę, a tam jasne światło, ogród cudowny, świeci napis po łacinie: *Fiat voluntas tua* na czerwono, patrzę, przechadza się pan, podchodzę do niego, stoi koło małego fiata i strasznie mi kogoś przypomina, myślę tak, ja go gdzieś widziałem... Gierek, towarzysz Edward Gierek, a na niebie wyświetla się powoli napis. Słyszę ten napis wielkim głosem, mówię ten napis; to, co on też mówi. „Idziesz na spotkanie z wielkim Nic".

Co dalej się stało?

Huk, potworny huk i nade mną ta stewardesa, wpycha mi coś do ust, leżę na podłodze samolotu An 24 i ona pomimo choroby skóry bardzo piękna mi się wydaje... Lądujemy, to nie jest żart, słabo i słabo, rzeczywiście samolot uderzył o płytę lotniska, nie Heathrow, nie Kennedy'ego, nie Orly, ale o nasze polskie betony, byłem na dole przy kuli, kuli ziemskiej, do której diabli chyba sami mnie przykuli, byłem żywy, nie umarły, czym prędzej wyjść z tego samolotu na świeże powietrze... z tyłu piana, brygada antyterrorystów, antyporywaczy w morach, bije brawo, ja też jestem wzruszony, biję brawo. Wychodzę, zdaje się, ogłuchłem, musimy wziąć nasz bagaż, nasze plecaki. Szulc coś mi na migi tłumaczy, w końcu pisze, jesteśmy w kawiarence, nic nie słyszę, przysiada się ten od nekrologów, tłumaczy coś, że załatwia kontrakty, a ja muszę iść do ubikacji, tam jakiś niski jegomość się do mnie zgłasza, jakiś Arab coś chce mi sprzedać tu w kiblu, nie, on coś ode mnie chce.

Mojej koleżance były mąż porwał dziecko, ale on albo coś mi chciał sprzedać, albo cholera wie co?

Nie słyszę, idę do chłopaków, dochodzę do siebie i odtyka mi się jedno ucho, a tu koniec euforii, Szulc mówi: „Musimy wsiadać".

Mina mi rzednie, nie, nigdy przenigdy, wracam pociągiem...

Jestem w stanie to zrobić, ale wiem, że stracę szacunek do siebie samego i z ciężkim sercem wsiadam do kolejnego antonowa, start przebiega normalnie, a to, co później się dzieje, przechodzi moje wszelkie oczekiwania, nie pamiętam i nie chcę pamiętać, znowu tracę przytomność, znowu jestem w przedpokoju, zaproszono mnie do pokoju zwierzeń. Mogę wyznać to, co uczyniłem źle, pojawia się ten sam ksiądz. Pyta:

– Czynny zawodowo poza rolnictwem?

– Tak – odpowiadam.

– To czemu zajmuje się ubojem?

– Jakim znowu ubojem?

– Jakim ubojem?

– Nie wiem, o co panu chodzi, przepraszam, księdzu chodzi.

– To czemu zabijał owady?

I widzę, że ten ksiądz, do którego mogę też mówić ojcze, to po prostu mój ojciec, a nawet więcej powiem, to jest Ojciec Święty.

A on dalej pyta, nie chce mnie zostawić w spokoju. Ja mu chcę wyperswadować, żeby przestał, bo w końcu jesteśmy w samolocie i nie wypada, i to chyba nawet nie podoba się załodze. On ma twarz świerszcza, lecz zarazem ojcem moim jest, ale też jest świerszczem.

– *Paprigunia nie miecztała, kak zima priszła* – mówi po rosyjsku – *zima z morozami* – dodaje i patrzy badawczo jak nauczyciel rosyjskiego, świerszcz, a jednak osoba duchowna.

– Dotknięty chorobą zakaźną?

– Tak – odpowiadam zgodnie z prawdą.

– Jaką?– pyta ten ubek.

– AIDS, ale postać niegroźna, zaleczona, stosuję maść i kwas borny.

– W porządku.

– Chyba dostaniesz w zawiasach – mówi do mnie z boku Szulc.

Wtedy widzę, że wyświetla się katalog kar: zabicie dżdżownicy – następna inkarnacja, praca w rolnictwie zmechanizowanym ze stałym zameldowaniem na wsi.

Trzeba przyznać, że byłem już dużym chłopakiem, kiedy na obozie żeglarskim zrobiłem wiwisekcję tej dżdżownicy. To jeszcze nie koniec, teraz wyświetla się film przedstawiający moje dokonania myśliwskie w dziedzinie zabijania much. I tu wiem, że zmiłowania nie będzie, nie ma okoliczności łagodzących.

– Co masz na swoje usprawiedliwienie?

– Ja to najpierw w telewizji oglądałem.

– Co?

– No, zabijanie.

– A co powiesz na znęcanie się nad słabszymi?

Ratunku, oni wszystko wiedzą – myślę sobie i czuję, że nic mnie nie uratuje, tylko szczera skrucha, ojcze, bądź miłościw mnie grzesznemu, i czuję, jak głos mi się łamie i łzy napływają do oczu, i wtedy szczery płacz, szczery szloch i nic nie jestem w stanie z siebie wykrztusić. Biorą mnie jakieś niewidzialne ręce i zostaję obnażony całkiem, nie mam ubrania ani włosów, jestem oskubanym kurczakiem i słyszę głos przepotężny jak trąba:

– Założył kurnik lis, pies i kot, żeby w późniejszym czasie, przegrzać kurzą kość, kurki, cicho gdakając, rosły, najpierw wyglądały jak zając, potem jak kotopies, aż w końcu się zrobił z nich *tyrannosaurus rex*.

– Mówiłem, żeby nie wsiadać w taką pogodę do samolotu – mamroczę, nikt mnie nie rozumie, ale się cieszą, że nie płaczę przez sen, że jest ze mną kontakt, że nie omdlałem na zawsze.

146

Lądujemy, widzę moje miasto rodzinne jak czarny kontynent. Zatoka Gdańska jak z atramentu, nie pamiętam nic, nie słyszę, patrzę przez szybę i widzę samochody, szyba jest zaparowana, przejeżdża fioletowy maluch, dokładnie taki sam, jakiego ma mój ojciec. Jesteśmy w Rębiechowie.

Przyjeżdżam normalnym czerwonym autobusem do domu, na niebie czerwona łuna, często takie zjawiska pojawiają się na niebie od lamp rtęciowych, wchodzę do domu, a tam wszystko na swoim miejscu, telewizor, radio. Ucieszyli się, że mnie widzą. Ja też się ucieszyłem. Siadamy i ojciec mówi: „Mój ojciec zabił świniaka, czego pan sobie życzy?" Znam te numery, spokojnie, chociaż aż się we mnie gotuje, spokojnie, nie wykonuję żadnych gestów rozweselających. Mówię: „pomidor".

Wchodzi matka, wnosi swoją słynną pomidorową, specjalny przepis przekazywany od pokoleń w mojej rodzinie, mięsa, mięska, skrzydełko, kość od schabu, włoszczyzna, a makaron osobno, to jem... Nic, wywar zrobiony. Śmietany, trzeba wmieszać, ta zupa ma pamięć pokoleń, chociaż trzeba pamiętać, że w tej zupie jest serce. Zgadnij, czyje serce w tej zupie goreje? Serce matki twojej... Woda ma pamięć, w molekułach wody jest wszystko zapisane.

Ta zupa jest żywym ciałem, ta zupa nie jest zupą, to jest... O czym nie można mówić, o tym trzeba milczeć...

Tylko jeszcze wychodzę z psem, muszę wyjść z psem, suką pudlem, nigdy nie dopuszczaliśmy. Nie miała szczeniąt. Wychodzę na trawnik, patrzę, a tam łuna nad falowcem w czerwoną kulę się zbiła. Tak, to pomidor, wisiał nad miastem przez krótką chwilę.

O co chodzi z panią Moeller?

Idę ulicą, domy ładne, secesyjne. Świeci słońce, jest wiosna, jestem sprawny, mam pięćdziesiąt dziewięć, sześćdziesiąt, może siedemdziesiąt, może więcej.

Pani Moeller ma poważną demencję, jest starsza ode mnie ponad dwadzieścia lat, ma mosiężną konewkę do podlewania kwiatów, nie wychodzi na dwór od lat, chce podlać fikus, nie trafia, przesuwa ją dzióbkiem na krawędź parapetu, fikus spada na ulicę, gdzie przechodzę ja, szczęśliwy, pogodzony, i odchodzę ugodzony w czerep, jest to błysk, trzask i nie ma dalszego ciągu moje ciało, co zresztą...

Mieszkanie numer 111

Gdzie Włodzimierz poszukuje oświecenia, lecz rezultat...

Zapiszę się do kabaretu,
zapuszczę wąsy,
bom uzależniona od miłości
jak pies od kości.

Padał deszcz, ja mieszkałem na dziewiątym piętrze, przychodziła do mnie dziewczyna ze strasznym psem. Miała blond włosy farbowane, takie w strąki, to nie były dredy. Ilekroć próbowałem się do niej zbliżyć, pies wyszczerzał kły i warczał. Już widziałem wygryzioną ranę i rozszarpane jądra.

Miałem na nią ochotę, tym razem też poszliśmy na spacer, zabrałem ją do takiego baru w Brzeźnie, zaczął padać deszcz, był początek lata, było pięknie, tylko ten cholerny pies.

W knajpie siedział cicho. Przekonałem barmana do puszczenia jej kawałków, była wokalistką zespołu Loco del Baltico i słuchaliśmy jej kawałków, poszliśmy na wydmy, myślę, że pies to była jej taktyka, powoli oswajałem psa i ją. Przytuliliśmy się, oczywiście szliśmy na wydmy, tutaj nie było tak cywilizowanie jak w Sopocie, to był dziki lasek karłowatych sosen, gdzieniegdzie były bunkry poniemieckie, w oddali grała dyskoteka Cyganeria, której goście szli na cmentarz poniemiecki, na dalsze harce na Helmuta. Zrobiło się zimno, ja właśnie wylazłem z potwornego przeziębienia, wpadł do mnie właściciel mieszkania, strasznie zapuściłem to mieszkanie, tylko to, że byłem chory, uratowało mnie przed eksmisją. To tam w tym mieszkaniu urządzaliśmy z Jackiem seanse za pomocą bułgarskich czy tureckich garnuszków od kawy, imitowaliśmy odgłosy komentatorów sportowych, Szaranowicza, mistrzostwa świata, nogi ciężkie jak z waty... „Proszę pana, Buncolek jest malutki", mówiliśmy głosem Kazimierza Górskiego, to była drużyna! Gadocha mały świetny dryblingu mistrz, Deyna wspaniałe dryblingi, Żmuda. Mnie nie brali, w postawówie stałem na obronie, potem raz na budzie, ale tak mnie trafili w mordę, że miałem odciśniętą biedronę, bo biedroną graliśmy, napompowaną jak petarda, nie jakimś flakiem...

Lubański, który z nimi nie pojechał, bo miał kontuzję, Lato lewy skrzydłowy, Gorgoń obrońca, Tomaszewski bramkarz, Kasprzyk, Kusto, Szarmach no i... Zbigniew Boniek, wtedy mieliśmy opracowaną gadzię, gadaliśmy o żużlu, Szczakiel, Jancarz, i lekkoatletyka, Malinowski, Wszoła, Buciarski, Kozakiewicz, do rana z Jackiem, któremu wypadł ząb do tego garnuszka, tak przyciskał, żeby osiągnąć efekt przytłumiony Ciszewskiego, to był ząb przyklejony, który mu ZOMO wybiło parę lat wcześniej. Marlenka i Grzesiu leżeli ze śmiechu, najśmieszniejsze to, że Jacek rzeczywiście został komentatorem sportowym i pracuje do tej pory w telewizji.

W tym mieszkaniu organizowaliśmy czarter do Indii i zbieraliśmy listę dwustu osób, które będą gotowe pojechać, to tam cała banda dzwoniła z mojego telefonu, nigdy tych pieniędzy nie odzyskałem, biedna moja mama i ojciec, którzy ten rachunek zapłacili, a przeniosłem się tam, bo miałem dosyć niejasnego układu z Magdą, która odnajęła mi pokoik, ale miałem jej naprawić bojler – wiadomo, chodziło o coś innego, przychodziła tam nawet fajna dziewczyna Ania, ale nią się zajął Andrzejek, znany rysownik.

Tak więc mieszkałem na dziewiątym piętrze, prześladował mnie lęk przed ojcem mojego kolegi, nachodzącym mnie podczas nieobecności syna, który studiował w Toruniu z powodu braku miejsc w Gdańsku. To były początki mieszkania samemu, teraz szedłem z tą zachwycającą dziewczyną po jakichś chaszczach w Brzeźnie, rozłożyłem kurtkę, zrobiło się cicho i naprawdę pięknie, to było gorąca noc, byłem spokojny i już w środku, delikatnie westchnęła i wtedy poczułem, że ten wilczur liże mnie po dupie.

* * *

Moje mieszkanie stało się czymś jakby na kształt biura podróży. Poszukiwanie oświecenia i partnerów osiągnęło apogeum, wszyscy medytowali, uprawiali tan-

trę, czyli praktyki seksualne, i jeździli do Indii i do boga-
tych krajów zachodnich, żeby ciężko zarabiać pieniądze
na wyjazd do Indii, gdzie żyli we względnym luksusie,
nieco starsze lub starsi poszukiwali mężów lub żon
w poprzedniej inkarnacji, to znaczy ktoś, kto był młodszy, mógł być odpowiedni, bo związek karmiczny był tak
silny.

Wtedy poznałem Magdę, byłem w mieszkaniu i zadzwonił telefon, odebrał kumpel, od którego odnajmo-
wałem mieszkanie, właśnie byłem jego modelem, on
mnie rysował, jego ojciec sponsorował piwo, a ja miałem
siedzieć nieruchomo. Myślałem, że kolejny na listę czar-
terową, i nie pomyliłem się, była to przyjaciółka Maryli
z dzieciństwa, która też niby chciała lecieć z nami do
Bhutanu.

– Podaję słuchawkę – powiedział mój kumpel.

Wziąłem słuchawkę i usłyszałem miły, a nawet przy-
milny głosik:

– Słuchaj, to ja, Magda z Opolskiej, jestem na tej
liście czarterowej do Bhutanu, no wiesz...

– Wiem, wiem, aż... – Ugryzłem się w język. Chciałem powiedzieć, że aż za dobrze...

– Nie zechciałbyś mi naprawić bojlera na wodę?

– Bardzo chętnie, ale ja się na tym nie znam. Ale
mogę zobaczyć.

– Chodzi mi tylko, żeby ktoś dokręcił mi rurę. W tym
piecyku.

– Słuchaj, to spotkajmy się jutro, podam ci adres...

I tak to się zaczęło, była tam jakaś koleżanka.

Morze, morze

Dowieźli nas, stał tam M/s Busko Zdrój II, siedzieli jacyś goście, a ja jestem dobrze wychowany i przedstawiam się:

– Dzień dobry, nazywam się tak a tak.

Oni, że im przyjemnie, a z nami był lekarz, który nakrzyczał na kapitana, że ten bez munduru, statek obskurny, załoga piraci. My płyniemy i kapitan przyszedł.

– Wy mili chłopcy jesteście, pan coś studiuje? – mówi.

– Nie – odpowiadam zgodnie z prawdą, bo mnie na egzaminie wstępnym oblali, Wałczerek pije piwo, które przyniósł kapitan w cywilu. Patrzę, kapitan trochę nietrzeźwy, a lekarz, który pracował w Norwegii, powiedział, że dwa wyprodukowane w Rumunii bliźniacze statki Kudowa i Reymont poszły na dno, cieszyłem się, że nie lecimy samolotem, już był spokój, ale przyszła ta niedojda kapitan, co się w mesie chwalił, jakiego on to miał wspaniałego forda volkswagena – czy coś, i siedzi, i mówi:

– Mamy na statku cuda-niewidy.

Patrzę na niego, co też na tej krypie może być wspaniałego. A on:

– Mamy kamizeleczki.

– Jakie kamizeleczki? – się pytam, a on mówi:

– No, takie ratunkowe, bo jak się ładunek przechyli, to wszyscy jesteśmy w wodzie, aaale... – tu uniósł palec – jak jest czterdzieści stopni przechyłu, to u mnie spada dzbanek.

I wtedy przypomniała mi się praca w stoczni Nauta w Gdyni, jak mi kazali wchodzić na dno do takiej dziury i było coraz ciaśniej, potem nie mogłem się ruszać, potem spadły mi rękawiczki i... strąciłem rękawiczki szefa, to było na samym dnie, i powiedział, że zaraz zalewają wodą, i ja się zsunąłem na dno, chyba miałem łzy w oczach, było ciemno, znalazłem mu te rękawiczki, teraz w tej małej kajucie poczułem się tak samo zamknięty.

Statkiem zaczęło bujać. – Chłopaki, nic się nie bójcie, utopią się ci, którzy są pod dobrą datą. Mamy tu cuda-niewidy! – powiedział bełkotliwie. – Chłopcy, zanieście mnie do mojej kajuty...

No i zaniosłem go, i dzbanek kaszubski stał, kapitan nie kłamał. Co można myśleć o załodze statku, którego kapitan po dwóch godzinach jest pijany, miernikiem przechyłu jest dzbanek w kajucie kapitana, szczytem techniki są kamizelki ratunkowe, jesteśmy na rumuńskim statku, którego bliźniaki utonęły, załoga wygląda jak zbiry, zaczyna bujać, tak powoli się odchylają mapy, nie, to statek się odchyla, one wiszą cały czas pionowo... Słabo, poty, powoli zaczyna cały statek tańczyć, nie pomaga jedna wizyta w ubikacji. Siadam na sedesie, nie baczę, nie wykładam go papierem toaletowym, i tak zaraz umrę – co mnie obchodzi rzęsistek, żółtaczka typu C, adidas, róża, rzeżączka, *elefantiasis*, kalafior, świerzb i inne choroby, kibelek zapada się, i to nie parę metrów, nie, zapada się, całkiem głęboko, jak diabelski młyn w wesołym miasteczku, a potem idzie w górę...

A przez bulaj nie patrz! Tam, domy zielone, góry niewiarygodnie wielkie i też zielone aż do szpiku kości. Słabo i *Zdrowaś Maryja*. I jakiś straszny huk. Wałczerek rozłożył się na dole, a ja u góry rozkrzyżowany, zaparty rękoma o jedną ze ścian, nogami o drugą. Po cichu – *Omani padme hum*, *Ojcze nasz*... ratunku!!! Czemu nie siedziałem spokojnie w domu przed telewizorem...? Zachciało mi się wojaży... Nad ranem się uspokoiło i wtedy jak nie huknie syrena, wszyscy wybiegamy na dek, wszyscy biegniemy, ja nawet spadam ze schodów, rozdają kamizelki i kiedy stoimy, wychodzi on, niski kapitan Walczak. Właśnie wstawało słońce, wiatr wiał, ale zelżał troszeczkę.

— Kto na ochotnika? — zaryczał sznapsbarytonem. Spojrzał na mnie.

— Aaa... o co chodzi?

— Wkładaj bracie, zrobimy demonstrację i wykład poglądowy z ratownictwa morskiego.

Włożyłem kamizelkę, miała taką przyłbicę na twarz, jak u kosmonauty...

— Groził nam zgon, a teraz jesteśmy w cieśninach, w oddali Helsingör. — Chciałem coś powiedzieć, ale miałem zatkane usta. — Załoga, rozejść się, a ja jeszcze z pasażerami porozmawiam.

Załoga śmiała się ze mnie, wytykała palcami, jedni schodząc, klepali mnie po ramieniu, inni po brzuchu, inni pozwalali sobie na komentarze.

— Zobacz, jak mu brzuch wylazł, wygląda jak Benny Hill, Batman, Garsyja.

To było przedstawienie, żeby odbudować autorytet.

A na korytarzu załoga, co za zakapiory, tacy pewnie sprzedawali niewolników, a była z nami dziennikarka, przez stewarda nazywana „pani czarna". Następnego wieczoru steward układa na stole chleb, patrzę, a ten chleb jest czerwony, podają w barwach narodowych, chleb polski — czy co? Ale tak nieregularnie ta czerwień, jak? — Czyżby go tak konserwowali?

Nie – to pan steward palec sobie przeciął, bo jest tak uroczo niepostrzeżenie pijany i podaje nam chleb krwią uwalany. Zawinął sobie ten paluch i z tym paluchem do „pani czarnej", aż chrząknąłem, spojrzał na mnie i mówi: „he, żartowałem".

Nawet ładna pogoda się zrobiła. I znowu do niej podchodzi. Wiele razy miałem z tym problem, interweniować czy nie. Czasami musiałem się wstydzić przed samym sobą, ale tym razem nie było takiej potrzeby. Ona umiała się sama bronić:

– Ma pan żonę?

– Mam, Helenka – mówi i tak się zatoczył, że ona swobodnie mogła wyjść z kabiny, z tej mesy. A steward:
– Ale mi niedobrze.

To było już w Kattegacie, wyszedłem, i do radiooficera, zadzwonić do Piotra, który był bratem mojej kumpeli. Przyjeżdżali do nas z Lublina, słyszałem, że świetnie mu się powodzi, bo podrobił kartę pobytową.

Marynarze się mnie czepiali, coś chcieli, mówili do mnie per młody, ale musiałem zadzwonić, sam w to teraz nie mogłem wierzyć, że przeżyłem, jak we śnie do kabiny radiooficera, bo on był uprzedzony przez Iwonę, dzwonię, że przypływamy, wyszliśmy na brzeg żegnani szyderstwami marynarzy. Wynoszę pszenicę. I Piotr nas wiedzie do akademika i mówi:

– Może byś ze mną pojechał do tego gościa, który mi podrobił *skotekort*? – A ja, że chętnie.

Jeszcze miałem „oddychanie ziemi". To jest takie zjawisko, że ziemia oddycha, takie ma się dosłownie wrażenie po zejściu na ląd. Dotarliśmy na miejsce, facet wydał mi się dziwnie znajomy.

Musiałem widzieć na Przymorzu – tak, stał na ulicy. Mam czasami takie przeczucia, wtedy wydał mi się dziwny, trochę podobny do szczura. To, co teraz piszę, jest na granicy zdrowego rozsądku, ale czasami patrzymy na coś i pojawiają się myśli prorocze, ja wiedziałem, że coś z tym facetem jest jakoś dziwnie...

I po latach w jakimś domu na skałach w Norwegii... Mówił, że jest masonem, na ścianie domu na skalistej górze wisiały arcydzieła sztuki buddyjskiej, Buddowie zespoleni w uścisku. Dom nie był jego własnością, tylko pary lekarzy, która wyjechała do Afryki, on tylko go wynajmował. Ten facet, nazwijmy go Tadeusz, mówił ciągle o jakimś kumplu, nazywał go Stan. Stan rozwija telefonię... Stan rozwija systemy komputerowe... Byliśmy ze Stanem w Berlinie na wycieczce... NRD jest połączeniem sowieckiego reżimu i pruskiego drylu... Jest bardzo miło, Tadeusz serwuje nam mocne drinki na coca-coli, jestem trochę pijany. On mówi:

– Uciekł wam ostatni autobus, będziecie musieli zostać u mnie. Jeszcze pokażę wam zdjęcia z Estonii. – Wysunął taki telewizorek na stoliku, na jakim podają szampana w hotelach, i w tym telewizorku pokazywał wiec. – Jesteśmy w przededniu wiosny ludów, skoro takie rzeczy się dzieją w Związku Radzieckim. – Na ekranie widać było, że sekretarz partii brata się z demonstrantami.

Coś rzeczywiście zaczynało się dziać, a ja odpuściłem sobie rewolucję, oczywiście byłem za wolnością, ale bardziej interesował mnie paszport i nie chciałem być tak radykalny jak kolesie z Wolności i Pokoju, których wsadzano do więzienia, nie mieli paszportów, włamywała się im milicja do domu, konfiskowała im maszyny do pisania, wsadzała ich na parę miesięcy do więzienia, konfiskując im życie. Zawijałem sobie głowę swetrem, jak ich odwiedzałem, bo mieszkania były pod obserwacją, nie chciałem być ofiarą, wystarczy, że byłem nią w innych sytuacjach.

Nasz gospodarz miał matkę Niemkę, po której odziedziczył kult Niemiec i niejaką pogardę dla Polski, nie wiem, jak to w jego życiu przebiegało... Miał parę obywatelstw. Puścił nam pruskie marsze, muzykę klasyczną i ubolewał nad polską ksenofobią, że tylko Polacy mogli wymyślić taki wyraz, jak polakożerca, zaczynało mi się mącić w głowie od tych masonów, Polaków i Prusaków, gdzieś pod Oslo, którego jeszcze nie widziałem, była to moja pierwsza noc w tym mieście i jeszcze te wspaniałe obrazy tybetańskie, podgrzewana podłoga. Ciekawe, jaki widok jest z tej góry? O tym miałem się przekonać następnego dnia.

– Ty, Piotrek, połóż się tam – wskazał mu miejsce na kozetce w pokoiku, a ty idź się wykąp tam, a tu się położymy. – Było tam małżeńskie łoże ze złoconą, pewnie mosiężną ramą, podłoga podgrzewana, ciągle miałem „oddychanie ziemi" na skutek przebywania na statku przez ostatnie dwie doby.

Położyłem się koło niego, pokój był ciemny, kręciło mi się w głowie, wypiłem cokolwiek, miałem wrażenie, że faluje dom. Podobnie kiedy przeżyłem trzęsienie ziemi, śnił mi się samolot, w którym ogłoszono alarm i zaczęły się turbulencje, obudziłem moją żonę, a ona: „Uspokój się, schizofreniku, daj mi spać". Włączyłem rano telewizor i co? Nie ja mam schizofrenię, tylko było cztery koma osiem w skali Richtera. Dom pękł. Ale wtedy w łóżku w Oslo to było coś innego.

– Łóżko się trzęsie – powiedziałem do niego.

– Nic się nie trzęsie – odrzekł uspokajająco.

To jest niewiarygodne, jak stan naszego ciała potrafi zmienić percepcję, błędnik zawsze miałem wrażliwy.

Bujanie ustało na chwilę, ale po chwili zaczęło się ze zdwojoną siłą, usłyszałem skrzypienie sprężyny, czyli jednak coś tu nie pasuje, buja w mojej głowie i słychać w mojej głowie?

Powoli odwracam głowę do naszego gospodarza, a on golusieńki leży wsparty na łokciu – tyle mogłem zobaczyć w ciemności, odwróciłem się szybko, kilka myśli przebiegło mi przez czaszkę. Czy nie mógł trochę poczekać, aż zasnę?... I potem pod swoją kołdrą... Jest w zmowie z Piotrkiem, zgwałcą mnie i pokroją, a kości moje rozrzucą w lesie... Uwiężą, będą gwałcić regularnie i rzucą mnie psom na pożarcie, po kawałku odcinając kończyny... Nie mogę go przecież tak urazić, stawiał drinki, nie, niech skończy, żeby mnie tylko nie obryzgał... A on podsuwał się bliżej i bliżej, poczułem jego oddech na szyi.

Sparaliżowało mnie. Wtedy on chyba przez zęby mrucząco powiedział:

– Najważniejsze, żebyście znaleźli pracę.

Może u ciebie, ty zboczeńcu? – pomyślałem, wszystko się zgadza, „Stan to, Stan tamto..." Jasne. Czemu tego nie powiedział otwarcie? Czemu? Przybliżył się bardzo do mojej kołdry. Słyszałem wyraźne mlaskanie jego członka i ten oddech na szyi.

Odrzuciłem kołdrę, przykrywając jego ciałko chude i pełne drgającego pożądania, i skoczyłem w ciemność, pewnie to samo uczucie mieli cichociemni skaczący nad lasami okupowanej Polski, lecąc w ciemności poczułem ból w stopie, tak, to rama łóżka tego lekarskiego małżeństwa, siła grawitacji zaczęła przeciwdziałać sile moich mięśni i powoli opadałem głową w dół, niefortunnie zahaczyłem stopą, niefortunnie dla nas obu, teraz spadam w nocy mrok.

Lecz niespodziewanie natknąłem się na stoliczek do szampana, na którym Tadeusz ustawił telewizorek, byłem nad ziemią tuż-tuż, już miałem w nią zaruchać z całym impetem, lecz telewizorek akustycznie ubogacił ten wzorek. Wykonałem półobrót, telewizorek się włączył, chwyciłem go wpół w powietrzu, żeby udaremnić niechybne jego rozbicie i usłyszałem: *Do you really want to hurt me*. To śpiewał Boy George, trudno o stosowniejszy komentarz, czasami się tak dzieje, niewiarygodnie często tak jest, i kiedy o czymś myślimy, to rzeczywistość zadba o komentarz.

Telewizorek oświetlił Tadeusza na chwilę jak stroboskop, zobaczyłem jego szczurzą twarz wykrzywioną w jakiejś dziwnej udręce. Ni to przestraszoną, ni uradowaną, zafascynowaną, rozbawioną, zdążył unieść ręce, tak jakby chciał przytrzymać mnie w powietrzu, oddać hołd, nagi, chudziutki z potężnym kutasem, w telewizorze zaiskrzyło i zobaczyłem poświatę.

Tak, Tadeusz miał poświatę, trwało to zaledwie ułamki sekund, jego twarz mówiła: „Czemu mnie opuszczasz?" Nie wiem, do kogo było skierowane to pytanie, do mnie czy do Boy George'a. Może do nas obu, może do nas obu i telewizora, w pewnym sensie stanowiliśmy, spadając, jedność. Jego kutas był połączony kablem z telewizorem.

Zetknięcie z podgrzewaną podłogą nie było tak straszne, jak się spodziewałem.

Zapadła cisza na dłuższą chwilę. Jak długą? Czas, czy też jego odczuwanie, też jest zjawiskiem podlegającym wpływom, wydało się, że mijają epoki, wyszły istoty z praoceanu, uderzył meteor i umierają dinozaury, ktoś musiał odezwać się jako pierwszy po tej kłopotliwej sytuacji, ktoś musiał powiedzieć coś...

– To ja herbaty zaparzę – powiedziałem radośnie, jak gdyby nigdy nic...

Wyszedłem, zapaliłem światło, korytarz do kuchni, podgrzewana podłoga i Buddowie patrzący na mnie ironicznie, zapaliłem gaz; nie, nie zapaliłem, zapalałem gaz, ręce mi drżały. Już chyba piątą zapałkę, byłem piętnastoletnią dziewczyną, gwałconą, w opresji, nie byłem sobą, byłem... I wtedy wyszedł, zdążył się ubrać w piżamkę, która tylko podkreślała jego wąskie ramionka i lisio- -szczurze wejrzenie.

– Tej sobie zaparz. – Wskazał jakieś pudełko.

– Coo, usypiająca, taak?

– A tam, wierzysz w to, co tam piszą – powiedział ze wstydem i poczuciem winy.

Nie wierzę, w co mam wierzyć, dobroczyńca jest gwałcicielem, jestem w Norwegii, cały czas rozmawiamy po polsku, słońce jeszcze nie wstało, jest noc, nie wiem, gdzie jestem. Po co tu przyjechałem, do pracy? Nie, żeby zaimponować mojej dziewczynie. Wstawał świt, norweski świt, niebo błękitne, niebo przejrzystsze, głowę wychylił Piotr. Nie wiedziałem, co mam o nim myśleć. Jest w zmowie z Tadeuszem?

Co ja tu robię?

Nie pozostawało mi nic innego, jak zaufać Piotrowi.

Nad ranem. Ten Polak, ten Niemiec farbowany włączył marsze pruskie, zaczął maszerować w piżamce po mieszkaniu. Demonstrować, jak wygląda zmiana warty w Republice Federalnej, poprzedniego wieczoru też puszczał tę zmianę warty przed Grobem Nieznanego Żołnierza w Bonn. Jeszcze nie wiedziałem, że to jest subtelna przepowiednia na najbliższe kilkanaście lat, ta cała sytuacja, zmiana warty; to, że mamy znaleźć pracę, ta zmiana, to przeniesienie, to wszystko było wielopoziomową skomplikowaną wróżbą na najbliższe dwanaście lat.

Wsiedliśmy do autobusu w trójkę, nie wspominałem o nocnym incydencie.

Musisz znaleźć pracę – wielka mantra

Włodzimierz poważnie traktuje społeczeństwo, pomimo że ma wiele powodów, żeby go tak jednak nie traktować. Wynika to prawdopodobnie z wychowania i z poważnego wczytania się zarówno w Pismo Święte, jak i w pisma buddyjskie, w latach osiemdziesiątych powiesił sobie arkusz papieru w formacie B1 z napisem: „Kto nie pracuje, niechaj nie je". Potem przyszli do niego jacyś sekciarze, przez drzwi patrzyli i mówili, że to nie przypadek... Teraz miałem się o tym przekonać, że kto nie ma pracy, nie ma pieniędzy, przynajmniej jak w 1989 jest Polakiem, który chce pracować na czarno w Norwegii.

Następną noc spędziliśmy z norweskim komunistą Martinem, rozmawiając o wikingach, o Thorze, o orłach na jego ramionach, w kiblu Piotr powiedział mi, że Martin jest szefem gazety „Walka Klas" i po ogłoszeniu ustawy zakazującej cudzoziemcom osiedlania się w Norwegii krzyczał w parlamencie norweskim, protestując. Następną noc spędziliśmy w sali telewizyjnej, rano zaczęliśmy szukać noclegu gdzie indziej. Miałem parę adresów, przecież to u mnie była ta komórka wizowo-wyjazdowa,

new-age-bombay-brooklyn-brulion, i po paru dniach wylądowałem w ośrodku buddyjskim prowadzonym przez
starego lamę, Tybetańczyka...

Było coś wzruszającego w tej świątyni pośrodku
norweskich lasów, właśnie umarł panczenlama, domek
starego lamy za strumieniem promieniował energią.
W tym czasie rozpocząłem pracę w firmie, która sprząta-
ła po budowie i przygotowywała nowe. Odnalazłem też
kontakt do działacza undergroundu, który wyemigrował
do Norwegii i mieszkał w Oslo na squacie, był to dzie-
więtnastowieczny dom w najstarszej części Oslo. Ten
człowiek raczej szlachetny, opanowany ideą sprawiedli-
wości społecznej, postanowił zaszantażować właściciela
firmy (Żaba, tak się nazywał), że zadenuncjujemy go do
norweskich władz, jeśli nam nie wypłaci godziwych pieniędzy. Tak też zrobiliśmy, szantaż odbył się w szpitalu,
który sprzątaliśmy, wszyscy pobladli, ja, undergroundo-
wiec, a najbardziej biedny Żaba. Żaba wyjechał z Polski,
myślał, że się odkuje, a tu przychodzą jacyś chuje. Zain-
teresował się tym norweski komunista, ale nie chcieli-
śmy sprawie nadawać rozgłosu, bo mogłoby to zaszko-
dzić wszystkim przyjeżdżającym z Polski, a w tym czasie
to były tysiące.

Byliśmy w szpitalu właśnie wyglansowanym, wy-
czyszczonym, po wstępnej rozmowie powiedzieliśmy:
„Jak nie wypłacisz tym ludziom po cztery tysiące koron,
to powiadomimy fiskusa".

I wyszliśmy, patrzyła na nas biedna siostra Żaby,
z którą tak miło rozmawiałem poprzedniego dnia. Na
placu boju został biedny wielodzietny nauczyciel z Kotli-
ny Kłodzkiej, jakiś chłopak z Polski i jeszcze para jakichś
ludzi nie wiadomo skąd, ale też z Polski.

Wróciłem do świątyni, rozmawiałem z Tybetańczykiem, który tam mieszkał, wydawał się mnie nie potępiać, a nawet sympatyzował z nami, stałem sam w pokoju, patrzyłem przez okno i usłyszałem syczenie, a po sekundzie poczułem piekący wściekły ból. Tak to właśnie mnie pokarało stojące tam słoneczko, grzejnik, spaliło mi skórę na nodze.

Nie miałem pieniędzy, przeniosłem się do squatu, w piwnicy mieścił się klub, na naszym piętrze mieszkał Robin Hood i kilku freaków znad Wisły. Jeden z nich wymalował całą klatkę schodową i upaleni Norwegowie wchodzący po schodach mówili powoli: ži-ra-fa, bo cała klatka schodowa wymalowana była w żyrafy. Pracy nie mogłem znaleźć, co było pewnie sprawiedliwą karą za próbę naprawienia stosunków płatniczych pomiędzy pracownikami nielegalnymi a firmą Żaba Ltd.

Stanąłem na środku pokoju i nie miałem pieniędzy, żeby zapłacić za jedzenie, za pobyt. Wtedy Rydz, narkoman i kongista, powiedział:

– Przebierzemy cię za dziwkę i wyślemy na ulicę...

Zaraz następnego dnia przerażony zacząłem szukać pracy, lecz, niestety, nie było to takie proste, myślałem o różnych możliwościach, o kinie porno, zacząłem zbierać butelki, było coraz gorzej. Dobrze, że miałem rower. Wyruszałem przed południem, zbierałem butelki, potem oddawałem je w automatach w sklepach spożywczych. Stać mnie było tylko na chleb i piwo, jeśli oczywiście zebrałem pięćdziesiąt butelek.

Norwegia była wtedy jednym z najdroższych krajów świata, chleb kosztował około dwudziestu koron, butelka dawała koronę, chleb, masło i marmolada pomarańczowa w plastikowym wiaderku – to pięćdziesiąt koron, czyli butelek. Nie jest to wcale łatwe zajęcie, jak nie zna się miejscowych zwyczajów i wściekle jeździ po mieście we wtorek, kiedy wszyscy siedzą w domu. W międzyczasie co rano próbowałem też załatwić sobie pracę, stojąc pod arbetsamtem, czasami spotykałem ludzi Żaby, którzy korzystali z darmowych telefonów arbetsamtu.

Na squacie bywał Arab, którego Rydzu brał na spytki, pokazał mu wydanie polskie Koranu, ten jednak pokazał na ramię, gdzie miał herb Związku Radzieckiego, i powiedział: „Jestem za Kadafim, on jeszcze dopadnie Reagana!"

Byłem w Norwegii, ale można było sądzić, że to jest Pakistan, wokoło góry Kaszmiru. Gamlebien, Gronland, Jerbanatorget, okolice Stortiget, pałac królewski, nabrzeża to był mój rejon, który objeżdżałem co rano, potem na krótko wskakiwaliśmy do pociągów i tam były łupy bogate. W weekend byliśmy narażeni na szyderstwa młodzieży norweskiej, jak wchodziliśmy do śmietników, ale wtedy można było najwięcej znaleźć, taki pociąg to co najmniej pięćdziesiąt butelek. Jeśli miałem jakąś nadwyżkę, to wydawałem ją na telefon do Magdy i skamlałem. Byłem sam, głodny, oddzielony od wszystkiego, do czego przywykłem.

I wtedy też zaczęła się sprawa z Rushdiem, protestowali przeciwko temu bluźniercy, szli przez Urgate, dalej przez cały Gronland. Świadomość kogoś, kto od tygodni śpi na podłodze, nie ma pieniędzy i cały czas walczy, może nie od razu o przetrwanie, ale jednak, jest całkiem inna od świadomości osoby, która nie musiała nigdy grzebać po śmietnikach.

Ważnym miejscem była Armia Zbawienia, gdzie dostawało się kanapki i kawę. Placówkę prowadzili dwaj panowie w wieku mniej więcej pięćdziesięciu lat, jeden wielki, gruby, o szerokiej twarzy, rudy, nosił jakiś ciężar w sobie, sprawiał wrażenie ukrytego sadysty; drugi wyglądał na sadystę jawnego, mały, wąs à la Chaplin, czyli... Hitler. W małej salce zbierali się, nie wiem kto? Skąd ich wytrząsnęło opiekuńcze państwo norweskie. Indianin, może Eskimos, trochę pijaków i Gangster.

Gangster kładł ręce na blacie i siedział nieruchomo. Kanapki były do południa, potem zamykali. Nie wiem, czy to ja byłem wyczulony, ale wydawało mi się, że coś z nimi jest nie tak. Czy może się przypierdalam i może nie znam stosunków w takich instytucjach, ale jakaś pani bardzo chciała zagrać na pianinie i ten gruby jej nie pozwolił. Wszyscy dostawali kanapki, mogli wypić kawę, i won.

Potem znowu butelki, byłem wściekły, ale nie chciałem postępować tak jak ci, którzy mieli pracę, a mimo to kradli po sklepach.

Po paru tygodniach byłem tak wyczulony i wyćwiczony, że nie musiałem schodzić z roweru, podnosiłem butelkę jak Winnetou nóż w ziemię wbity z konia pędzącego. Ratowało mnie niechlujstwo Norwegów, którzy porzucali te butelki byle gdzie. Z ustawienia butelek od razu można sobie było odtworzyć imprezkę, która wieczorem się odbyła, dwóch albo dwoje stało, pili, potem poszli, nie, nie poszli, całowali się długo... A im się wydawało, że to chwila. Albo grupa rozkrzyczana stała, spotkanie absolwentów szkoły, zostawili butelki i odeszli. Czasami był problem, jak zabierałem butelki półpełne, a zza węgła wychylał się chłopak.

Razu pewnego wybuchła epidemia świerzbu na squacie, wtedy dopiero zobaczyliśmy, jak dobrze jest zorganizowana ta społeczność. Szybko rozdano lekarstwa, Polacy na swoim piętrze mieli je rozdzielić, następnie się nasmarować, oczywiście pierwszym, który to zbojkotował, był Rydzu. „Mnie to nie dotyczy" – warknął. Ja raz się natarłem.

W tym czasie okazało się, że zginęły pieniądze, podejrzenie padło na dziewczynę Rydza. Mieszkaliśmy wszyscy razem, ja z Wałczerkiem i Rolnikiem w pokoju przechodnim, Rydzu mieszkał sam w pokoju, Robin Hood ze swoją dziewczyną, i jeszcze Hucułka, która miała swój pokój. Atmosfera robiła się coraz bardziej nieznośna i była to zapowiedź nadchodzącej katastrofy.

Jechałem na rowerze nabrzeżem, naprzeciwko był ratusz, tam przyznaje się pokojowego Nobla. Na jednej z kei jest pizzeria. Zbliżam się i co widzę w środku? W środku tej pizzerii siedzi kucharz i pomocnica, drą pizzę i wrzucają do worów. Poczułem zdobycz.

Uzupełnieniem jedzenia były czasami warzywa od Pakistańczyka, które spadły między palety, wyciągałem je i wiozłem na squat. Teraz wiedziałem, że muszę pojechać po pomoc. Za kilka godzin z Rolnikiem i pewnym miłym Norwegiem stałem przed kontenerem, który był zabezpieczony klapą z kłódką, medytowaliśmy chwilę, po czym chwyciłem blachę i ją po prostu odgiąłem. Rolnik wskoczył do środka, zaczął podawać, jeden czarny wór, drugi czarny wór, trzeci czarny wór. Mieliśmy tylko trzy rowery, worów nie ubywało, skąd oni mieli tyle pizzy? Wory wiązaliśmy po dwa i w ten sposób przywieźliśmy na squat około trzystu kilogramów pizzy różnego gatunku.

Dobrze, że były lodówki w różnych częściach kamienicy, przebraliśmy i droższe gatunki zostały u nas.

W tym czasie pojawił się na squacie właściciel, byłem jedną z pierwszych osób, które spotkał przed klatką, ale zignorowałem go, wiedząc, że prowadzi jakieś pertraktacje, nie wiedziałem, że jest tak poważnie. Dostaliśmy nakaz opuszczenia budynku w przeciągu czterdziestu ośmiu godzin. Dowiedziałem się o tym później, jako Polak i tak byłem jakby na marginesie życia squatu.

Któregoś dnia wyjeżdżałem na rejon, a u wylotu ulicy stały dwa radiowozy, odwróciłem głowę, po drugiej stronie, koło muru cmentarnego, też stał radiowóz.

Radzie squatu powiedziałem, że znam przywódcę komunistów i redaktora „Walki Klas", oni też go znali, i rzeczywiście pojawił się Martin z wiadomością, że jest przygotowywany artykuł na pierwszą stronę.

Wyjechałem, pożegnawszy się z Martinem, i ze strachem ruszyłem ku cmentarzowi. Nikt mnie nie zatrzymał, policjanci patrzyli leniwie.

Miałem do wyboru albo zostać, albo szybko szukać sobie czegoś nowego, z pomocą przyszedł mi pewien Norweg, poznany jeszcze w ośrodku buddyjskim. Powiedział:

– Jeśli chcesz, możesz u mnie mieszkać, póki nie zarobisz pieniędzy na powrót.

Powrót stawał się powoli moją obsesją. Z drugiej strony nie mogłem opuścić squatu, w potrzebie stał się moją ojczyzną. Choć groziła mi deportacja, wszedłem w kordon, rozpoczęło się natarcie, a nie było planu obrony. *Punk forever*. Nasz balkon był tuż nad bramą wjazdową na podwórko; każdy, kto chciał się tam dostać, musiał przejść pod nami. Kamieni było mało. Napięcie trwało, od kilku dni wiedziałem, że na pewno uderzą, ale trwaliśmy wszyscy. Wreszcie któregoś ranka ruszyła nawałnica, wpadli. Kiedy rzuciliśmy z okna dywan, poczułem, że krew mi się gotuje. Wyrzuciliśmy meble, nic już nie mieliśmy. Spojrzeliśmy po sobie, i tak nikt nie mógł patrzeć na tę zeschniętą pizzę. Poleciała na nordyckie czaszki, *quattro stagioni* pięć razy.

Policjanci w Oslo pochodzą z jednej doliny i wszyscy mają powyżej dwóch metrów czterech centymetrów. Zatrzymało ich, i wtedy z mikrofonów usłyszałem: *Healeao aleao wiskalaoeao*. Natężyłem słuch i usłyszałem prawie wyraźnie: „Obrońcy Poczty Polskiej, wasz opór jest bezcelowy!!!" Wtedy wszystkie pizze świata zaczęły spadać na wysoko wysklepione czaszki policjantów króla jegomości Olafa V. *Frutti di mare*, *spinaci gorgonzola*, *spinaci mozzarella*, *funghi*, *margarita*, *panna cota*, *calzone*.

Za waszą i naszą macie *salami*, *hawai*, *mista*, *tono*, *pomodori...* O santa suppa pomodori di Polonia (wspomniałem dla kurażu rodzinny dom), w rzucaniu pomagała mi Norweżka, córka komunistki, Żydówki, którą matka wysyłała na kolonie do Czechosłowacji, znała jeszcze parę słów z tamtych czasów. A w szczególności komend, i dlatego nieźle się rozumieliśmy.

– *Trzimej pozor!* – krzyczałem na nią.

– *Hlasim!* – odpowiadała, podając mi kolejną porcję *lasagne*, które natychmiast lądowało na radiowozach forsujących bramę.

Mogłem sobie teraz odbić lata komunizmu, to nie była walka, tylko rodzaj głosowania, demokracja w akcji... Nikomu przecież nie zrobiliśmy krzywdy.

– Nie rozumiem – tłumaczyłem po angielsku policjantowi, wszyscy siedzieli w suce z napisem Politi, a ja pomyślałem sobie, spróbuję.

I zacząłem:

– Twoi koledzy wzięli mój paszport. I kazali mi tu czekać.

Schodzę w dół, pobojowisko jakich mało, plakaty z Joy Division pozrywane, pizza porozrzucana, nasze mieszkanie stoi puste, śmierdzi tylko gazami łzawiącymi, zniknął mój plecak, nie mam nic, jestem tylko ciałem. No, dżinsy i koszulka...

Patrzę jeszcze na plakat: 3 july 1971. James Douglas Morrison w wannie.

Wyszedłem, ruszyłem przez cmentarz i spotkałem Laponkę Tunę, a ona mi opowiada, co się stało, jak wszystkich wyprowadzili i jak zawieźli do więzienia.

Wiedziałem, że jedyną osobą, która może mi pomóc, jest stary Norweg. I rzeczywiście przyjął mnie. Zbierałem dalej butelki, byłem wściekły, czułem, że wszystko ulegnie zmianie. Zbliżała się wiosna, musiałem wracać.

Wściekły i wyczerpany zadzwoniłem do firmy Palm and Bratly i powiedziałem, że jak mi nie pomogą, czyli nie zatrudnią, to końcówka. I wtedy ich dobre skandynawskie sumienie zwyciężyło. Zadzwoniłem następnego dnia i usłyszałem:

– Wolek, jutro przyjdź pod Vann Vorsikring.

– Okej.

Następnego dnia obcinałem krzewy z dzielnością kombajnu leśnego, po tygodniu ścinania – był norweski luty, padał mokry śnieg z intensywnością nieznaną w Polsce – kazali mi zebrać wszystkie gałęzie i spalić, zabrałem się do tego z ochotą. Dostałem od Einara kanister benzyny, zacząłem podpalać, podlewałem.

Ogienek pełgał po mokrych gałęziach i gasł. I tak przez parę godzin.

Następnego dnia wyszło słońce. Mokre drewno nie dawało się podpalić, chociaż miałem nowy kanister wypełniony benzyną. I tak do południa. W południe pojawił się pan z takiego domku, zapytał mnie, czemu tak się męczę. Wszedł do domku, przed domkiem był napis o stowarzyszeniu hodowców psów zaprzęgowych i narysowany był husky. Patrzę, a on niesie szafę i mówi, że mogę wziąć. Dziękuję mu po angielsku, aż cud, że policji nie wezwali, że tu taki jeden podejrzany gałęzie norweskie podpala. Dał mi tę szafę i porąbał. Ustawiłem według najprzedniejszych harcerskich metod stos, podlałem benzyną i podpaliłem, gałęzie jednak były mokre, nalałem benzyny i wtedy... Nastąpił wybuch, buchnęło mi w twarz, paliłem się, pan ze związku hodowców psów poszedł, paliłem się, ale wiedziałem: jest mokro wszędzie, i rzuciłem się na śnieg.

Ugasiłem. Odetchnąłem głęboko... Tego dnia udało mi się spalić trochę ze sterty gałęzi. Sterty, która pokazywała, ile wyciąłem – cały park został przycięty przeze mnie.

Czasami przychodził Stev, żeby sprawdzić, jak pracuję. Mówił mi o polskim antysemityzmie i zacofaniu Polski. I że nic się nie zmieniło od wojny. Czułem się tak słaby, niemiłosiernie opadł mój brzuch, zawsze go miałem, nawet go lubię...

No i przestał istnieć.

To, co jadłem, to była pszenica, na którą tak podejrzliwie patrzyli celnicy. Do tego dżem pomarańczowy i trochę chleba, to wszystko.

Raz Einar namówił takiego nienormalnego Norwega Geira, który był synem milionera, żeby nam przyniósł trochę mięsa. Wzdychałem do czasów pizzy. Pizza, pizza, pizza, pizza, piizzzzaa... pizzessima. Stary Norweg Einar mówi do mnie:

– Przyjeżdża sławna oświecona nauczycielka Pop San Sei, oświecona widząca karmę. Chcesz, to ci zafunduję.

– Chętnie – powiedziałem, choć nie za bardzo mnie to interesowało. Nie bardzo mnie to interesowało, tylko miałem odebrać wypłatę, już do Polski na promie jechałem, już mi się tu w Norwegii być nie chciało.

Byłem przecież przyzwyczajony, *kriszna hari hari, kahuny, rebirthing*, świecowania uszu i szamany. Wsiadałem na prom, ale mnie wstrzymali, zatrzymali.

Odebrałem wypłatę, a tu siedzę w *zazen*, jak jakiś Japończyk siedzę i siedzę i nic, i ze mną pełno Norwegów.

W centrum Oslo, w takiej hali. I słyszę szept koło ucha:

– Pop San Sei chce z tobą rozmawiać...

Wstałem i poszedłem za mniszką, bo to wszystko kobiety były. Wchodzę, tam ona siedzi na podłodze, no więc i ja siadam.

– Wszystko, co ci się dzieje, to z powodu lenistwa. – Spojrzała na mnie.

– Co mi się dzieje? – spytałem sprytnie, byłem jednak głęboko urażony. Co? Na co ona sobie pozwala, wczoraj opaliłem sobie twarz... No, okej, tylko rzęsy.

Ale ostatnie kilka dni oddawałem się pracy, i to jeszcze pozbawionej jakichkolwiek cech humanistycznych, po prostu napierdalałem, żeby dostać kasę. À propos, podczas tego obcinania gałęzi mieliśmy przerwę na przeprowadzkę, wynosiliśmy kasę pancerną, taką niewielką, i mój szef postawił mi ją na rękach, co to ma być, lenistwo? Całe życie z budy do budy i całe życie jakieś stresy, wysiłki i zagrożenia, i co? Przyjeżdżasz sobie nie wiadomo skąd i mówisz mi, że to wszystko przez lenistwo? Okej.

– Gdzieś to słyszałem, że muszę znaleźć pracę! Pewien pedał proponował mi ostatnio zostanie u niego nadworną parówą. Siedzisz z tą twarzą sfinksa, z twarzą... Patrzysz na mnie skośnymi oczyma i mówisz mi takie bezczelności.

– Musisz powtarzać mantrę, jeśli chcesz sobie pomóc – powiedziała i podała mi kartkę.

Skłoniłem się zgodnie z rytuałem.

– Czy chcesz o coś zapytać?

– Ile razy mam powtarzać... Sto?

– Tysiąc.

Potwierdzało się, że jestem leniwy. Kilka razy dziennie mogę powtórzyć, ale tysiąc!?

Zadzwoniłem do Magdy, spotykamy się ósmego marca, ustaliliśmy, w Leibnitz na Albrechtstrasse, pod ziemią, o piętnastej, czyli na peronie, tam była ta stacja, gdzie myślałem, wpadłem w podprzestrzeń, że jestem w jakimś filmie science fiction, że powstał trzeci system, ani komunizm, ani kapitalizm, tam właśnie się umówiłem.

Stół z powyłamywanymi nogami – czyli kolejna rozprawa z...

Wszedłem tam, przed komisją się staje, nie siada, czasami zapraszają do siadania, ale nie zawsze. Czasami trzeba odpowiadać, na przykład: Czy był pan w szpitalu? Oczywiście, że byłem. Skoro mam zaświadczenie, nie muszę się przyznawać, że wiem, o co tu chodzi. Oczywiście, czasami chcą cię uwieść, będą mili, zależy... Byłem, odwiedziłem moją matkę w szpitalu, tego oni nie muszą przecież wiedzieć!

Ofiara ma prawo się bronić wszystkimi metodami, jeśli jest ofiarą, czyli padła ofiarą przemocy. Odpisałaś: nie patrzeć na boki, nie rozglądać się nerwowo, przepisać i zdać, dać fałszywe zaświadczenie temu i innemu, dać i nie dać sobie upuścić krwi – do czego namawia emerytowany oficer z awansu społecznego, nie wygląda, żeby umiał wykonywać cztery podstawowe działania – w stacji krwiodawstwa. Wchodzisz i dajesz, i popisujesz się, możesz na skromnisia, możesz w wielkim stylu.

Pada pierwsze pytanie:

– No, jakie były podstawy filozofii Sokratesa?

– Doznanie mistyczne – odpowiadam całkiem spokojnie i to jest całe zagrożenie ustnego: nie możesz odpisać.

– Nie nie, cnota – chce mi pomóc asystentka.

Nie, podstawą były misteria orfickie, czyli poznanie... A nie martwa formułka – dodaję w duchu. No, bo to ja niby mam do niej sprawę. Trzeba być grzecznym, żadnych nerwowych ruchów. Przecież patrzą, obserwują cię.

Zeszyt nie swój... Wpisać do dziennika też, czyli wszystko?

Tego nie powiedziałem! Nie kosztem innych.

– Na wagę proszę...

Wygląd trzeba mieć debilny, jest na to parę metod. Rozmawiając z kimś z komisji, patrzysz mu na lewe ucho, nie w oczy, daje to efekt zupełnego braku porozumienia, coś na pograniczu oligofrenii. Następny myk: podczas słuchania nie dotykasz językiem podniebienia, zębów, żadnej ścianki jamy ustnej. Efekt – debilizm. Uszy też warto napiąć i wtedy cię sami wyprowadzą, gorzej z postaciami funkcji kwadratowej, albo jak trzeba wykazać się erudycją, albo obcą mową, albo przejechać przez miasto, albo – tu już gwałt jest nie do opanowania – odebrać wynik testu na AIDS, można pójść z kolegą, można się upić, prędzej czy później mają cię. I co wtedy? Dzwoni telefon i słyszysz: „Twoja żona rodzi, bierz taksówkę i przyjeżdżaj".

Jak

Nie wiem, jak to było, już od niej chciałem odejść, ona ode mnie chciała odejść.

Powiedziałem, żeby może zmieniła fryzurę, a ona, żebym schudł, i wtedy, nie wiem kiedy i jak, ale stało się. Jak mogło do tego dojść?

* * *

Są trzy albo cztery ważne kobiety w życiu mężczyzny, pierwsza, oprócz matki, to pierwsza miłość, druga, oprócz babki, ta, która cię rozprawicza, trzecia, która ci rodzi dzieci, a czwarta to na osłodę, żebyś miał co wspominać, chwalić się przed kolegami. Ale może się zdarzyć, że to, co później nastąpi, przekroczy twoje wyobrażenia.

W ogóle to faceci i baby to są dwa klany, umowa jest taka: my robimy to, wy to. To są dwa klany i z tego wynika wzajemne przyciąganie, w różnych kulturach różnie to wygląda. Mężczyźni jeżdżą konno i mają zakuty łeb, a kobiety siedzą i wyglądają ich z wieży.

174

Brak ubezpieczenia

Ubezpieczaj mnie, Magneto.

Ubezpieczony byłem zawsze przez matkę, matka mnie ubezpieczała. Ośrodek zdrowia, zastrzyki, czopki, prześwietlenia, antybiotyki, sól emska, rzyganie...

Kiedyś taki jeden podsłuchał, że szukam pracy, i mnie zwabił do swojej siedziby, była to ubezpieczalnia, i mówi:

– Jak sprzedasz dużo ubezpieczeń, spotkamy się w hotelu czterogwiazdkowym na zebraniu. No, bo wiesz, wszystko sprowadza się do pieniędzy, jeśli chcesz mieć samochód, to trzeba go ubezpieczyć. Najlepiej u nas. Z dzieckiem chcesz pójść na spacer, musisz mu kupić przynajmniej lizaka, za mieszkanie trzeba zapłacić, jeść trzeba, za wakacje trzeba płacić, ubezpieczenie też trzeba zapłacić, u nas na to można zarobić. Skończył litanię, był w krawacie w jakieś wzorki.

Odpowiedzialność, jaka spoczywa na młodym ojcu, jego drżenie, jego cała aparatura moralno-emocjonalna walczyła we mnie, ojciec i ktoś, kto nie ma ochoty latać z ubezpieczeniami.

Kiedy przyjdziesz podpalić dom, ten, w którym mieszkasz...

– I wtedy przyszedł taki pan Siewodnik, i powiedział, że mamy się ubierać z mamą, a ja się tak cieszyłam, że tata wrócił, i poszliśmy tam przy rynku do piwnicy, i poszliśmy spać, nagle budzę się w nocy, a to wszystko płonie, cały dom w ogniu, ściany płoną na zielono, wszystko, nie wyobrażacie sobie, i wtedy trzeba było uciekać, wybiegamy na podwórko... – Zawiesiła głos albo jej się załamał. – Piekło...

Ona miała taką taktykę, opowiadała to często, może nie miało to sensu, ale na pewno nie było bez znaczenia, mogła przecież zdobywać posłuch u młodszych koleżanek, bo jeśli ktoś coś takiego przeżył, to nie żarty. To prawda, to nie żarty, ale co ja za to mogę, za to piekło. Postpiekło to był styl bez oficjalnych diabłów, oczywiście poza huntą i ZOMO, jakże dobrze, że było ZOMO...

– I wtedy od strony Wisły szli, dwóch takich małych, i prowadził ich ze szpitala psychiatrycznego sanitariusz... Weszli i zaczęli rabować, i gwałcić...

– Ale nie całkiem rozumiem. Kto zabił twojego dziadka?... Niemcy? Ruscy?

– Nie, myśliwi.

– Jacy znowu myśliwi?

– No, więc mój dziadek, konkretnie to był mój pradziadek, szedł sobie lasem i nie wiem, czy sobie popił, czy był to konkretny zamach za długi karciane. Oficjalnie się mówi o wzięciu go za odyńca... Wiadomo, że miał długi karciane i że był okrutnikiem, że pobił ciotecznego dziadka łańcuchem za to, że tamten zawiązał suknię dziewczynie do góry z rękami.

– Ale co z tym otrutym?

– Tego na pewno nie wiadomo, słyszałem, że go otruli ubecy. Ten, któremu wybito oko, to inny, ale ten, co tak stłukł Waldka, to był dezerter z armii pruskiej, wlał sobie esencję octową do buta i uszedł z życiem z tego piekła. A ten z okiem dusił później gołębie, które serwowała moja babcia, inny dziadek hodował gołębie pocztowe w armii pruskiej.

– Ale jak po tych okropnościach mogłeś starać się o pobyt w Niemczech?

– W pierwszym odruchu chciałem się starać o pobyt w Tybecie, ale wiadomo, Tybet pod chińską okupacją, nawet się języka zacząłem uczyć. *Czian czub semi rimpocze maczepa nam cze dziurczik.*

– A to co za dialekt?

– To właśnie tybetański.

– Idź ty, Boga w sercu nie masz!

– Zabili przecież Boga!

– Kto znowu zabił Boga?

– Jak kto? Kto? Rzymianie!

– Żydzi krzyczeli „ukrzyżuj go!" No tak, ale dla niego to była zabawa, on za trzy dni pokazał światu boską potęgę. A wy budujecie wszystko na piasku.

– Co takiego i jacy znowu my?

– No wy, buddyści. Tam płynie krew Boga.

– A ta krew teraz? Nie liczy się, nie są to święte ołtarze: Oświęcim, Majdanek, Sobibór, Stutthof, Dachau, Treblinka?

– To ludzie ludziom.

– Wiesz, że to będzie tak jak z Jezusem, te miejsca staną się ołtarzami nowej religii. Wyrastającej z korzenia judeochrześcijańskiego, ale obiektem kultu będą ofiary Holokaustu, już tak jest.

– Ja ciebie bardzo proszę, ty nie bluźnij, nie bluźnij, nie bluźnij, bo bluźnierstwo twe wielkim jest, bluźnisz, bluzgasz i bluźnisz, i ja ciebie ostrzegam. Bo jesteśmy powołani do świadectwa, i jeśli nie dociera do ciebie, że to, co ty mówisz, mnie rani, to proszę, zamilcz.

– Dobrze, zmieńmy temat. Wiesz, że archeolodzy odkryli nad rzeką Jangcy żelazko z siódmego wie-

ku przed Chrystusem? Na szczycie góry leżało sobie
żelazko.

– Mhm, żelazko, powiadasz. I co tam jeszcze leżało?

– No, odlewy...

– Odlewy, bardzo cię przepraszam, ale sam rozumiesz, ja ciebie proszę, nie poruszajmy drażliwych te-
matów. Odlewy, u nas też wszystkie odlewnie sprywaty-
zowali...

– A który to był wujek w partyzantce jugosłowiań-
skiej?

Cykl Noam – czarni Niemcy, historia narodzin Ramzesa

Zdarzyło się, że w Leibnitz poszliśmy z moim przy-
jacielem Noamem do mieszkania jego kumpla, takiego
czarnego, Georga, myślałem, że to towarzyska wizyta,
nie wiem czemu Noam mnie do niego prowadzi, bardzo
miły chłopak, potomek rastamanów, dziecko rewolucji
obyczajowej, wychowany przez dziadka, byłego esesma-
na, kiedyś go przyprowadził Noam do nas, bardzo miły,
kiedy miało jej urodzić się dziecko, postanowił, żeby tylko nie w Niemczech, których nienawidził, i wywiózł matkę do Turcji, tam to dziecko przyszło na świat, w miejscowości Dżodżu, miał tam dom ojczym jego żony, również Afroniemki, dziecko zostało nazwane również nie
po niemiecku. Ramzes Wisznu Andromeda. Weszliśmy
do mieszkania, podano nam herbatę w tureckich filiżan-
kach.

Za organami siedział czarny dżentelmen w dredach
do ramion, wyglądało to trochę jak zebranie Kościoła
metodystów, przedstawiłem się, jest miło, gawędzimy

o muzyce reggae, świeci słońce, jest Jamajka; biorę do ręki książkę pod tytułem *Black Athena*, była to biblia tego środowiska, to oni byli początkiem i końcem, końcem historii, która zaczynała się od wielkiej czarnej matki, i kiedy tak sobie siedziałem spokojnie i przeglądałem książkę, w której wypisano nikczemności białego człowieka wobec człowieka czarnego i beżowego, były tam całkiem przekonywające argumenty historyczne, nagle zabrzmiał głos jak grom, to ten facet siedzący za organami uderzył w klawiaturę i krzyknął:

– Bracia!!! Niech zginie biały człowiek!

Poczułem się nieswojo, wszyscy wstali i zaczęli skandować:

– Niech zginiee!! Niech zginie!! Niech zginie!!

Zacząłem się przesuwać w kierunku drzwi, Noam gdzieś zniknął, ratunku. Pomyślałem, tu jest seans voodoo i oni będą ofiarowywać ludzi. Białych ludzi za ich nikczemność. Przy drzwiach stały dwie dziewczyny wyglądające groźnie, strasznie groźnie, zacząłem przesuwać się do drzwi.

– Za handel czarnym człowiekiem – nawoływał czarny w okularach.

– Niech zginie!! – krzyczeli, organy wtórowały.

– Za wojnę z żółtym człowiekiem.

– Niech zginie!!

– Za Amerykę, którą ukradł czerwonemu człowiekowi!!

– Niech zginie!!

– Za wojnę o ropę.

– Niech zginie!!

Zacząłem krzyczeć z nimi razem, szybko zasznurowałem buty i wybiegłem na ulicę.

Łączność

Jechałem pociągiem, tym samym, którym się jeździ z Gdyni do Gdańska i z powrotem, obok w Sopocie jechał samochód z napisem ŁĄCZNOŚĆ. Kiedy miałem cztery lata, pytałem o różne napisy, wtedy prawdopodobnie usłyszałem „łączność", ale ponoć języka ojczystego uczymy się już w brzuchu. Naraz droga zabrała do góry samochód, a my, to jest pociąg elektryczny, pomknęliśmy do Sopotu. Jest bardzo ważne, żeby utrzymać łączność. Na przykład mówić „cześć" ludziom, których się kiedyś znało, a teraz się nie zna.

Niech później mi nikt nie mówi, piszę, jak było, nie jak kłamliwa z gruntu, nomenklaturowa, komunistyczna, ruska retoryka próbuje wmówić, jaki on jest wspaniały, nie mówię nie, jest naprawdę dzielnym gościem, ale tak kłamliwym, tak przewrotnym, nie skarżę się, ale te wszystkie nieprzespane noce, ten wysiłek...

Już w podstawówie odkryłem, że jak od ciebie lepsi śmieją się z twoich błazeństw, to cię lubią, czasami jednak ten idiota, ten uprzejmy, rozbawiający wszystkich błazen jest tym, kto dostaje najmocniejsze lanie.

Jak to było, bo to jak z tą wroną, która walnęła w komin, spadła i mówi: – Jak to było? Miau miau kuku hau hau – tak mi ta amnezja wszystko z głowy wywiała, co było na początku i... wydaje mi się, że muszę powiedzieć, że jestem niedostosowany do życia w rodzinie i w ogóle sprawiałem kłopoty rodzicom i nauczycielom, na przykład byłem członkiem tajnej organizacji w klasie piątej C, nawet byłem przewodniczącym tej organizacji, chociaż prowodyrem był kto inny, mianowicie Marek – nie ja, ja nawet czuję się trochę pokrzywdzony, bo była to funkcja tytularna i honorowa i nie z mojej inicjatywy...

Bo to było tak: dostałem tej mononukleozy, inne dzieci mogły biegać, skakać, a mnie mama zabraniała i krzyczała z balkonu: „Nie skacz, nie słyszałeś, co mówiła pani doktor: wątroba ci pęknie".

Pani doktor, wspaniały lekarz, wisiały tam takie rybki i poruszały się powoli pod sufitem, pani doktor miała czarną wołgę, a jak wiadomo, czarna wołga porywa dzieci. Miałem ciągle zapalenia płuc, zapalenia ucha, sól emska, rzyganie, syropek, antybiotyki. Chorowałem często, a żebym nie wariował, przychodziły do mnie opiekunki, razu pewnego przyszła babcia, aplikowała mi leki, nie pamiętam, czy też była z kosmosu, czy jak?

Przychodzili też inni opiekunowie i mówili, że trzeba wysmarować telewizor kupą, nie bardzo wiedziałem, o co im chodzi? Ale przyszła babcia, to znaczy obca starsza pani, i nie pamiętam, jak ona to wymyśliła, czy podawała mi leki swoim językiem, może używała nosa, w każdym razie dotykałem jej języka, a ona dotykała mojego, nie wydawało mi się to niczym nadzwyczajnym. Przede mną taborecik, na nim lekarstwa, za nim babcia pedofilka.

W szóstej nauczyciele nie mogli sobie ze mną poradzić i wysłany zostałem do poradni psychologicznej, wyniki były zaskakujące, bo byłem nawet inteligentny, lecz zdradzałem tendencje socjopatyczne, miałem problemy z autorytarnym systemem i w ogóle to byłem zbytnio pobudzony, no i wtedy wysłano mnie i Marka na obóz żeglarski nad Zalew Wiślany. Czy ja się tam wiele nauczyłem? Nie, dalej byłem obozowym oryginałem, wszyscy obserwowali moją dziką walkę z Pawełkiem, wszyscy się cieszyli, że walczymy bez pamięci godzinę może dwie, ten ukryty sadyzm w polskiej kulturze, może przesadzam! Może to były inicjacyjne gry przed dojrzewaniem? Muszę się przyznać, byłem w komunistycznej organizacji paramilitarnej, mianowicie w zuchach, bardzo się wstydzę, bawiliśmy się w podchody, chodziliśmy na zbiórki, raz jeden dziewczynka się spóźniła. Druhna, która była niewiele od niej starsza, może dlatego, ale miała szesnaście lat, druhna drużynowa, dziewczyna, która chodziła do liceum, kazała jej stać na jednej nodze pięć, dziesięć minut, co by jej zrobiła, gdyby nie było autorytetu szkoły, gdzie się właśnie zebraliśmy, kuratorium, rodziców, kazałaby jej robić sto pompek, zamknęłaby ją na całą noc w karcerze? W tych zuchach poszliśmy na pochód pierwszomajowy, miałem spodnie za duże, mój ojciec ma teraz siedemdziesiąt lat i co lubi robić najbardziej? Kupować mi za duże spodnie! Mnie, czterdziestoletniemu facetowi, metr osiemdziesiąt wzrostu, dziewięćdziesiąt kilo wagi – może dlatego jemu wydaje się, że jestem słoniem indyjskim, mam taki egzemplarz tych spodni do wglądu, dżinsy dżinksy produkcji Malezja, Indonezja, Tajwan, Tajlandia, byle duże, XXL. Dzięki.

Ja się notorycznie wszędzie spóźniałem, ale na pochód przyszedłem punktualnie, była jakaś trybuna, nawet nie spostrzegłem, kiedy doszliśmy, najpierw na placu zebrań ludowych słoneczny dzień i te spodnie szare, na kieszeni z tyłu herb Warszawy, mundurek, matka wyprała mi beret i bez antenki wyglądał jak hełm giermka.

No więc się spóźniałem, kiedy to analizuję, to myślę, że oprócz braku koncentracji to był lęk, niechęć do wejścia w nowe sytuacje, i dlatego odwlekałem, nawet taka miła nauczycielka zorganizowała samosąd, polegało to na tym, że kiedy wszedłem spóźniony do klasy po WF, to wszyscy wskazywali na mnie palcami i skandowali „spóźnialski, spóźnialski, spóźnialski".

I stąd to moje nieudacznictwo.

Trzeba dodać, że w owym czasie szkoły były i nauczyciele byli bardzo nieżyczliwi. Dużo było psychopatów i ja też nie byłem dostosowany, odstawałem, ale do liceum się dostałem, średnia cztery koma dwa, ale brałem udział w olimpiadach i jeszcze co... Mój tata kupił koniak dyrektorowi, no i po dwuletniej walce o średnią siedziałem w ławce z tak zwanymi wybranymi, Waldkiem i Andrzejem, nie, Andrzej był później.

No i potem wszystko się pokićkało, na studia zdałem, ale trzeba było wtedy zarabiać pieniądze, zajęliśmy się z moją dziewczyną przemytem, najpierw papierosy i plecaczki, kożuchy z Turcji, wizyta w Norwegii, praca w ogrodnictwie, poprzedzona poszukiwaniem pracy przez dwa miesiące, wszyscy znajdowali pracę w trzy tygodnie, a ja szukałem lata, miesiące, na squacie była chryja, tam mieszkał niejaki Telewizor z Warszawy, ten to był nieprzyjemny, palili jointy, dziewczyna Telewizora rąbnęła kasę Wałczerkowi, w ogóle znacie, wiecie... Typowe polskie nasze emigranckie, pszenno-gryczano--serowe...

Siedziałem sobie w pokoju, nagle dzwoni on, „o której to się do pracy przychodzi?", jest dwunasta albo pierwsza, nigdy się przecież nie umawialiśmy na jakąś godzinę, założyliśmy spółkę, przedstawicielstwo, nigdy nie zapłacili mi za moją ciężką pracę, wyrzucili, ale to samo zrobił z innymi.

Zacznijmy od początku, ja będę wieszał obrazy, a pani niech robi notatki, taka terapia zajęciowa, a pani niech zapisuje i wszystko jest w porzo...

Kiedy miałem umrzeć i wszystkie zlecenia się skończyły, a ja, że to niemożliwe, żeby tak brutalnie się ze mną życie obeszło, aczkolwiek byłem chory na adidasa *mentalis*, i tak nic nie miało znaczenia, jednak zlecenia nie nadchodziły, pojechaliśmy raz na jakiś festiwal, pomagałem w Leibnitz zrobić wystawę, potem zima w mieszkanku nieogrzewanym, wyrwany ząb, ciężka praca, remont mieszkania senatorowej, tapetowanie u żydowskiej nimfomanki i paranoiczki, co można było wnosić z przedmiotów schowanych za szafką (wibrator, menora, pistolet gazowy), tak więc jego propozycja przyszła we właściwym czasie, skończyliśmy remont u bliżej niezidentyfikowanego oficera KGB czy GRU w Leibnitz, siedziałem w moim mieszkanku i marzłem, zdychałem, a on zaproponował mi udział w firmie, to była propozycja.

Chopin

Pijak w autobusie siedział za mną i zaczepiał pana od muzyki:

– Szedłem ja przez las, ja partyzant, i miałem karabin maszynowy i granaty, a tu... mnie wilk na szyję skoczył. Mówię: „Wilku, czego ty ode mnie chcesz?" A wilk na to: „Ja ciebie kocham".

Mój pan od muzyki życzył mu wszystkiego najlepszego.

– Życie przed panem – powiedział.

To nie był autobus, tylko przyczepa, bo się coś stało i przyczepa jeździła, i dlatego wszystko słyszałem, bo nie było słychać motoru.

Trzy grube dziwki?

Na Tysiąclecia był taki sklep spożywczy, sprzedawczyni miała natapirowane włosy, biały kitel jak pielęgniarka, wtedy byłem ubezpieczony u matki, nie przejmowałem się wcale, kto i jak mnie ubezpiecza. Wprowadzono kartki na cukier, jak znaczki pocztowe, lada chłodnicza biała, w ladzie serki topione. Była tam uczennica, może dwie, jedna piękna i jedna taka zakatarzona, i szefowa. I miały białe kitelki, jak mundurki szkolne, pod spodem stanik, właśnie podpisano porozumienie w Camp David, Menahem Begin, Anwar Sadat i Jimmy Carter.

Ja się bałem odzywać, jak się zbliżała moja kolej, miałem przygotowaną nawijkę.

Matka mnie ciągle wysyłała i mogłem sobie kupić pepsi. Pepsi to było coś. Wchodzę na zaplecze, a ona tam siedzi, matka mnie wysłała, żeby coś spod lady dostać, patrzę na jej buty, sandały z parcianego materiału, tam palec i stopa jej w tym bucie, i noga jej, kitel biały, patrzę przez ten materiał prześwitujący, a ona ma złotko od sera, serek tylżycki, gouda, pleśniowy... patrzę, a ona:

– Proszę, siadaj sobie.

Patrzę na nią i nie wierzę, całkiem łysa siedzi, na zapleczu tylko peruki natapirowane... Cały sklep.

– Po pomarańcze przyszedłeś?

– Tak. – Musiałem szeroko otworzyć usta.

Sklepowa wkładała sobie między nogi serek albo bateryjki, albo włożyła sobie makrelę, makrela też tak połyskuje. Na jej łysej czaszce połyskiwał napis Delikatesy na czerwono, gdzie delikatesy, to ordynarny spożywczy. W delikatesach były kukułki, a w spożywczym nie, tym bardziej że to przecież był warzywniak, a może nawet garmaż.

Tak, pani kierowniczka wkłada sobie bateryjki, jest robotem, napędza się serem topionym.

Mów do mnie jeszcze...

Pani od polskiego czytała nam ten słynny wiersz *Mów do mnie jeszcze*. I naprawdę przeżywała ten wiersz, miała duży nos. Czytała ten erotyk: „Mów do mnie jeszcze... za taką rozmową...", zrobiła pauzę i wtedy usłyszeliśmy straszny krzyk. Wszyscy podbiegli do okna, na dole człowiek mieszkający koło szkoły zarzynał świniaka, ale chyba jakoś nieumiejętnie.

Parę dni później pani zniknęła. Ludzie wtedy hodowali świniaki w szopach koło domu. Ten świniak wył jak człowiek, to było straszne.

Po paru dniach w naszej klasie pojawiła się pani, wszyscy myśleli, że to zastępstwo, a wtedy ta nieznajoma pani przemówiła do nas głosem pani Kołenowicz, miała zapalenie oka i opuchnięty nos, a to pani Kołenowicz, która zrobiła sobie operację plastyczną, przycięła sobie nos... Przez dwadzieścia minut klasa nie wiedziała, co zrobić. Stała przed nami pani Kołenowicz odmieniona, inna. Wszyscy chcieli to skomentować, myśleli, że to może jakiś żart, ta kobieta mówiła głosem tamtej, nie będąc tamtą. Odmiana była tak wielka,

że niektórzy nawet na przerwie twierdzili, że to zastępstwo.

Droga młodzieży, proszę tego nie robić, bo też wam się to przytrafi

W przedszkolu numer 44, którego
jestem absolwentem,
był kamień filozoficzny,
to był kamień żółciowy
mojej matki, która tam pracowała.
Przytulałem się do jej brzucha.

Wyszliśmy na balkon; wszyscy na Przymorzu spali,
zaciągnąłem się, zawsze miałem do tej substancji cynicz-
ny stosunek, nic się nie stało. Wszedłem do ciemnego
pokoiku, to były mieszkania, do których wchodziło się
z klatki schodowej, nie z galerii, to były mieszkania dla
stróżów. Teraz wynajmowali to mieszkanie, jeden z nich
potem mieszkał w Belgii, drugi w Grecji, teraz paliłem
z nim gandzię. On był w łazience, ja wyszedłem na balkon. To on pierwszy pokazywał mi rzeczy znalezione
na podwórku, te, które spadły ludziom z balkonu, pokazywał mi cuda, był przewodnikiem. Jak mieliśmy pięć
lat. Byłem rozczarowany tym czarnym afganem – nic
nie działa – pomyślałem, co oni w tym widzą? Postanowiłem zapalić, żeby zobaczyć, jakie zmiany we mnie
zaszły, nie paliłem od lat, od rozstania z Iloną, jakieś
cztery lata. Wszedłem znowu do ciemnego pokoiku,
Kulti spał, i nagle serce mi załomotało, podszedłem
do drzwi łazienki i krzyknąłem: „Tomek!", nie usłyszał
mnie.

Trzeba dzwonić po pogotowie. Ratunku! Umieram, wali mi serce, straciłem kontrolę, jestem po drugiej stronie, nie ma powrotu, jestem wariatem, jestem przypadkiem klinicznym, straciłem pion i straciłem też poziom.

Wszedłem do łazienki bez pukania, Tomek stał pod prysznicem. Podszedłem, popukałem go w mostek i powiedziałem:

– Tomek, ty jesteś niematerialny! Dzwoń po pogotowie, jestem po drugiej stronie.

Serce waliło mi jak szalone. On dalej spokojnie oblewał się wodą.

– Tomek, ratunku.

On spokojnie popatrzył mi w oczy:

– Ja mam to samo.

Wtedy poczułem się strącony, potępiony; mało tego, sytuacja była jak najbardziej poważna, bałem się wyjść, nie chciałem też zostać, dusiłem się, byłem bez możliwości powrotu, bez nadziei na zbawienie. Na dnie rozpaczy powoli kładłem się, żeby umrzeć, żeby odejść, przymknąłem powieki. I wtedy poczułem, że jestem plazgeą, panceą, jestem wielką kostką Rubika kręcącą się, wirującą wokół miliardów osi, miliardy komórek, jedną z komórek była ubikacja, w której siedziałem z Tomkiem, a w zasadzie jej idea, i w każdej komórce inna idea miała swoje miejsce, to miejsce było ruchome – kręciło i przeglądało się w pozostałych ideach siedzenia we dwójkę w ubikacji, bez podtekstu, z podtekstem, ubikacja sama, pusta, z podtekstem i bez podtekstu, w następnej komórce. W następnej komórce włókno najmniejsze w spodniach moich, idea spodni i idea włókna we wszystkich kombinacjach, i falowiec tam był, i wszystkie nazwiska lokatorów wraz z Murzynem i historią niewolnictwa. I pochodzenie wszystkich lokatorów, i wszystkie informacje, jakie mają w głowie, idea całości i wielości.

Mówię mu to wszystko, ale cały czas chcę się położyć, trwa to zaledwie epoki, wojny mijają, przeciągają obce i nasze wojska, Bóg się rodzi, moc truchleje po stokroć, nim z pozycji stojącej dotknąłem bakelitowego sedesu. Siadłem, spojrzałem na kafelki i znowu burza asocjacji, burza na słońcu, teorie względności obalone, z podtekstem i bez podtekstu, w ujęciu i bez ujęcia mechaniki kwantowej, prawybuchy we wszystkich wszechświatach i bez ujęcia niedźwiedzi koala, geny i *crossover*, przynajmniej tyle. Zasłoniłem twarz i tak relacjonowałem nie wiem komu to, co się działo. Na koniec szczerze i z żałością w głosie krzyknąłem:

– Ja jestem przecież filozofią świata tego.

Tomek zarechotał i powiedział:

– Ale korba.

Wtedy sracz, o który się oparłem, zaczął wirować, udowadniając mi, że nawet w socjalistycznej Polsce są możliwe nieograniczone możliwości. W tym wypadku w kinetyce stanu nieważkości, oczywiście w tym czasie wyświetlił się komunikat na temat Polski i socjalizmu wraz z historią ruchu robotniczego, bez podtekstu, z podtekstem, ubikacja sama, a ruch (*szulhan aruch*) robotniczy i idea spodni Kasprzaka, pustych z podtekstem i bez podtekstu w następnej komórce. W następnej komórce włókno najmniejsze w spodniach moich i idea spodni, i idea włókna w sukni Róży Luksemburg we wszystkich kombinacjach, i falowiec tam był, i wszystkie postacie ruchu robotniczego, i wszyscy papieże, i wszystkie doktryny, i jak się mają do tego różne rodzaje muzyki (raga tango jazz polka noise bel canto i skale: aleksandryjska itp., pentatonika, funkcje akordowe i sonorystyka) i jak się mają różne rodzaje substancji z modelami atomu Bohra i innymi modelami, i tak w nieskończoność. Były też ciekawe rozdziały dotyczące psów i botaniki, bardzo był ciekawy rozdział o rozwoju ras i gatunków, i koncepcja Boga osobowego. Koncepcja stworzyciela i koncepcja rozwoju ras psich i ludzkich w kontekście prawybuchu i zupy proteinowej, chodzi oczywiście o brak brzegów we wszechświecie.

– Chodź się połóż – powiedział Tomek.

Czułem się lepiej, mało tego, czułem się święty. Prowadził mnie na legowisko, ja go znowu pukam i mówię:

– Tomek, ty jesteś niematerialny!!! – Popukałem go znowu w mostek.

Tymczasem odwiedzałem rozdział *Uzdrowiska polskie*, wyświetliły mi się kostki, w których umieszczono uzdrowiska takie jak Iwonicz-Zdrój z mapką i warunkami klimatycznymi, w tym samym czasie wyświetlała się statystyka miasteczka, jak i nazwiska mieszkańców z pochodzeniem w głąb przez stadium epoki żelaza, z komentarzem dotyczącym żelaza, neolitu, i tu spotykało się to z kostką o komórce, włókno najmniejsze w spodniach moich i idea spodni, i idea włókna we wszystkich kombinacjach, bo to był neolit i wtedy wymyślono spodnie, aż do bakterii, które żyją na dnie oceanów i w chmurach.

Kostki czy komórki zrobione były ze światła.

Naraz przez otwarte okno usłyszałem chrzęst. Falowiec, na którego ósmym piętrze się znajdowaliśmy, zaczął majestatycznie z wolna poruszać się w kierunku morza, był to ruch posuwisty w żwirze, w krzemie, w kryształach krzemu (emu), i tak powoli jak kondukt, jak procesja, pełzł potężny, kilometrowy, serowaty kloc betonu wraz z zawartością ludzi i zwierząt niczym arka Noego, Arka Przymierza i Lechia Gdańsk. Przejście przez Morze Bałtyckie jutro bez wiz i dewiz, jutro wszyscy obudzą się na środku Morza Bałtyckiego pod lub nad wodą. Jakiś głosik pojedynczy w ciemności powtarzał cicho najpierw jak komar, jak moskit, potem jak chór moskitów: „Wyskocz! Wyskocz! to jest wszystko z plasteliny". – Wiedziałem, że to są tani-styczne wersety. Był to jednak za tani chwyt. Wyszedłem mimo to na balkon i nie wiem, jak to widziałem, ale widziałem morza i w morzach morza, i na morzach morza, i mnóstwo mórz zlanych w jeden przestwór sobą tylko oddychający, i ja tym wszystkim byłem i to mną było, będąc tym, czym było.

Padłem. Różne towarzystwa śpiewacze zorganizowały sobie we mnie przegląd i konkurs, festiwal i przekrzykiwanie. Najbardziej jednak podobało mi się towarzystwo gimnastyczne Sokół, w którym występowała moja babcia pod postacią wilka w czerwonym kapturku.

Obudziłem się rano. Tomek siedział obok i popatrzył tak samo jak wczoraj na mnie, i powiedział:

– Ale miałeś wczoraj termodynamikę.

Kulti też się obudził i powiedział:

– Teraz dopiero widać, co my codziennie palimy. – Siedział i tępo patrzył na kaloryfer.

Pożegnałem się, jednakowoż demon szedł za mną krok w krok. Nie objawił się co prawda jako dżin, ale słyszałem głosy, które komentowały rzeczywistość. Była to gawariucha – coś we mnie cały czas *gawariło*, gaworzyło i gwarzyło, jakaś podziemna grupa, gwarectwo, górnicza brać, w głębokich pokładach dłubiąc, wystrzeliwała akty strzeliste niczym rusznice, rusałki, katiusze żywe latające, pociski orły bieliki, gwiazdy zmutowane, hetero i geje. Miałem stałe odczucie jakiegoś mega déjà vu. Cały czas byłem jak Janosik nad morzem bez zbójników i bez swoich łowiecek.

Udałem się do matki, udałem się, to właśnie było udanie, bo ja cały czas udawałem przed moją matką, której byłem uniezależnioną cząstką. To byłem przecież ja, ta moja matka. Wiele razy potem wydawało mi się, że jestem moją matką: ilekroć robię kasę i liczę, moja matka jest przecież księgową, z całym dobrodziejstwem inwentarza (zdecydowanie nadużyte) znikają mi wtedy genitalia, rosną piersi i znowu jestem moją matką – to jest udanie przez czynność charakterystyczną, jest też udanie dosłowne i jest też udanie identyczne spontanicznie, kiedy człowiek jest swoją matką bezwysiłkowo, bywa również tak, że jest się swoją matką przez poglądy, podzielając poglądy swojej matki, staje się człowiek swoją matką, tudzież może się nią stać przez wzruszanie się w tych samych momentach lub przez bycie żądnym władzy i chłodnym w tych samych momentach, co jego matka (mnie to nie dotyczy). Chodziłem jeszcze po mieście, komentowałem rzeczywistość.

Trzeciego dnia powróciłem do świata żywych. Nikt nie zionął wiązkami informacyjno-memowymi, nikt już nie atakował dyftongami, wszyscy zgodnie jak nakręceni posłusznie podróżowali do Gdańska i Sopotu i na odwrót. Kończyło się lato 88.

Wracam jeszcze na chwilkę do mojej matki, matka moja ma natręctwa związane z liczeniem, liczy kafelki, sumuje je najpierw, potem je mnoży i dzieli, i silnia. Taką ma fobię, wyznała mi to w wielkiej tajemnicy, dochodzi do tego, że swojej dyrektorce mnoży zmysły i otwory ciała, i także je dzieli przez siebie, jeden węch przez dwie dziury w nosie, ale jeden język i jeden smak, a cztery zasadnicze smaki. Ale o tym cicho – tak się bawi po kryjomu moja matka.

Część II

Masto Zla

* * *

Jak trudno wtedy było dostać wizę. Bardzo chciałem po raz kolejny wyjechać, ale odmówili mi, jeździliśmy tymi zatłoczonymi pociągami, oni jeździli na rynek, potem ich zwijali, wbijali im niedźwiadka i wyrzucali, żeby nie mogli wjechać z powrotem. Pan w telewizorze zaczął mówić inaczej. Ceauşescu jeszcze nie wiedział...

A ja czekałem na wizę, jeździłem w Warsie do Warszawy po tę wizę, bo nie było miejscówek. I kiedy leżałem na niej spocony, wstąpił we mnie. Jerzy Urban ogłaszał podpisanie porozumień w Magdalence. Trzeba było wyjechać z rodzinnego Gdańska Przymorza. Przymorze, wstydliwie ukrywane slumsy!

– No, powiedz czemu, nie wstydź się.

Gdyby nie było ultrasonografu, siedziałbym ja sobie nieświadomy wszystkiego w mieszkanku z teściami. Oczekiwał potomka, ale... Najsilniejszym lękiem było, że urodzi się nienormalne albo będzie miało problemy zdrowotne... Wiedziałem też, że taki układ nie miałby szans przetrwania. Ze względu na teścia, ale o tym za chwilę...

Jak? Dokąd? Ano z van Houtenem wyjechałem, ciocia w Arschehof nie była miła, nie miałem gdzie mieszkać, musiałem iść do obozu uchodźców, azyl, pochodzenie, co robić? Nie wracać do Polski, dlaczego? No, bo tam nie mamy przyszłości (nikt nam nie chciał pomóc). A sprawa nie była prosta; miało się urodzić dziecko, przyszły teść wracał z kontraktu z zagranicy.

Pojawił się pomocny cudzoziemiec o imieniu Klaus. Jak? Gdzie? W zasadzie nie wiedziałem, gdzie mam się udać, do Norwegii czy do Holandii z van Houtenem, czy zostać z Klausem? Klaus miał mi załatwić pracę i pobyt.

W tym właśnie czasie wpadliśmy na pomysł sprzedawania na rynku rzeczy, które przywoziła moja narzeczona Magda z Turcji; za te pieniądze kupowaliśmy papierosy w Peweksie i woziliśmy do Berlina, ale żeby nie dostać misia na całe Niemcy w paszporcie – nie byliśmy tak głupi, żeby je sprzedawać na polskim rynku – woziliśmy je na Kunstmarkt na Tiergarten, tam pojawił się problem z niejakim Mańkiem. W tym samym czasie dostałem wizę do Norwegii, od przewodniczącego komunistów Norwegii – sytuacja nieco skomplikowana, bo jestem antykomunistą i przeciwko wszelkim autorytarnym poglądom.

Chciałem nawet zostać w stanie wojennym terrorystą, przygotowywałem bombę z mosiądzu, wyglądała jak pudełko na pędzel do golenia, chciałem tam umieścić proch i lont, zdetonować to przed komisariatem, ale ktoś mi powiedział, że mosiądz się do tego nie nadaje.

Dałem to komuś, kto pewnie używał tego jako pudełka na robaki.

Dostałem wizę, mogłem wyjechać; byłem co prawda i w Peweksie, i w Erefenie, ale tym razem miałem popłynąć do Norwegii, miałem o niej dosyć dziwne pojęcie, toteż zabrałem ze sobą dwie butle gazowe, worek pszenicy ekologicznej, bo wiadomo, zdrowa żywność; jechał ze mną niejaki Wałczerek i z tym Wałczerkiem w Szczecinie zawieźli nas do komory celnej, tam pan celnik i pani celniczka trochę podejrzliwie patrzyli na tę moją pszenicę – myśleli, że to jakiś poważniejszy przewał, a nawet brali mnie na wypróbowanie, że mnie z tą pszenicą nie puszczą, ale zobaczyli na mojej twarzy przerażenie, poczuli władzę i puścili.

Exposé

Odbyło się to jak u ptaków, w naszym malutkim gniazdeczku właśnie, na dziewiątym piętrze...

Mam teorię na ten temat, kiedy jest zagrożony związek, wtedy jest też zagrożenie ciążą, bo to przypomina zagrożenie życia, czym w istocie jest oczywiście. I wtedy staje się, wybuchają wojny w niedalekiej przyszłości, mają wybuchnąć i wtedy wysyp ciąż, bo gatunek zagrożony.

Na przykład moja prababcia, prosta kobieta, przewidziała drugą wojnę światową, a jej córka widziała ją po śmierci, taka to była rodzina wizjonerów... Ale teraz zdychał system zapoczątkowany wystrzałem z krążownika Aurora. Wygłaszał exposé premier Mazowiecki, kiedy poczułem tę dziwną energię, ona zawsze zapominała wyłączyć radio i wtedy, kiedy zaczynało się na dobre, wtedy mówił pan albo pani w radiu: „Wygrał Mirek Sokołowski, który w finale pokonał Jacka Pytkę w trzech setach 6:4, 4:6 i 6:2. Trzecie miejsce zajął Jerzy Toptiński. Mimo przejmującego chłodu i niesprzyjających warunków amatorzy tenisa po letniej przerwie tłumnie przybyli na korty przy ulicy Bażyńskiego. W imprezie..." Wtedy poczułem, że zsuwa mi się prezerwatywa... Ja tego nie słyszałem w szale miłości, na takie rzeczy nie zwraca się uwagi... „...łączymy się z salą posiedzeń w Magdalence..." Zanikała muzyka, czasami mówił rzecznik rządu, czasami Wałęsa. Orgazm przy Urbanie był bardzo przyjemny, ale miał swoją cyniczną stronę. Przy Mazowieckim przeciągał się niemożebnie. Nawet raz musieliśmy przestać, bo Mazowiecki przestał mówić, a my się przyzwyczailiśmy do tych przemówień. Powiedział:

– Mój stan zdrowia przypomina stan polskiej gospodarki, nie spałem poprzedniej nocy. Proszę o dwie minuty przerwy.

Wtedy jakaś nieznana siła zstąpiła na mnie. Byłem w zawieszeniu; przemytnicze historie się skończyły, jak się potem okazało, chwilowo, musiałem chodzić na uczelnię, a tam towarzystwo w ogóle mnie nie inspirowało.

Radio gadało i gadało.

Magda przestawała mnie podniecać. Kobiety i mężczyźni, jak wspomniałem – to są dwa klany, tak to wygląda na całym świecie, kobiety mają swoje atrybuty i faceci mają swoje atrybuty, jak punki czy gangsterzy, i ja chciałem się rozstać, ale tak jakby na koniec dla perwersji poprosiłem, żeby obcięła włosy i zafarbowała na rudo. Nie wiem, czy na koniec, czy na początek? Tu nastąpiła zmiana atrybutów, po prostu wszyscy cię ubezwłasnowalniają w twojej płci. Nacisk, jaki wywiera się na dziecko płci męskiej, jest potworny. Myślę, że u kobiet jest to naturalniejsze, nie twierdzę, że kobiety mają ogólnie lepiej. Nie, nic z tych rzeczy, mają trudniej, ale później, kiedy rodzą, są matkami, przeżywają klimakterium.

A nacisk, jaki wywierają matki, nauczycielki, panowie od WF-u, instruktorzy jazdy i inni na mężczyzn, jest przeogromny, nawet szkoła jest dla dziewczynek!

W szkole trzeba siedzieć, kiedy chłopcy lubią biegać, i jeszcze te włosy, te regularne amputacje, te kastracje – horror.

I kiedy obcięła się i zafarbowała, tak że wydawało mi się, że mam nową dziewczynę, powiedziała mi:

– Chyba jestem w ciąży.

Oblał mnie zimny pot. Co teraz będzie? Nie będziemy mieszkać w pokoiku dwa i pół metra na półtora razem z dzieckiem i psem.

W tym czasie wrócił jej ojciec, dyrektor, pan inżynier Truskolaski, z kontraktu ze Związku Radzieckiego, gdzie budował rurociągi. Traktował mnie nieufnie, ale dostrzegałem w jego oczach pewne współczucie.

Kiedy nas zabrał pan Antoni na ultrasonografię, byłem zmęczony i oparłem się o ścianę, może nawet przysnąłem, nie do końca wierząc, przecież jestem bezpłodny, oglądałem przez całe dzieciństwo telewizję z tak bliska, że moje plemniki mają głowy w kształcie telewizorów, na których ciągle pokazują Hermaszewskiego i Klimuka; nie, niemożliwe. Matka Magdy z nimi nie mieszkała, rodzice się rozwiedli wiele lat wcześniej.

Poczułem delikatne dotknięcie w ramię. – Proszę się zbudzić, TATO – powiedział tato Magdy. – Ultrasonograf wykazał coś, czego się nikt nie spodziewał – ciągnął.

Na pewno żartuje – pomyślałem.

– Wykazał, że... w macicy mojej córki rosną moje wnuki.

Wnuki – myślałem, że się przesłyszałem, byłem ewentualnie przygotowany na jedno.

– Trojaczki – spojrzał na mnie. Zbliżył swoją twarz do mojej. Żal ścisnął mi gardło. – Nie zrobi pan tego!

– Czego?

– Bo zabiję pana!

Pojawiła się Magda.

– Jak one pięknie wyglądają! Jak krasnoludki.

Wracaliśmy czarną wołgą Truskolaskiego, to była właśnie ta czarna wołga, która porywa dzieci. Teraz miała szczęście, porwała Truskolaskiego, który był umysłowo dzieckiem, mnie, który jeszcze nie dorosłem, ale byłem z nich najmądrzejszy, tę moją narzeczoną infantylną... Cud, że nie nosi pieluchy. Amatorkę w dziedzinie antykoncepcji i trójkę nienarodzonych, a to się dzisiaj czarnej wołdze udało.

Wesele i uroczystości pożegnalno-powitalne

Truskolaski przyjął mnie u siebie w gabinecie, uprzednio kupiłem butelkę wódki jakiejś kolorowej. Pamiętam, jak kiedyś na imprezie wypiłem u sióstr Jajkowskich wódkę, a potem jako jedyny odkupiłem po tej imprezie ich ojcu. Ceremonialnie wręczając butelkę, czułem się teraz trochę podobnie, nie wiem, ale czułem się winny, ale on powinien się cieszyć, będzie miał wnuki, tu jednak chodziło o uczucia Magdy.

Truskolaski zajmował jeden pokój, my drugi; jak to będzie, gdy dzieci przyjdą na świat. Magda wyciągała mnie na spacery i wpadała w stany od euforii do histerii, terroryzowała mnie, że rzuci się do morza, weszła do morza i powiedziała:

– Jeśli nam nie zapewnisz bytu, zabiję się! – Był chyba listopad, przez zaciśnięte zęby krzyknęła: – Będziesz nas czworo miał na sumieniu!!!

– Uspokój się, wszystko załatwię, tylko wyjdź z tej wody!

Pani, która zbierała muszelki, a takich jest wiele – próbują rozwikłać tajemnicę Trójcy Świętej – spojrzała na mnie jak na zbrodniarza wojennego.

Wywlokłem Magdę z wody mokrą i zaprowadziłem do domu. Prawdopodobnie zostawiając całe stado tych pań patrzących za nami.

Mało, że obrobiła mi dupę przed koleżaneczkami, że niby ja jestem potworem. Nie wiem, co nią kierowało, może miała szok hormonalny; może to, że ją wywlokłem i nie pozwoliłem jej być topielicą, syreną? Powinienem zostać bohaterem, uratowałem przecież czwórkę ludzi.

Zbliżał się czas zaślubin; ja jako mężczyzna odpowiedzialny lat dwadzieścia trzy postanowiłem pojąć moją brzemienną narzeczoną. Co jest najbardziej urzekające w tym, że fakt intymny staje się faktem społecznym. I to jeszcze jak, fakt, że dwoje młodych ludzi wkłada sobie i bawią się we wkładanego albo w wyciąganego, naraz powoduje skutki i jest brzemienny, w skutki brzemienny, i tak szczęście, że nie żyjemy w średniowieczu, albo nieszczęście, bo rodzice rozwiedzeni musieli zejść się razem znowu po latach robienia sobie świństw; nie mówię o mojej katolicko-drobnomieszczańskiej rodzinie, tylko o jej burżuazyjno-szlachecko-komunistyczno--nomenklaturowej; oni musieli zejść się w jednym pomieszczeniu, ale moja rodzina, mój wujek schizofrenik, introligator, który nie był introligatorem, bo był rencistą i wariatem, ciocia krawcowa, wujek z Ameryki, wujek kierowca, który przejechał człowieka i dostał w zawiasach, i teraz prowadził szalet na dworcu w Świetlicach, ciocia, która ma sklep z pasmanterią-galanterią. Nasza heraldyka to były dwie siekiery od rzeźnika, kosz z tyłu, na czerwonym polu napisane WSS Społem.

I teraz poznają się: ta cała pasmanteria z galanterią. Truskolaski, doktor nauk ekonomicznych, którego prapradziadek był odkrywcą i skroplił wodór dla pokrzepienia serc, a babka była właścicielką dóbr na Podolu i urządzała *performances* w dziewiętnastym wieku, tak że miejscowa ludność oniemiała, i wspominają ją, skoro tylko odzyskują głos.

Jednym słowem, był to mezalians, tylko że oni zbiednieli po upadku komuny. Truskolaskiego wyrzucali czy wyrzucili ze zjednoczenia i jednocześnie przyjęli do spółki. Ja zaś byłem wyrzucony ze spółki – tak się czułem w każdym razie. Obrabiała mi dupę, chciała, żebym bezwzględnie jej się oświadczył, i chyba taki miało cel to ciśnienie, włażenie do lodowatej wody.

Trzeba było czym prędzej znaleźć rozwiązanie.

Nasuwało się jedno, zresztą popularne jak papierosy Popularne – bardzo wtedy popularne, dalsze stadium rozwojowe sportów, które chwilowo zniknęły, zniknęły jak mój dziadek, który je palił i umarł od tego. Ja też chciałem zniknąć, nie umrzeć, choć wszystko mi się ze śmiercią kojarzyło, tworzył się nowy ład, a ja obumierałem. Wtedy właśnie spotkałem Jegorowicza i on mówi:

– Chłopie, czyś ty zwariował? Skrob się.

Zaraz się rozejrzałem, czy ktoś nie patrzy, nie słucha? Byliśmy na dziedzińcu uniwersytetu, właśnie miałem się przygotowywać do gramatyki historycznej. A on dalej swoje, weszliśmy do tramwaju. Na cały regulator:

– Mogę mieć dzieci, jeżeli kobiety będą mi płaciły. Mówię każdej kolejnej narzeczonej, jeśli zajdziesz w ciąże, to spotkasz się z moim adwokatem. A ty co? – Spojrzał na mnie. – To jak jakiś żart, trojaczki. Mówię ci, jak nie masz pieniędzy, to ci pożyczę.

Zobaczyłem deszcz meteorytów, które spadają na wózeczki nienarodzonych dzieci, rozerwane ciałka niemowląt. Nie, nigdy tego nie zrobię – pomyślałem zgodnie z własnymi przekonaniami i wychowaniem.

– Daj spokój, Jegorowicz, dzięki za troskę, ale ja chyba będę miał inne rozwiązanie.

– Dziwki tylko czyhają, żeby mieć dziecko – kontynuował, właśnie dojechaliśmy do pętli tramwajowej. Starsza pani wstała, z całej siły zamierzyła się i walnęła torbą Jegorowicza. Przyjął cios, wiedział, że musi zachować się z godnością. Godnością jego przodków protestantów, właścicieli fabryk włókienniczych, twórców miasta Łodzi. To, że nie zareagował, jeszcze bardziej rozwścieczyło panią. W dodatku torba się otworzyła. Taką torbę mieć – dla takiej pani to skarb, ale prawdopodobnie torba uległa zniszczeniu raz na zawsze. Zamek uległ rozerwaniu. Można byłoby zanieść do kaletnika i rymarza albo kupić nowy zamek w sklepie tysiąc jeden drobiazgów.

Zbliżał się czas zaślubin wymuszonych ciążą. Napięcie narastało i niejasne było, kiedy, kto i jak zajmie się organizacją zaślubin.

Jedno było pewne, że przy stole spotkają się dwie grupy społeczne, inteligencja ze strony Magdy i drobnomieszczaństwo oraz proletariat z drugiej, czyli mojej. Sytuację komplikował fakt skłócenia rodziców Magdy.

Chciałem to zrobić, inicjatywę przejęła tamta strona, więc zrezygnowałem.

Wyglądało na to, że zostałem siłą doprowadzony do ołtarza, ale dostanie w zęby każdy, kto będzie takie bzdury powtarzał. Prawda wygląda inaczej: Magda z przeżywania nowej sytuacji zrobiła teatr. I to jest zrozumiałe, bo prawie nastolatka miała urodzić trojaczki. Ja też miałem fazę agresywną, kiedy kupowaliśmy żarcie na wesele, rzuciłem jajem w niewinnego faceta na przystanku, myślę, że mnie też popierdoliło, nie tylko ją.

Ślub odbył się w Pałacu Ślubów, w tym lepszym, przez nieporozumienie, bo nam chodziło o termin jak najszybszy; daliśmy pani dużą kawę w puszce, dlatego ślub odbył się w Pałacu Opatów. Udzielał go pan z pryszczami, z bursztynową oznaką Mistrz Małżeństwa 89 w mosiężnej oprawie. Moi koledzy, a była ich spora grupka, wybuchnęli śmiechem, gdy usłyszeli moje drugie imię Stanisław, wszyscy mieliśmy potwornego kaca – całą poprzednią noc spędziliśmy w POD (Państwowe Ogródki Działkowe) PRZYJAŹŃ, czyli na działkach. W drewnianym domku, przy metalowej kozie, gdzie grzaliśmy się, pijąc.

Ogłoszono wreszcie nas mężem i żoną i zaczęło się, wręczono kwiatek, pocałunek świadka i dalej gratulacje. Dwie rodziny wyraźnie się różniły. Wujek właściwie był przedstawicielem innego narodu, miał zieloną kartę. Wystąpił w marynarce w pstrokatą kratę i w kapelusiku, ciotka w sukni z dupą. Wujek schizol przybył w nienagannym beżowym garniturze, ciotka od pasmanterii miała dużo aplikacji, zapinek i wyraźnie odcinała się od reszty.

Państwo Truskolascy przybyli w liczbie podwojonej. Matka w eleganckim kapeluszu, ojciec w eleganckim garniturze skrywającym dwie walizki tłuszczu jeszcze ze zjednoczenia, teraz dzielnie noszonego do spółki z ograniczoną odpowiedzialnością. Przybyła też prababcia Truskolaska, matrona, osoba wielce wykształcona i zasłużona dla kraju, bohaterka walk w 39, powstaniec warszawski, prześladowana za czasów nocy stalinowskiej. Tej Jegorowicz zaraz pokazał swój członek. Ona zdawała się nie zauważać, nie takie rzeczy na wojnie widziała.

Moi przyjaciele wyciągnęli fujarki, puzony, zrobili kocią muzykę.

Przewieziono nas do domu weselnego, matka Magdy siedziała w jednym pokoju, ojciec w drugim, były babcie oraz poczęstunek dla gości weselnych. Wszystko przebiegało w miarę normalnie. Wujek z Ameryki opowiadał o nowym swoim garniturze kupionym w Nowym Jorku, wszyscy panowie mieli garnitury.

Postanowiono nawet zorganizować tańce. Na środek wystąpił wujek schizofrenik i ugryzł szklankę, był to jego numer popisowy. Ugryzł, zaczął chrupać szkło. Ciotka, ta od pasmanterii, jego żona, powiedziała:

– Przestańże, stary, upiłeś się czy co?

Wiedziała, że to jego numer popisowy, wstała zza stołu, wyrwała mu szklankę i zdzieliła otwartą dłonią w głowę. Wszyscy zamarli.

Siedziałem tam, ale nie chciałem tam siedzieć, nie chciałem, to nie taka sytuacja, że znika tylko uśmiech z twarzy, ale taka, że nie chciałoby się w ogóle być. Próbowałem w mgnieniu oka spojrzeć na to inaczej, ale nie mogłem. Muszę powiedzieć, że jestem mu wdzięczny. Wziął szklankę w usta, zaczął pić wino bez użycia rąk. Kto? Truskolaski. Tacy ludzie naprawdę potrafią się zachować.

Powoli napięcie związane z występem wujka przestało tracić na intensywności.

Ten numer ze szkłem – popisowy numer – oglądałem raz jako dziecko w ogródku mojej babci, ponoć często to robił, co się działo z tym szkłem, że nie rozcinało mu wnętrzności?... Były to czasy, kiedy wybory miss mokrego podkoszulka były tylko w Ameryce, a pornole mieli tylko wybrani. Wtedy to było coś zjeść szklankę, wywołać awanturę. Wykonać numer taki, że miasteczko będzie długie miesiące gadało.

Poszedłem spać do pokoju, w którym mieliśmy spędzić noc poślubną. Śniło mi się, że wychodzę ze sklepu z napisem PASMANTERIA, tam jest wujek schizofrenik, Wryłowski, moja babcia, dziadek i wszyscy zmarli w rodzinie, dają mi różne przedmioty. Co? Ładunek wybuchowy i kolejka Piko, idę z nimi do sklepu GALANTERIA, tam czeka rodzina Magdy; są wzorem galanterii, elegancji, szlachetności i dystynkcji, i wtedy mogłem dostąpić pasowania. Stara Truskolaska czekała, tuż obok niej Truskolaski, uśmiechał się, Truskolaska spojrzała na mnie, zajrzałem w jej źrenice i zobaczyłem w nich moje odbicie, usłyszałem równomierną recytację, czołgałem się w zupełnej ciemności z kamienia na kamień, słyszałem głos pani doktor Truskolaskiej, czułem jej łechtaczkę, wtedy ktoś mnie zaczął budzić, i dobrze, bo strasznie mi ciężko było w tej ciemności z wielką łechtaczką, nie wiem, ile spałem, godzinę, sytuacja zmieniła się nie do poznania; miałem młyn w głowie, goście też jakby byli we śnie...

Następnego dnia siedziałem w samochodzie z van Houtenem, tak się nazywał był Holender, który był szwagrem mojego przyjaciela, który potem... Van Houten, dla znajomych Jerun. Jechaliśmy do ciotki i wujka, tych, co wyemigrowali, to znaczy ja jechałem, on jechał do swojej Holandii, wiózł jakieś narzędzia, a z Holandii przywoził telewizory, ja z nim jechałem, miałem w kieszeni wizę holenderską; jechałem, ale po co? Jechałem uwolnić się, chociaż na chwilę, zdobyć pieniądze. Uciec od pasmanterii i galanterii, od tego, czym to wszystko było. Na tylnym siedzeniu siedział nasz kumpel plastyk, który też jechał, nie wiem, po co on jechał. Miał wystawę. Jechał zostać sławnym artystą. Jechał palić marihuanę? Jechał pierwszy raz na Zachód, ja pamiętam mój pierwszy raz na Zachodzie... To było, kiedy różnica między Polską a RFN była wielka. Wysiadłem. Mój wujek się spóźnił. Stałem na peronie dziwnie sterylnym, potem spacer po mieście, kataryniarz i małpa na łańcuchu, i ta wszechobecna konsumpcja. I jakiś smutek, i radość – to właśnie uderzało. Teraz jechałem, a samochód wiózł nas jakby na zimowisko.

Wiem, że mówiliśmy o... Po angielsku, potem NRD, jeszcze raz NRD i znowu NRD, i Berlin Zachodni, i po zmierzchu było. Ale jeszcze było światło. Plastyk był zachwycony.

– Moje wyobrażenia biorą w łeb. Wszystko wygląda inaczej, wszystko jest w małej kostce, wszystko, o czym myślałem – wykrzykiwał.

Błądziliśmy po mieście, szukaliśmy miejsca, gdzie mieszkała teraz dziewczyna kolegi plastyka. W końcu znaleźliśmy tę melinę, w której mieszkało osiem osób, w ciemnej studni podwórka. Co oni tam robili razem?

Wyjechaliśmy z miasta. To, co mnie czekało, było tajemnicą. My staliśmy, to Niemcy, to Świat wjeżdżał pod koła opla, którego prowadził Jerun, a ja w nim siedziałem. Teraz czekała na mnie nieprzyjemna pustka. Jaka pustka? Horror! Dojechaliśmy do zjazdu, gdzie mieszkała ciotka ze stryjem. Oni mieli coś zaradzić.

Nie, my cały czas tam jechaliśmy. W NRD stukały płyty autostrady i dopiero w RFN – było, co prawda, po murze, ale różnica była cały czas widoczna, światła, lepszy świat. Wujek i ciotka, delikatnie rzecz ujmując, nie byli zadowoleni z mojej wizyty. Wujek pokazał mi kontener, w którym mieszkali studenci.

– Jutro jedziesz do obozu – zadecydował, bał się, że będę mieszkał w kontenerze albo, co gorsza, że mnie zakwaterują u niego. Obóz...

Wsadzą mnie teraz do obozu, ogolą głowę, dadzą pasiak, zmaltretują i zagazują, tak zawsze wyobrażałem sobie swój koniec w Niemczech. Aż dreszcz przebiegł mi po plecach.

Pożegnałem się z ciocią, potem odwiózł mnie na dworzec. Na dworcu poszedł kupić mi bilet do obozu. Kiedy przyszedł z biletem, powiedział mi:

– Wiesz, co ten w okienku, kolejarz, sobie pomyślał? Kurwa, jeszcze jeden!!! Tak na pewno pomyślał!

Ciekawe, od kiedy umie czytać ludzkie myśli, może ten facet myślał sobie akurat coś innego, a może wyszedł mu taki szept. Żegnając się z nim oschle, jeszcze nie wiedziałem, że to ostatnie nasze pożegnanie.

Wsiadłem do wagonu, dziwnie się czułem. Pamiętajcie – ofiarą zawsze jest się na własną prośbę. Byłem skończony, potępiony, uciekałem przed odpowiedzialnością. Mało tego, miałem zamiar dokonać szalbierstwa, a nawet – zdrady. Tak, musiała mnie spotkać kara. Ale czy miałem wybór? Nie, nie. Pociąg jechał wolno, naprzeciwko mnie siedział rockers, ale mógł być też faszolem – miał pierścionek z trupią czachą.

Pociąg jechał ceremonialnie wolno. Wszystko było jasne. Bezwstyd tego kraju uderzał, absolutny brak pokory. I ja miałem tutaj zostać, tutaj być?! Ratunku! Na samym początku czuję się jak trup. Jak kukła bezwstydna, która chce zostać w tym waszym kraju, pierwszym na świecie w produkcji samochodów, w ogóle produkcja i jeszcze raz produkcja.

Znajdowałem się pomiędzy jedną egzystencją a drugą – już mnie nie było, a jeszcze nie byłem, byłem w pociągu; naprzeciw siedział facet z pierścionkiem z trupią czachą, za oknami jakieś góry, w Polsce ważne sprawy – mnie tam nie ma. Znikała moja polska egzystencja, znikał Fundusz Wczasów Pracowniczych, znikał, ale ja to dopiero przeczuwałem. Musiałem jechać, trojaczki czekały; gdyby to były pięcioraczki, to byłoby może lepiej, ale teraz, kiedy państwo opiekuńcze padło, Truskolaski czekał na mnie z dubeltówką, z której prapradziadek strzelał do saren i dzików, a może nawet do Rosjan i Niemców. Trzeba było coś zrobić; nie chciałem zostawać sarną ani dzikiem, a może chętniej zostałbym sarną niż Niemcem.

Pociąg niechybnie zbliżał się do stacji Ramstein, gdzie miałem udać się do obozu. Był to obóz Indian, Tatarów, obóz – *castrum* – Rzymian, nie obóz uchodźców; tam, jak we wszystkich obozach, stawał się człowiek numerem, przypadkiem.

Napięcie wzrastało po drodze, pociąg zatrzymywał się na każdej stacji. Jakaś starsza pani i starszy pan rozmawiali o drogach i wiaduktach. Postanowiłem wysiąść.

Wysiadłem na stacji Allemeine-Entchen. Tu mieszkał mój kumpel, później zdeklarowany gej. Wiedziałem, że być może będę przez tę stację przejeżdżał.

Szybko wyskoczyłem, nie chciałem być w tym obozie. Po tym, co mnie spotkało, osłabłem i unikałem konfrontacji, atmosfera dworca tego miasteczka była dziwna. Pierwsze, co rzucało się w oczy – to bardzo dużo starszych osób, którym pomagali młodzi ludzie z krzyżem maltańskim na opasce. Złapałem stopa, to wtedy umiałem, podwieźli mnie jacyś zacni ludzie, coraz bardziej przestraszeni najazdem barbarzyńców. Znałem adres, otworzył mi Kurek jak sprzed roku, spostrzegłem w jego oczach przestrach i radość równocześnie. Tak, bał się, że dowiem się o jego stanie ducha, o jego kastracji, tak jakby chciał mnie ostrzec. Skręcał sobie papierosy, sklejał modele w małym mieszkaniu.

– To ja cię zawiozę. – Powiedział to tak, jakby zdecydował się zrobić mi zastrzyk i wiedział, że po tym urosną mi uszy i paskudne kurzajki, wszyscy szli do obozu i wychodzili z niego okaleczeni, życie nigdy nie będzie miało smaku jak przedtem, wszystko będzie inne. Wszystko ze znamieniem, z numerem ciągle wyświetlanym w rogu ekranu.

Zbliżaliśmy się, piękne krajobrazy, piękne chmury ciężko wiszące. I nagle byliśmy w Ramstein. Na niebie wyświetlił się napis „Nieszczęsny". Paliliśmy papierosy, które Kurek skręcił z tytoniu Relax Life.

Tłum ludzi, jak przed wydziałem paszportowym. Pożegnałem się z Kurkiem, jakby to był mi najbliższy człowiek na świecie. I zostałem w tym tłumie, nie wiedząc, co począć z wielkim plecakiem.

Wtedy podszedł do mnie młody człowiek, jakiego można spotkać, powiedzmy, na korytarzu w przychodni albo na uniwersytecie, i powiedział:

– Musi pan wyciągnąć numerek, ten numerek wyświetli się na tablicy, wtedy będzie pan mógł wejść.

Wyciągnąłem numerek z puszki powieszonej na ścianie, wszystko to wyglądało jak obóz uchodźców, bo to był obóz uchodźców!!! Stałem. Byłem do tego przyzwyczajony, do stania godzinami, i stałem. Niektórzy chwalili się, że dostali numer, inni chwalili się, że już są długo, inni, że mają numer już dłużej. Czas mijał.

Zrobiło się ciemno i straszno. Kolejka stała na zewnątrz i wewnątrz. Większość mówiła po polsku, część po rosyjsku, może mówiono jeszcze w innym języku, grała nam orkiestra cygańska z Rumunii. Niektórzy prowadzili dzieci – ci, którzy mieszkali dłużej na terenie obozu. Rozeszła się pogłoska, że będą nas wywozić. Podszedł do mnie facet, wyglądał na kogoś, kto będzie dokonywał selekcji. Miał czarne obwódki wokół oczu, podszedł do mnie, zawsze przyciągałem takich typów, i powiedział szyderczo: „*Bürgermeister*".

Co to miało znaczyć?

Było ciemno. Stałem trzecią albo czwartą godzinę, poprosiłem, żeby ktoś mi popilnował kolejki, to był pan Glombik... Horst, dodał to swoje nieswojsko brzmiące imię, przedstawiwszy mi się godzinę wcześniej. Poszedłem do budki telefonicznej, tam też była kolejka. Odstałem swoje, czyli z godzinę, i zacząłem kręcić, to znaczy wyciskać. Pewnie to wszystko też jest na podsłuchu. Do budki wsunął głowę jakiś koleś i mówi:

– Daj dziesięć marek, to ci tak zrobię, że się dodzwonisz.

Dałem; zasłonił telefon tą swoją kurtką marmurkiem. Wyszedł z budki i mówi:

– Kręć, koleś. – Myślałem, że mnie w chuja zrobił, ale nie, pojawił się sygnał, w słuchawce odezwał się głos Truskolaskiego, brzmiący od razu protekcjonalnie.

– Halo?

– To ja, Włodek, przepraszam za porę.

– Pora jest jak najbardziej odpowiednia. Jak tam, uciekinierze?

Od razu oskarżenie, jeszcze nie zdążyłem nic powiedzieć; on nie ma pojęcia, jaką gehennę przechodzę.

– Chcesz pewnie Magdę? – spytał o dziwo uprzejmie.

– Tak, proszę bardzo.

– Przemów jej może ty do rozumu, ona je surowe mięso.

– Alonzo – usłyszałem głos, który zupełnie mnie rozkleił, rozwodnił i przywiódł na skraj rozpaczy.

– Co tam? – Nie mogłem z siebie wykrztusić nic więcej.

– Jesteś tam? – spytała.

– Jeste...

– To co nic nie mówisz?

– Jak się masz, kochanie?

– Dobrze – powiedziała naiwnym, jakby z przedszkola głosem.

– Jesz mięso?

– Jem.

– Jedz, jedz, to dla naszych dzieci.

Zaczęło piszczeć w słuchawce. Przerwało.

Byłem na skraju przepaści; wróciłem, to znaczy próbowałem wrócić. Kolejka minęła. Ustawiłem się, ciągle mieli nas wywozić. W końcu o drugiej w nocy przyjechał autobus.

Wszedłem do pokoiku. Siedział tam pan, podałem mój paszport. Nikt o nic nie pytał, rzuciłem okiem na biurko. Leżały tam jakieś spisy, wpisano mnie na listę STAATSGEWALT – znałem na tyle niemiecki, *Gewalt* to gwałt... Było mi jednak wszystko jedno, czy zostanę zgwałcony. Obok leżał papier, to znaczy formularz KASTRIEREN – taki nagłówek nie wróżył nic dobrego... *Thank you for music...* dobiegło do moich uszu, to wszystko było na pograniczu, to nie ja to robiłem; byłem w jakiejś krainie, w czarno-białym filmie z czasów wojny; wszystko zmieniało znaczenie, stół, niemiecki urzędnik, wszystko zmieniało barwę, ciemniało; z ust urzędnika wyświetlała się kronika z czasów Hitlera, i to słowo zabronione, wielkie słowo, w noc ciemną zajaśniało na niebie, wielkie litery szwabachą, większe niż cała atmosfera, sięgające gwiazd, wyświetliło się na niebie. Tak, byłem w obozie Krzyżaków, byłem Jagienką... Jankiem z *Czterech pancernych wśród Japończyków*, Jankiem Klossem wśród łowców głów. Mnie nie było, jechałem. Powiózł razem z trzydziestoma nieszczęsnymi uciekinierami luksusowy autobus. Ale to nie był kres podróży. Wszystko to później musiałem odpokutować i wszystko się później zemściło.

Była głęboka noc – to była głęboka noc mojego życia, to były uroczystości przywitania mnie na świecie w nowej postaci; już nie będę taki jak przedtem. Wyrośnie mi pancerz. Moje oczy nabiorą innego blasku, stalowego wejrzenia. Jeszcze o tym nie wiem. Dojechaliśmy. Siedziałem za kierowcą, zobaczyłem żelazny krzyż, podniósł się szlaban, otworzyły drzwi i przestraszony oficer zajrzał do środka.

– Mówi ktoś po niemiecku? – zapytał po niemiecku.

To musiało być bardzo niewdzięczne zadanie dla niemieckiego oficera. Rozmawiać z kimś, kto nie mówi po niemiecku, nie rozumie jego rozkazów. Byliśmy u Krzyżaków, byliśmy w koszarach. Rozlokowano nas w hangarze – kiedyś stały tu samoloty, teraz uciekinierzy. Wszyscy żołnierze patrzyli na nas z pogardą i przestrachem. Przekląłem po norwesku, ale nie była to Norwegia, to był hangar, nie wolno było opuszczać hangaru. Moje obawy jednak się okazały rzeczywistością, byłem w quasi-więzieniu.

Dla kogoś, kto wychował się na filmach szkoły polskiej, było to jak podpalenie swojego domu i uparte tkwienie w nim.

Włodzimierz Wolek został przyjęty na listę starających się o pobyt w Bundesrepublice

Na razie mój status nie był jasny, nie wiadomo było, czy będę się starał o pobyt jako azylant, czy jako *Spätaussiedler* – to straszne słowo, kto to jest ten *Aussiedler*? To zdrajca jest, to zaprzaniec, to jest folksdojcz, to jest ten, na którego nie warto nawet splunąć. To ktoś, kto dla pieniędzy swojej ojczyzny się zapiera, swojej matki, w twarz jej pluje, pluje w twarz Panu Jezusowi. Tak to kiedyś ksiądz Emil ujął podczas spowiedzi, plując mi jednocześnie w twarz malutką kropelką, zioniąc nieświeżym oddechem.

Ale do żadnych deklaracji jednak nie dochodziło, w wielkiej hali głos odbijał się jakoś dziwnie. Miałem wrażenie, że wszyscy śpiewają, szczególnie Niemcy mieli głosy śpiewniejsze i w hangarze czarne krzyże nadawały ich wypowiedziom charakter wręcz operowy.

Proszę sobie wyobrazić hangar dwieście metrów na sto, w tym hangarze, który powoli się zapełnia, ustawiane są łóżka; wszyscy żołnierze są nieprzychylni i mruczą murmurando pod tytułem *Ile to wszystko kosztuje?* Mijają dni, wszyscy piją wódkę, jemy w stołówce, różni ludzie: górnicy, kelnerzy, lekarz, leśniczy, gospodyni domowa i narzeczona zomowca. Wódka do dostania w sklepie EDEKA na terenie koszar.

Uczę się potrzebnych słów, i naraz w megafonie: „Ktoś zabiera ze stołówki noże i widelce, tego robić nie wolno" – sopranem zaśpiewała jakaś pani i staje mi obóz żeglarski przed oczami. Zaczynają się pierwsze konflikty. Toksyna wlewa się niepostrzeżenie, ten hangar będzie mnie jeszcze bolał parę lat, może miesięcy, może jeszcze mnie boli.

I telewizor jest, skoki w Obersdorfie, wszyscy śpiewają:

Komunizm nie żyje, nie żyje, nie żyje.
Miło w hangarze o zmierzchu,
gdy już w piekle Ceauşescu.*

Siedzimy, poznaję ze trzydzieści różnych biografii, u kelnera jestem prawie uczniem. Jako jedyny mówię cokolwiek po niemiecku i dlatego wykorzystują mnie do pomocy w zakupach i do załatwienia sobie dodatkowych szamponów.

Spadł śnieg, spadochroniarze maszerują na ćwiczenia, mówią: „Dzień dobry". W konfrontacji ze strachem wszyscy robią się uprzejmi. Wyskakują mi pryszcze na

---

* Według Zbigniewa Sajnoga.

członku, idę do lekarza. Na widok pani doktor robię w tył zwrot. Alien w mundurze gestapo. Dlaczego oni takich ludzi zatrudniają?

Zbliżał się czas Bożego Narodzenia; zgromadzono nas w kaplicy, – każdy, kto chciał, mógł przyjść do kaplicy; akurat nie miałem nic do roboty. Zaprowadziło nas tam dwóch żołnierzy Bundeswehry. Przywitał się z nami ksiądz i jego żona – jak się później okazało, to był diakon, nie ksiądz, ale mógł odprawiać mszę. Wszystko było takie „zreformowane", takie dla ludzi. Żadnych wymagań. Zaczęła się msza, tłumaczem księdza został jakiś wieśniak, który nie znał niemieckiego. Kiedy nie znał słów, mówił: „No zrozumcie, ludzie..." – i wykrzywiał twarz błagalnie. Kazanie wypadło raczej dziwnie.

Po mszy podszedłem do księdza i spytałem:

– Czy będę tu mógł przychodzić, bo dłużej nie wytrzymam w hangarze?

Ksiądz właśnie schodził po stopniach ołtarza. Spojrzał na mnie i zakreślił ręką półkole.

– Rozumiem – odpowiedział po angielsku, bo nie chciałem słabym niemieckim go zagadywać, a on poczuł się jak oprowadzający wycieczkę po sławnym obiekcie. Inni uciekinierzy wyszli. – Jesteśmy w kaplicy dla chorych psychicznie żołnierzy – powiedział. – Wybudowano ją w czterdziestym drugim, rozumie pan. Cały ten obiekt, w którym jesteśmy, to miasto ogród; szaleńcy po przeżyciach wojennych mieli tu wypoczywać. W środku kaplica, niech pan spojrzy pod nogi. – Wskazał ręką. – To są rynienki, jakby się jakiemuś z nich podczas mszy coś przytrafiło, ta rynienka odprowadzała mocz do kratek. Widzi pan ten artdekowy krucyfiks? – Wszedł na ołtarz.

– Niech pan spojrzy na Jezusa. Na jego twarz.

Spostrzegłem, jakby ruszał oczami, przymykał jedno oko.

– To na wypadek, jeśli któryś oszalałby! – krzyknął, manipulując coś przy stole eucharystycznym. Jezus zmieniał wyraz twarzy, tak to wyglądało z tego miejsca, gdzie stałem, puszczał oko do wiernych.

– Tak to Trzecia Rzesza dbała o swoich żołnierzy. Obiekt jest zabytkowy i dlatego nie mogę tu pana wpuszczać – powiedział i zniknął w zakrystii.

Minęło kilka dni.

Wypryski jednak nie dawały mi spać i wydawało mi się, że mam AIDS! Po raz drugi przemogłem się; siedzieliśmy z młodym rekrutem Bundeswehry w kolejce do lekarza. Jeden z nich zagadnął mnie. Miałem nadzieję, że nikt się do mnie nie odezwie. Jednak się odezwał, rozmawialiśmy po angielsku.

– Ja muszę wstawać o piątej, żebyś mógł dostać jeść – powiedział.

– Dziękuję – powiedziałem. – A czy myślisz, że chcę tu być?!

– Robię to chętnie, jestem zielony.

– Co masz na myśli?

– No, jestem za Partią Zielonych.

W tym czasie pozostali wznieśli okrzyk, przestraszyłem się, bo okrzyk był głośny, przypominał mi kibiców Lechii. Gdzie jestem, w jakiejś bajce? Jestem zamknięty pośród germańskich wojów!

Uśmiechnął się do mnie ten żołnierz.

Zza drzwi wyjrzała pani doktor. Myślałem, że tym razem będzie to inny lekarz, ale to była ona, całkiem ona, była zielona, blada, w drucianych okularach.

– *Ruhe, bitte*! – Spojrzała na żołnierzy, którzy siedzieli jak trusie. Powiodła wzrokiem wzdłuż ław, to była normalna kolejka, jak w Polsce.

– Zi – wskazała na mnie. Co znaczyło to „zi"? To brzmiało jak Zig, jak *Sieg heil*, *Sie*, czyli pan.

Wstałem, wskazałem na siebie, na swoje serce – *Ich* – powiedziałem. W ich języku, wojowników Walhalli, okrutnych, zimnych, miłośników mordowania.

Wszedłem do gabinetu, który niczym się nie różnił od innych gabinetów lekarskich.

Na biurku stał proporczyk z trójkolorową flagą Bundeswehry.

– *Krank*?

– *Ja* – powiedziałem.

– *Welche Beschwerden haben Sie*?

Wskazałem na swoje organy.

– *Sprechen sie deutsch*?

– *Ein bisschen* – powiedziałem zgodnie z prawdą, bo uczyłem się na kursie.

– *Haben Sie Geschlechtsverkehr*? – Tego nie zrozumiałem.

Pani doktor Alien wskazała mi miejsce na kozetce. Przez podwórko przejechał czołg z napisem PANZER-GRENADIERENBATALLION.

Położyłem się. Pani doktor gestem dała mi do zrozumienia, żeby spuścić spodnie.

Ściągnęła napletek, leżałem na plecach i patrzyłem na jej czynności, ufny w skuteczność medycyny niemieckiej. Pani doktor odeszła, ja leżałem i zobaczyłem ją, jak wchodzi z potężnym termometrem w ręku.

W ręku trzymała termometr.

– *Auf den Bauch* – powiedziała. Nie zrozumiałem.

Wykonała dłońmi gest, który znaczył: „odwrócić się".

Odwróciłem się i poczułem, że pani doktor kładzie mi swoje kolano trochę powyżej pupy i wtedy lodowato zimny przedmiot dotknął mojego odbytu, tak, byłem złapany, pojmali mnie i wbijają na termometr, termometr w moim odbycie.

Szklany, z hartowanego szkła. Odbywałem karę za zaprzaństwo, za niechęć do tkwienia w biedzie i ofierze wiecznej, nikt mi nie poda cienkiej herbaty w musztardówce, niedługo nie będzie takich musztardówek, prążkowanych na dole, z grubym brzegiem. Usłyszałem:

– Bla bla bla *mit*?

Kmit – rozumiem. Kmicic... – pomyślałem o Kmicicu, jam nie Kmicic, jam Babinicz... Ryby siną farbą kłute, jak ona kłuje, *in and out*... Azja...

Budynek zatrząsł się, termometr współpracował teraz z całym wszechświatem; cały batalion wkroczył i przyglądał się, zarykując się ze śmiechu, budynek trząsł się. Czołgi grały marsza z krzyżami...

Czemu ci wszyscy żołnierze tu przyszli? To oni wkładają i wyciągają ten termometr? Czy dzieje się to samoczynnie?

Aus! – wrzasnęła pani doktor. Wciągnąłem spodnie.

– *Wenn Sie ein Soldat wären, würde ich sagen, dass Sie ein Simulant sind.*

Rozległy się oklaski – żołnierze bili brawo, zdaje się, że również na zewnątrz.

Poczułem, że koszula wychodzi mi ze spodni.

– *Aber Sie* – zawiesiła głos. – *Sie sind ein Nichts, ein Flüchtling, also niemand. Sie sind kerngesund. Sie müssen sich öfter waschen. Raus, ich habe zu tun, auf Wiedersehen.*

Wyszedłem.

Wiem, że zostawiłem siebie tam, już nie było mnie.

Zgubiłem notes ze starymi telefonami. Nie będę dzwonił na te numery. Pewne numery pamięta się jednak do końca życia... 52 86 18.

Miała rację, byłem symulantem, uciekałem i udawałem, chciałem uniknąć swego losu, ale czy da się uniknąć swojego losu? – Nie, nie da się. Wybierając coś lepszego, zyskujemy, ale tracimy coś innego. I tak, koniec końców...

Znowu minęło parę dni; sytuacja się paskudziła, nie mówię, że cały czas się nie paskudzi, ciągle na coś się czeka, coś zagraża, coś trzeba załatwić. Tam w hangarze cały czas czekaliśmy na coś i cały czas to było niepewne. Zacząłem zabawiać to towarzystwo, skoro nie mogłem się rozchorować ani też ukryć w kaplicy pod skrzydłami Kościoła. Jeszcze nie wiedziałem, że to dopiero początek.

Wymyślałem zakłady, kto wejdzie na metalową szafkę na golasa. O dziesiątej wyłączali światło i milkły krzyki, słychać było jeszcze pogwarki przy stolikach i potworna ilość wódki kupowanej w sklepie EDEKA lała się w gardła górników, kolejarzy, pracowników służby zdrowia... Taka jedna to nawet krzyczała, jak ktoś palił dwadzieścia metrów od niej, jej syn lekarz tylko się przyglądał, było mu wstyd.

– Ja jestem służba zdrowia – krzyczała, szturmując grupki palaczy; później się okazało, że on jest lekarzem, a jego matka emerytowaną pielęgniarką.

Zaczynał się nieciekawy proceder dziobania, dziobali agresywniejsi, agresywniejsi często są słabi – byli to emeryci. Nasze wyczyny niepokoiły władze wojskowe.

Całe szczęście, że zbliżały się święta i nie wyłączali światła o dziesiątej, tylko o dwunastej. To było chlanie, dopiero... To było tak odległe od mojego świata, to było całkiem coś innego, te ich wycieczki do salonów samochodowych, gdzie miałem ich fotografować jakoby w nowych samochodach, które oni niby kupili.

Straszne – ja z nimi, z zaprzańcami, z ludźmi, którzy daliby się wykastrować dla dóbr materialnych, ja też tam z nimi maszerowałem. Ludzie ci, pomimo wszystkich filmów o powstaniu i obozach zagłady, pomimo że nie byli Niemcami i nie chcieli nimi zostać, mało – nierzadko pogardzali Niemcami – postanowili zostać w tym kraju przeklętym. Słuchaliśmy lambady *laalala la tiri da*. To byli Indianie, którzy postanowili zostać kowbojami, bo ci mają lepsze uzbrojenie. I lepsze konie.

Minęło znowu kilka dni. I wreszcie stamtąd nas zabrali, w autobusie ktoś sobie zrobił kawę i kierowca rozwścieczony zaczął krzyczeć, z tą kawą są zawsze problemy; kiedy hitlerowcy przegrywali wojnę, wysłali wiązki elektronów w przestrzeń, które osiadły na szczepach kawy w Ameryce Południowej – toteż jeśli ktoś napije się kawy, zaczyna zachowywać się dziwnie: macha rękami, pokrzykuje. Wysłali nas najpierw do jakiegoś biura i wtedy spostrzegłem pierwsze zmiany. Przyjechaliśmy do obozu i wtedy mnie odesłali, wysłali, przegonili, przeczołgali i wysłali. Zobaczyli wizy w moim paszporcie, oburzeni spostrzegli, że byłem w Norwegii, i dlaczego nie przyjechałem do Niemiec? Dlaczego? Może ja chcę jechać do USA, może, druczki niech pan wypełnia i niech pan pisze, będzie wiecznym petentem, petycja, *pet* – to jest małe zwierzę – będziesz małym przestraszonym zwierzątkiem, będziesz robił, co my chcemy, i będziesz się do nas modlił. Spostrzegłem, że mam problemy, za dużo gadam albo za mało i... W tym urzędzie, do którego nas zawieźli, stał on, w czarnej skórze, w skórzanych spodniach, w skórzanym płaszczu, patrzył na mnie.

– Proszę, niech pan siada. Ekhard – przedstawił się. Spojrzał. – Pana sprawa nie wygląda najlepiej, niech pan mi powie, nie ma pan jakiejś rodziny, znajomych?

Wtedy szybko zacząłem pracować: przecież tu w pobliżu mieszka Maniek, podałem jego adres, to z nim się przyjaźniłem, zanim wyjechał; podałem jego adres, najgorsze były papierowe prześcieradła w kolejnej sali i ta pogarda wokół. Tuż obok była potężna elektrownia atomowa. Dostałem ataku, ja nie chcę zostać znowu na hali, razem z trzystoma nieszczęśnikami, szybko zadzwoniłem, teraz może to śmieszne, ale wtedy to było powstanie warszawskie, to był kanał, to był potrzask, przekonałem strażników, zadzwoniłem.

– Przyjedźcie po mnie, jestem na skraju przepaści, pomocy, i co to znaczy *auf*, bo nie kumam, co do mnie mówią!!!

Wiem, że miałem atak. Przyjechali, zabrali mnie maluchem, jeszcze z Polski.

Jechaliśmy w ciemności. Wszędzie wokoło były jakieś miasteczka. Jakieś światła, ja byłem w poważnym stanie; w środku siedział Maniek i jakiś koleś. I on dawał mi znaki. Ale ja nie byłem w stanie; to był ten sam Maniek, coś jednak było nie tak, z Mańkiem czy ze mną, przyjechaliśmy na miejsce, przywitała mnie Zdzisia; to byli ci sami ludzie, którzy u mnie obozowali; ci sami, którzy organizowali czarter do Indii; ci sami. Zdzisia bardzo się ucieszyła. Ja jeszcze nie wiedziałem dlaczego. Ten, który nas przywiózł, pan Jurek, miał smutny wzrok. Ja mówiłem i mówiłem, i mówiłem, piliśmy; byłem nawet szczęśliwy, czułem się wyzwolony.

Następnego dnia otworzyłem oczy, zobaczyłem normalną pościel, normalne wszystko... Tylko pogoda była taka szara, wielka kropla wody wisiała na balustradzie. Zbliżyłem wzrok do szyby i spojrzałem na tę kroplę, w kropli odbijało się miasteczko Mittel do góry nogami. Wszyscy ludzie, których miałem spotkać, wstawali właśnie z łóżek albo wykonywali jakieś czynności.

Następnego ranka miałem wracać do obozu. Na razie mogłem zostać parę godzin z nieudaną wycieczką do Indii, która ugrzęzła w miasteczku Mittel. Dlaczego tu? Bo tu mieszkała Marianna, z którą ożenił się Zbyszek; poderwał ją w ośrodku buddyjskim. Na party sylwestrowym. Weszła przepiękna, jedna z najpiękniejszych kobiet, jakie widziałem. Z dwoma koleżaneczkami i...

Tak ją pamiętałem, też byłem na tym party, ale wtedy miałem inną dziewczynę, to znaczy nie chciałem jej do końca, ale to było wcześniej, teraz się obudziłem w Mittel, jeszcze nie wiedziałem...

Była zima, szybko zapadł zmierzch. Przyszedł Zbyszek i poszliśmy z Mańkiem do knajpy Klim-Bim. Czułem się dziwnie, to miejsce było jak w jakimś podciśnieniu, ciemno, buro. Tam poznaliśmy mistrza walk wschodnich, niejakiego Dietricha, pojawiali się inni. Wyszedłem z Mańkiem i Zbyszkiem i szedł też z nami Dietrich. Zbyszek studiował na AWF-ie, ale studia przerwał, Maniek niczego nie studiował, był silnie zbudowany i ja też jestem silnie zbudowany, mam sto osiemdziesiąt wzrostu i wtedy ważyłem pewnie osiemdziesiąt kilka, minęły nas dwie dziewczyny. Maniek niechcący potrącił jedną z nich – na ulicy było ciasno, i nagle jak spod ziemi pojawili się dwaj goście.

– *Žive Jugoslavia!!!* – usłyszałem. Zbyszek walczył, ale jakoś dziwnie.

Maniek powiedział:

– Uważaj, będzie zadyma. Spierdalaj, będzie zadyma. Ten w glanach zbliżał się do mnie. Zbyszek trzymał tamtego za twarz, wykrzykiwał coś, nadbiegł Dietrich, mistrz walk wschodnich, ale po chwili odwrócił się po ciosie i biegł wzdłuż ulicy, następnego ranka dowiem się, że Maniek nazywa to Monciak, główną ulicę, deptak, pełno tych deptaków w większych miastach. Uciekłem tak szybko jak robaczek, jak myszka...

Schować się; kluczyłem po tych ulicach, po tych Niemczech, po tych miejscach, gdzie zbierali się sadyści... Biegłem, gonili mnie czetnicy... Gdzie byłem? Nogi mnie same niosły, słyszałem krzyki, wszędzie krzyki... To były krzyki z kanałów, w kanałach przesuwał się oddział Żywiciela, który przebijał się z Żoliborza do Śródmieścia. Biegłem, wszędzie biegli specjalnie tu przysłani pracownicy z obozów, zaraz oddadzą mnie do transportu, gdzie wepchną w kąt i nie będę mógł złapać tchu. Przykryją mnie płachtą, bez końca będą mnie musztrować harcerze z prawicy i czerwone harcerstwo z ruskimi komendami, ruskie wojsko z trzymetrowymi politrukami, i noże mi wyjdą przez oczy z żalu.

Natknąłem się na Mańka, miał złamaną przegrodę nosową.

Na gwiaździstym niebie nad górniczym miasteczkiem Mittel wyświetlił się napis „Tchórz" przez o z kreską. A obok spadały małe gwiazdki, sycząc: „Wstyd".

– To jakieś świry na koksie – powiedział. – Znowu mi nos roztrzaskali, mam wrażliwy od dzieciństwa. – A dzieciństwo miał nielekkie, trzeba przyznać. Ojciec bikiniarz, matka nieźle tańczyła rock'n'rolla. Skakał z balkonu na balkon na ósmym piętrze, teraz miał złamaną przegrodę przeze mnie, bo go swoim ciałem nie zasłoniłem.

Powoli sprawa się wyjaśniła, Zbyszek tamtego trzymał za twarz i krzyczał:

– Nie chcę z tobą walczyć! – Następnego dnia powie, że czuł się jak Jezus... Co prawda, nie nadstawił drugiego policzka, niemniej jeden cios jego potężnej ręki uciszyłby tamtego, ale nie, on wolał trzymać go i do niego przemawiać. Mówił do niego, że nie chce z nim walczyć.

Następnego dnia ktoś zadzwonił do obozu i powiedział, że spóźnię się parę dni... Był dzień następny, wszędzie panowała szarość, niewiarygodna szarość w różnych natężeniach, czerwony był szarawy, i zielony, i żółty, wszystko szarobure. Tamci z obozu się nawet ucieszyli, że nie muszą mnie żywić.

Szukałem tłumacza, nikt ze mną nie chciał się udać do tego strasznego miejsca, bo wyczuwał, że tam będzie trzeba udawać, i jeszcze wynik był raczej niepewny.

Wszyscy zdążyli wyjechać, wszyscy młodzi Polacy, do Paryża i do pracy, no i udało mi się; padło na Tamarę, Tamara...

Była córką nauczycielki rosyjskiego, mieszkała w Mittel, przed wyjazdem bardzo się udzielała w TPPR, stamtąd wysłano ją do NRD, gdzie opanowała język. Jechaliśmy z jakimś podaniem o pobyt, o azyl, o pochodzenie, praktycznie z niczym w ręku. Byliśmy tam o szóstej, o piątej. Ciemno, huczał komin, staliśmy przed drzwiami; w środku ludzie kłamali jak najęci, samo kłamstwo, nic innego. Wujek nie dał mi papierów w obawie, że mnie do niego dokwaterują, tak jak inny wujek do grobowca rodzinnego dokwaterował swoich zmarłych.

Nic nie miałem, nic nie wskórałem, pani była bardzo niemiła, byłem tam ze dwa razy, jeździłem tam częściej, zapożyczałem się. W każdym razie na korytarzu pojawił się ten sam osobnik, Ekhard w skórzanym płaszczu, podszedł do mnie i powiedział:

– One muszą tu rodzone.

Podziękowałem mu za dobre słowo.

Dostałem skierowanie do miasta, do miasta Mittel, ma się rozumieć, bo Maniek chciał mi pomóc. Za kilka dni miałem iść do urzędu, jeszcze nie wiedziałem, co mnie czeka.

Przyszedłem w środę, moje zdrowie było nadwątlone przez wydarzenia ostatnich miesięcy, urząd był zamknięty, zadzwoniłem.

– Słucham – odezwał się głos.

– Chciałem do urzędu.

– Nie umie pan czytać? W środę zamknięte!!! – wyskrzeczał głos. Nacisnąłem jeszcze raz. Zionąłem wścieklizną, chciałem wejść!!! Poczuli, że mają do czynienia ze zdesperowanym maniakiem, wtedy reagowali inaczej. Jacek, któremu wbito niedźwiadka do paszportu, musiał potrząsnąć kobietą w urzędzie, żeby mu oddali ten paszport.

– Proszę przyjść jutro! – zabrzmiało uprzejmiej.

Jutro, jeszcze jeden dzień niepewności, lęku. Bo co ja miałem mu przynieść, nawet jakbym miał jakieś „papiery"? wiem, że wujek też nie miał papierów, dostał je przypadkiem, bo wszyscy się litowali, jak był stan wojenny.

Trzeba było zagospodarować jedno popołudnie, miasteczko miało rynek i główny deptak, wzdłuż deptaku zbierali się ci, którzy nie musieli pracować. W kawiarni Tchibo spotkałem Mariannę, powiedziała do mnie po polsku „Papieroska?", co mnie obudziło, wyciągnęło z szuflad; zresztą mnie nie było, byłem jakąś sprawą. Papier, formularz, zapaliłem; w niewielu przypadkach papieros jest życiodajny, w tym przypadku był. Przyszedł Elmer, dziwna postać, eksperymentator od środków halucynogennych, właśnie trzymał palmę męczeństwa. Jeszcze nie rozumiałem, że te korowody z urzędami to tylko przygotowanie do nadania mi obywatelstwa miasta, bo nim ktoś się stanie częścią systemu, musi zostać przez ten system przyjęty, jak pożywienie musi zostać zmielone w jamie ustnej, zaimpregnowane enzymami, po to by zostać spalonym, rozłożonym i stać się częścią organizmu: to wszystko było niezamierzone, ale oczywiste w swej nieuświadomionej naturze rytuału inicjacyjno-asymilacyjnego.

Był to stary rytuał przyjmowania nowych członków plemienia, których trzeba najpierw poddać próbom wytrzymałości, bólu i poniżenia.

W tej kawiarence wszyscy uśmiechali się do mnie, jakby mówili: „Patrz, to jest ten nowy".

Nowy – co to miało znaczyć?

Jutro

Kolejka, jak to kolejka, w środku siedział oczywiście Ekhard. Spojrzał na mój wymiętoszony paszport i spytał:

– Dlaczego pan nie przyjechał od razu do nas, do Republiki Federalnej Niemiec, tylko pan jeździł sobie po świecie? – powiedział z wyrzutem, po angielsku z niemieckim akcentem. I spojrzał na mnie zza dwóch szkieł jak denka od musztardówek... Nie wiedziałem, czy się rozgląda po pokoju, czy próbuje przeniknąć istotę mojej osoby. – Pana wujek nie chce panu dać dokumentów, musi się pan teraz udać do urzędu w Braun i spróbować je uzyskać. Mam tylko jedno do pana pytanie... Jest pan Niemcem?

Na to nie byłem przygotowany. Zmilknąłem i szybko odbyłem wewnętrzną podróż do wnętrza Ziemi. Na krześle siedział teraz mój ekwiwalent. Nie wiedziałem, jak się nazywam, Kloss czy może Kos. Zabiłem tygrysa, a może było odwrotnie, trwało to ułamki sekund, wiedziałem, że jestem przesłuchiwany i nie mogę się zdradzić, moje imię było przecież słowiańskie, zgoła rosyjskie, jak Lenin, tak, to Lenin siedział teraz w biurze carskiej ochrany i nie przyznawał się, że to on, Włodzimierz, zwalczał, próbował wyjść przed Wolka. Wolek, *wollen heisst können*.

– Wie pan, że gdybym nie był Niemcem, nie siedziałbym teraz przed panem – usłyszałem siebie wypowiadającego tę kwestię najczystszą niemczyzną. Ale w duchu chór głosików mówił: Wcale, że, bo nie, wcale, że, bo nie, wcale, że, bo nie, wcale, że, bo nie wcale, że, bo nie...

– Jeśli pan nie uzyska dokumentów, będę zmuszony wysłać pana z powrotem! Pana nazwisko w istocie brzmi z niemiecka, ale imię jest zdecydowanie, w swej istocie, nieniemieckie.

Help me if I'am feeling lonely, słyszałem. Czy to był stres, czy nie – po tym, co przeżyłem w tych obozach, to był raczej rodzaj pieczęci hańby. Moje imię zawzięcie zwalczało moje nazwisko, porządne i pracowite tak jak ja, i niechlujne imię, zawłaszczane przez nazwisko, to wszystko byłem ja. Ale trojaczki chciałem dodać...

– Jeśli mi pan tego nie dostarczy, to będzie problem. – Popukał w blat wilhelmińskiego stołu ołówkiem. – I – dodał – jest jeszcze jeden problem. Ma pan wizę holenderską. Byłoby jednak lepiej, gdyby pan pojechał do Polski i jeszcze raz zdobył wizę niemiecką. Pan ma tranzyt, więc jakby tu pana teraz nie było. Pana nie ma. Czyli komu mamy dać pobyt?

Zrobiło mi się słabo. Czyli to wszystko na nic. Nie miałem pieniędzy na te wojaże.

– Może złożę podanie o azyl?

– Proszę bardzo, ale to inny wydział. Osobiście odradzam. – Popukał się w czoło tym ołówkiem, nie było to, mam wrażenie, obraźliwe, tylko jakby komentarz, dobra rada. – Jeśli do jutra nie dostanę dowodów niezbitych na pana niemieckie pochodzenie, pan przestanie istnieć prawnie. I nie wolno się panu tu pokazywać, bo będę jako urzędnik państwowy zmuszony wezwać policję. I odstawić pana do granicy.

– Jakiej granicy?

– No... holenderskiej albo polskiej, jest pan przejazdem tranzytowym, który powinien trwać najwyżej dwadzieścia cztery godziny, a pan tu jest prawie dwa miesiące!!

Przypomniało mi się stanie w kolejce po wizę, obok był potężny wykop, dziura w ziemi na Puławskiej w Warszawie.

– *Auf Wiedersehen*, czekam jutro na pana do czternastej, ach nie, jutro nie pracujemy, czyli zyskał pan jeszcze jeden dzień, to w pana sytuacji niemało.

Pożegnałem się i wyszedłem. Ubierał się w skórzane rzeczy, nie wiem, czy był raczej punkiem, czy motocyklistą. Pożyczyłem pieniądze od Mańka i o jakiejś nieludzkiej porze ruszyłem na autostradę, na barierce było napisane *Tour de merde*, pokiwałem głową ze zrozumieniem. Pierwszym kierowcą był jakiś sympatyczny pan, miłośnik zakonu krzyżackiego, nieźle znający historię. Niemcy ją na ogół kiepsko znają, myśl, że ze względu na kiepskie zakończenie tego fascynującego ciągu wydarzeń, w których występowali filozofowie, żołnierze, normalni ludzie sklejający modele fortyfikacji i wizjonerzy. Podróżowanie po ich kraju było czymś fascynującym, ciągle chętnie brali na stopa, opowiadali. Stałem na stacji benzynowej z pewnym chłopakiem, spytał mnie, kim jestem; powiedziałem, że Polakiem, uśmiechnął się podejrzanie, a mnie się przypomniało, że jeszcze poprzedniego dnia, czyli wczoraj, kłamałem, że jestem Niemcem.

— Czy ja źle wyglądam, że mnie nie chcą brać na stopa?

— To oni źle wyglądają — powiedział.

Potem piękna zielonooka Francuzka; koniecznie chciała jechać do miasta, westchnąłem, patrząc na jej czarne tablice. Miałem oczywiście kawałek kartonu z napisem Braun, dokąd chciałem dojechać. W chwilach słabości pojawiał się Truskolaski, z dubeltówką, mierzył do mnie. Dotarłem do Braun jeszcze przed południem; wysiadłem z samochodu, w którym rozmawiałem z Niemcem, całą drogę ubolewając, że tyle młodzieży z Polski wyjeżdża i że ja bym czegoś takiego nigdy nie zrobił, żeby wyjechać. Powoli zaczynałem pojmować, że życie składać się będzie z kłamstwa, na każdym kroku. Znalazłem ten urząd; wyglądał niepozornie; na portierni udzielono mi po angielsku wyjaśnień, wyciągnąłem numerek i...

Czekałem cały czas, było pochmurnie, te chmury zagościły na stałe we mnie, w moim sercu.

W końcu zapalił się mój numerek 132, wszedłem, siedziało tam dwóch chłopaków prawie w moim wieku, po dwadzieścia kilka lat. I wtedy na czymś, co jest dziennikiem klasowym, który ukradliśmy w ósmej klasie, paląc przy tym inny dziennik, czyli klasy C, na tym dzienniku ląduje mucha, przyziemia się jak ruski kukuruźnik. Panowie urzędnicy tego nie widzą, bo właśnie zwrócili wzrok na mnie.

– W niemieckim urzędzie muchy? – mówię, oni patrzą na mnie jak na wariata, jak na jakiś błąd genetyczny, na kogoś, kto powinien być jak najprędzej usunięty, muchy zdążyły zbombardować Warszawę. Kiedy ja właśnie zdradzam mój kraj, zdradzam swój naród. Oni słuchają, jakby wąchali gówno, z moich ust wychodzą jaszczurki i żółwie przykręcone do siebie blachowkrętem. Tak, naprawdę proszę o adoptowanie mnie przez Bundesrepublikę.

– Nie możemy panu udzielić odpowiedzi. Proszę wyjść, jedyna rzecz, jaką mogę zrobić, to dać panu numer sprawy. Za chwilę pana wezwiemy.

Czekam, oddycham głęboko, próbuję medytować. Głęboko wypowiadam *om*, na korytarzu siedzą jacyś ludzie.

– Proszę. – Wychyla głowę pan urzędnik. Wchodzę, pan otwiera szafę, naciska guzik, wysuwają się, to znaczy dźwigają, podnoszą, obracają jak w bębnie maszyny losującej, akta, za którymi są jacyś ludzie, jakieś uczucia.

– Dam panu numer.

Podał mi karteczkę z niszczarki zadrukowaną po drugiej stronie. A na tej białej było napisane: 678567678/1321867.

– Dziękuję, do widzenia.

Wyszedłem, usiadłem na ławce w parku.

Sprawa wydawała się skończona i przegrana...

Wtedy pojawiła się ona. Mówiła coś, niewiele z tego rozumiałem, co ta stara hitlerówka miała mi do powiedzenia, było to pełne współczucia. Musiałem wyglądać nieszczególnie. Wydawało mi się, że chce mnie namówić na sprzedanie duszy. A ja właśnie próbuję ją sprzedać – pomyślałem. Pokiwałem głową, ona koniecznie próbowała mi okazać współczucie. Zresztą – jak? Kto ma moją duszę? Co to jest dusza?

Była taka jedna pani, którą oszukiwał syn lekarz, bo nie chciał matce zrobić przykrości i mówił, że wylatuje jakiś srebrny owad podczas sekcji zwłok. Może dusza sprzedawała mnie, dusza sprzedała mnie do Niemiec na roboty? Komu mnie sprzedała? Tego jeszcze nie wiedziałem, ale za parę dni miało się to okazać.

Miłość – ta esencja – mnie gnała, kazała mi się sprzedać do Niemiec, nasze dzieci miały się urodzić w Niemczech, gdzie dobrobyt, gdzie nie będzie cierpienia, gdzie będzie dobrze... A czego to się nie robi, żeby było dobrze!!!

Było naturalnie jakieś miejsce, tylko ja nie chciałem, byłem za ambitny, za leniwy, bałem się Truskolaskiego, bałem się zależności, bałem się nie wiadomo czego, wszyscy jechali. Nie chciało mi się dalej studiować, chciałem jechać na Zachód.

Czy była jakaś niewidzialna ręka? Raczej nie, bo ta ręka jakby chciała mnie od tego odwieść. Zachód, jaki tam Zachód – zwykłe Niemcy.

Teraz ta staruszka stała przede mną i pytała:

– Jest pan Niemcem?

I chociaż pięć minut wcześniej kłamałbym zawzięcie przed urzędnikami, teraz z satysfakcją pokręciłem głową, że nie. Ktoś wyraźnie ściemnił ten film, muszę przyznać, jeszcze nie doświadczałem świata w tak ciemnych barwach.

– Skąd pan przyjechał?

– Danzig.

I wtedy ją wzięło, było mi wszystko jedno. Byłem bez duszy. Ją jakby natchnęło, nie rozumiałem jej transu, zamykała oczy i wspominała Danzig, bo właśnie chyba był trafiony-zatopiony, czyli ona z Gdańska – trafiłem trafiłem na strunę wspomnień... Trochę mnie to zmobilizowało, zacząłem uciekać przed nią.

Wiem, ja chciałem wyjechać, ja chciałem uciekać, ja uciekałem przed sobą, samego siebie tylko znajdując. Uciekałem, goniąc, tak jak kiedyś Jegorowicz upił się i przyszedł do Magdy. Magda zrobiła sałatkę, a on kopnął w tę sałatkę. Wściekła Magda wrzasnęła: „Zabierz go stąd!!!" Wziąłem i chciałem go ukarać. I go na drabinki, bo on rzeczywiście był pijany. Jak był w domu, to tego nie było jeszcze widać, dopiero na zewnątrz go wzięło. „Chodź teraz, chuliganie, przez drabinki – musiał po pijaku odpokutować – i odprowadzę cię, ty kanalio, do domu". A on padł i udaje nieżywego, no to idę, niby sobie odchodzę. Wtedy on wstaje i biegnie w poświacie nieziemskiej, aureola jakaś. Nie, nie – to nyska milicyjna za nim jedzie. Wyskakują. „Czemu uciekał?" – pytają.

Stoję i patrzę na to wszystko, a oni go buch do wozu, ja tam podchodzę i żal mi się go zrobiło, a on natychmiast wytrzeźwiał. Podszedłem i pertraktuję z milicją, a oni: „Chce pan też jechać?" I drzwi zasuwane mi zatrzasnęli prawie na nosie.

I ja też na izbie wylądowałem, tyle że tu. Wracałem, na autostradzie na stacji benzynowej spotkałem Holendra z nalepką NL.

– Wiesz, żyję na autostradzie tutaj...

Przyjechałem wziąć plecak, wszyscy się zdziwili, liczyli na pozytywne załatwienie sprawy. Nie miałem papierów, chociaż pomagałem mojemu kumplowi wyrabiać papiery. Poszedłem z jego papierami do kserowni i czekałem, podsłuchując rozmowę pomiędzy właścicielem i jakimś jegomościem.

– Wiem, wiem – mówił właściciel – że z pana prawy Polak i ojczyzna, rozumiemy się... – Były to czasy stanu wojennego. I wtedy ja za tego kumpla, który się bał przekserować jakąś legitymację kolejarską swojego dziadka z niemiecką gapą... Ale ja sam nie miałem papierów.

Szedłem na stopa, odprowadzał mnie Maniek, aż tu nagle jak spod ziemi wyrósł Ekhard. Uśmiechnął się. Wygląd trochę jak z Planety Małp.

– *Komm zu mir, wenn du kommst wieder* – powiedział przyjaźnie...

Byłem znowu w Gdańsku, tu też było szaro, ale niebo jakby wyżej. Truskolaski rozczarowany, ale nie był bardzo zły.

Wybrałem się na spacer. Właśnie otwarto „Gazetę" w Gdańsku. Poszedłem do brata Jegorowicza, który został tam rysownikiem. Przywitaliśmy się serdecznie. Nachylił się do mnie i powiedział szeptem:

– W redakcji jest demon.

Nagle ktoś wszedł do pokoiku, w którym pracował – i zamilkł.

Pogadaliśmy jeszcze trochę, wyszedłem z przekonaniem, że jego brat jest mądrzejszy od niego. Na korytarzu natykam się na Radomskiego. Pozdrawia mnie.

– Witam, witam! – mówi. Przedstawia profesorowi.

– Maciejko.

– Wolek. – Ręce zostają sobie podane. Maciejko ma wielką bliznę po trepanacji czaszki podczas eksperymentów ze środkami psychodelicznymi w latach sześćdziesiątych. Radomski zaś stracił oko w stanie wojennym, w stanie ducha patriotycznie uniesionym, nie było w nim serca zajęczego, bo się w nim czwarty pułk ułanów obudził, jak jego dziad zginąć chciał, lecz teraz raczył się kombatancką marihuanką i opowiadał historyje, wierszyki klecił – rentę miał. Weszliśmy do domu, w którym mieszkał z ojcem i matką. Od drzwi krzyknął:

– Mamo, pielgrzymi przyszli! Jest coś do jedzenia?

– Jest, ale mało – odpowiedział słaby, chyba męski głos z głębi mieszkania, to chyba był brat, wściekły na Marka, że ciągle zaprasza gości.

W głębi długiego korytarza zobaczyłem innego kombatanta, który zmywał podłogę. Zobaczywszy mnie, uniósł się z klęczek i mówi. Mówi, mówi, bo był to osobnik chory, nie w tym wymiarze żyjący. Był to weteran punk rocka przez rodzinę Radomskich przygarnięty, wypełniający świetnie lukę po gosposi, do której byli przyzwyczajeni, ba, do niejednej.

Gery, to z nim wynająłem autobus i pojechaliśmy z Osowej do Wrzeszcza po frustrującym seansie z Jegorowiczem, który masturbował mnie przez folię. Czasy dawne, ale teraz stał oto przede mną ten, któremu pożyczyłem sprzęt, on go nigdy nie oddał. Gery mówił. O czym mógł mówić? Mówił o amerykańskiej finansjerze opanowanej przez Żydów i o pomniku, jaki wystawiono mu jako naturalnemu synowi Rockefellera.

Przeszliśmy na salony, w rogu siedział ojciec Radomskiego, profesor Radomski, żywy jeszcze. Matka pochylona nad księgą rodu Radomskich. W pierwszej chwili nie wiedziałem, czy się skłonić, czy dygnąć. Wszędzie tylko poroża i wypchane ptaki. Pani Radomska wyciągnęła długą dłoń, do której zbliżyłem mój nos. Jest to dobra metoda niezbierania zarazków przy pocałunkach.

– Czy to prawda, że ten pan miał garbarnię skór?

– Być może, chociaż mi przedstawiał się jako syn prokuratora.

Mało tego; wszystkich straszył tym, nikt wtedy jeszcze nie wiedział, że jest schizofrenikiem, jeździł toyotą, chodził w garniturze. Oczywiście, robiliśmy wtedy straszne dowcipy, pamiętam, jak wynajęliśmy autobus miejski zamiast taksówki.

Usadzono mnie za stołem naprzeciwko. Mój widok przedstawiał się następująco: wielka księga, za księgą pani Radomska ze splecionymi dłońmi wsparta na łokciach, za nią ze szmatą Gery, za Gerym potężna szafa z masywnego drewna, na której znajdowało się z dziesięć splecionych ze sobą poroży jeleni, co wyglądało, jakby Gery miał potężne, rozgałęzione rogi. Rozmowa potoczyła się normalnie, okazało się nawet, że są spokrewnieni z Truskolaskimi przez jakąś gałąź rodu czy złote jabłko.

Pojawił się sąsiad, który grał na gitarze społeczno--krytyczne teksty. Utrzymywał, że był w Tybecie; wtedy włączył się profesor Maciejko z wykładem o wyższości tantry nad gnostycyzmem. Był to kompletny dwór, ze służącym, mędrcem... i śpiewakiem. To dziwne, jak te dwie rzeczywistości funkcjonują.

Musiałem załatwić wizę i odebrać moje dokumenty z uniwersytetu.

Szedłem przez takie wielkie niezagospodarowane pole, plac budowy, na niebie kłębowisko chmur. Tam były kiedyś ogródki działkowe.

Wielka kałuża, ruszyłem, byle mieć tę wizę. Truskolaski zdążył mi zrobić awanturę, że mu wyjadłem za dużo pieczeni z dzika, którego on sam ustrzelił. No więc jestem na początku kałuży; trochę mi chlupie, Magdzie też chlupało, jak używaliśmy globulek, teraz trojaczki w drodze... Jeśli nie chcecie mieć dzieci, moja rada: nigdy nie żartujcie sobie z tych spraw.

To taki mechanizm psychologiczny: nie chcecie mieć przemoczonych nóg, nie leźcie do kałuży. Kiedy byłem w jednej trzeciej i można się było cofnąć, postanowiłem jednak brnąć dalej i, niestety, zaraz zapadłem się po kostki i nawet dalej do pół łydki. Ale to jest brnięcie przez zaniechanie wysiłku, bo przecież mogłem obejść. Choć jest to też brnięcie, tkwienie w zaparte. Raz poszedłem do szkoły i nie chciałem iść do ubikacji, bo się brzydziłem i można się zarazić, i tak cały dzień, w drodze powrotnej do domu też nie, i tak mi się chciało na przystanku autobusowym, że szybkim marszem przeszedłem kilometr do domu i kiedy byłem przed moją klatką schodową, stało się, bo podniosłem stopę, by postawić ją na stopniu. Teraz, jak mi się zdarzy, to się wcale nie przejmuję, a zdarzył mi się mokry bąk, człowiek dojrzały spogląda – nie jest to chyba właściwe słowo, bo jak sobie spojrzeć na odbyt – odbiera nie tak dramatycznie mokrego bąka, bo wie, że to nie ostatni, przyjdą jeszcze kolejne bąki, wpadki, inne paskudztwo, jakie człowieka spotyka czy jakie sam wydziela.

Kiedy odbierałem te papiery, powiedziałem:

– Wyjeżdżam. – A pan powiedział:

– Sam bym wyjechał.

Wychodząc z kałuży, nadepnąłem na płytę chodnikową, taką luźną, bo to chyba było urwanie chmury, a może śnieg topniał, i tak mnie obryzgało, że trochę to wyglądało, jakbym się zesikał. No więc stałem w tym rektoracie i ociekałem brudną wodą.

Czułem się tak jak kiedyś, kiedy nie dostałem promocji. Przyszedł ten facet od geografii i mówi, że mi nie postawi trójki, a ja powinienem przynajmniej czwórkę dostać. A on, zakłopotany, bąknął coś o dyrektorce, i ja wiem, że pewnie im się naraziłem przez gazetkę szkolną. Chcieli mnie ujaić. Byłem młodym człowiekiem, który ma problemy, i dyrektorka miała problemy, czy ja wiem z czym? Z klimakterium, z tym, że szkoła jej się nie podporządkowuje, bo jest stan wojenny, bo jej córka... I tak dalej. Przeżyłem to kiblowanie, trzeba przyznać – boleśnie, ale pewnie sam się prosiłem o takie potraktowanie, bo się po prostu wyróżniałem, miałem silniejszą, bardziej dziką, nieuporządkowaną energię, energię... Ja też po prostu się nie nadaję...

Mniejsza o to, czekałem na wizę. Kolejki były tak duże, że ambasady kierowały ludzi do biur podróży... Wszyscy chcieli się wydostać. – Wszyscy jechali... I najczęściej zostawali – nie wiedzieli, jaka to pułapka...

Wyjazd wydawał się jednak jak najwłaściwszą drogą, Truskolaski stawał się potwornie wredny i w dodatku przywiózł sobie kobietę z Rosji. Poznał ją, kiedy budował rurociąg – Irinę. Po miesiącu dostała obywatelstwo polskie, powołując się na pradziadka, zesłańca po powstaniu styczniowym. On czyścił broń i nie było dla nas miejsca.

Za oknem kruszał zając.

Ruszyłem, wyruszyłem, nie sypialiśmy, bo ciąża była zagrożona, Magda nieco się roztyła, jadła tylko surowe mięso, dostałem tę wizę.

Pojawiłem się w Mittel, wszyscy się cieszyli, ja też się cieszyłem, tylko nie wiem z czego. Musiałem gdzieś się zameldować. Maniek powiedział: „Spróbuj u hipisów".

Był to rodzaj komuny w starej fabryce. Każdy oczywiście miał swoje mieszkanie. Podszedłem do Marianny i zapytałem, czy będę mógł się u niej zameldować; miałem wizę, miałem już wszystko; minęły straszne sny; wszystko sprzedałem w Polsce, wszystko straciłem, brakowało tylko, żeby urodziły się mi chore, niedorozwinięte dzieci, Magda powinna mnie puścić z trenerem kadry dżudoków, a ja powinienem zarazić się AIDS, na koniec dopada mnie mafia, która mnie gwałci, oślepia i urywa jaja. Tak się przynajmniej czułem. Niewiele w końcu trzeba, żeby człowieka doprowadzić do ostateczności. I ten szok, że ja też podlegam niszczącym siłom życia. Młodym ludziom wydaje się, że są niezniszczalni.

Ale tu miła niespodzianka: Marianna się zgadza, następnego dnia urząd jak z płatka. Ekhard: „Witam, witam", uśmiechał się. I się zameldowałem, już mnie przyjęli, siedzimy na balkonie, aż tu nagle dzwonek do drzwi. Patrzę, a w drzwiach jakiś pan w szarym płaszczu, mówię, że nie za bardzo rozumiem. A on, że policja; zawołałem Barbarę i ona z nim szprecha. A o czym? Może mnie deportują, moich znajomych deportowali, bo ciągle powtarzali: „*Politi, politi, a ja no wizum, senkju*", i ich deportowali. Nie nie, chodzi tylko o to, że sąsiad się powiesił.

Mijają kolejne dni, znowu siedzimy na balkonie, komuna składa się z tak zwanych alternatywnych.

Najmilszy był z nich Hartmut, były komunista, grubas i żarłok, i jego żona Angela. Marianna pomagała mi, szliśmy z urzędu i akurat wyszło słońce po dwóch tygodniach paskudnej pogody.

– Marianna – mówię. – Zobacz, jaki piękny zachód słońca!!

A ona:

– Tak, bo oni te zanieczyszczenia wypuszczają.

Było dziwnie... Było inaczej...

Wiadomość od Magdy

Kochanie,

wczoraj przyszedł mąż Normy i przyniósł list od Ciebie, a ja oczywiście nie mogłam się doczekać (gawariucha w całej okazałości), kiedy sobie pójdzie, żeby go przeczytać. Jest bardzo wcześnie, bo szósta rano i po raz pierwszy od kilku dni wyszło słoneczko, i to dla nas uśmiecha się od rana. Bardzo się cieszę, że udało Ci się tak dużo załatwić. Chciałabym być koło Ciebie, nie widzieliśmy się dwa tygodnie, ale najpierw muszę tutaj uregulować swoje sprawy. Mam sesję w połowie maja i zaraz potem mogę przyjechać. Bardzo bym chciała, wszystko jednak zależy od tego, jak będę się czuła, bo nie można ryzykować. Najważniejsze jest zdrowie naszych dzieci.

Agnieszka urodziła córeczkę; jest duża i ma długie czarne włosy, chcą ją nazwać Malina. Arek chciał syna, ale teraz się cieszy i chyba jest bardzo przejęty. Dałam im szczotkę do czesania dziecka w prezencie i soczki.

Byłam u lekarki, okropnie przytyłam, trzy kilogramy, a miałam przytyć jeden. Arek doradził mi, abym piła miętę, bo wtedy nie chce się tak pić. Jak widzisz, muszę się pilnować na każdym kroku. Ale czuję się całkiem dobrze i oby tak dalej. Nasze krasnoludki kopią mnie rano, gdy się przebudzę, i wieczorem, gdy oglądam TV lub idę spać. Ale teraz zupełnie inaczej niż na początku. Gdy przyłożę rękę do brzucha, to wyraźnie czuję stopę, jej wielkość, albo kształt głowy czy taką małą piąstkę. To bardzo dziwne i niesamowite uczucie.

Stęskniłam się za Tobą, bardzo, bardzo Cię kocham i cieszę się, że niedługo będziemy razem.

Wiesz, oprawiłam Buddę z Twojego pokoju w ramkę z żółtego papieru welurowego i wisi na ścianie koło ołtarzyka. W wolnych chwilach czytam książki, które zostawiłeś (wykłady Dalajlamy). Miałam cały ciąg dziwnych i bardzo mocnych snów. Przez cały tydzień śniły mi się codziennie różne złe emocje, jednego dnia wielka awantura, innego gniew i wściekłość, potem zazdrość, zawiść, a na koniec, to było w czwartek, przyśniło mi się, że umieram i po kolei przestawałam słyszeć, czuć, leżałam na ziemi i wiedziałam, że tylko chwila. Miałam otwarte usta i to mi bardzo przeszkadzało, i w pewnym momencie ktoś przyłożył mi niebieską karteczkę z napisem do ust, zaczęłam skupiać się na czubku głowy, i w tym momencie się obudziłam. Cały dzień jeszcze byłam przestraszona i bolała mnie głowa.

Przepraszam, że piszę Ci takie rzeczy, ale nie mam komu tego opowiedzieć. Jak myślisz, czy to znaczy coś złego, czy ja niedługo umrę, a to jest zapowiedź? Może jestem głupia, że przejmuję się takimi rzeczami. Może po prostu wypaliły się we mnie złe emocje, bo czuję się teraz spokojniejsza.

Mój kochany Włodeczku, całkiem podoba mi się Mittel (to, co tam widać na zdjęciach), ale najbardziej cieszę się, że będziemy razem i niezależni od rodziców. Będziemy się uczyć języka i wychowywać nasze krasnoludki, i będzie mniej stresów.

Ciekawe, jak one będą wyglądały, czy będą to sami chłopcy, czy same dziewczynki, czy mieszane towarzystwo, a jeśli to będą chłopcy, mam nadzieję, że nie będzie Ci przykro.

Twój ojciec założył uszczelki, trochę musiał przyciąć, ale ogólnie były dobre. Jest trochę cieplej, przyjemnie mi się wstaje. Teraz mam dużo roboty w szkole, oddałam dyplom, ale muszę się dużo uczyć, same klasówki. A potrzeba mi dużo pozytywnych stopni, by skończyć szkołę wcześniej. Dzięki Twojemu referatowi z psychologii dostałam pięć na koniec semestru. Także psychologię mam z głowy. Chyba zacznę się uczyć codziennie niemieckiego, bo jak zrozumiem, co będą do mnie mówić w szpitalu?

Czy przydaje się książeczka, którą Ci dałam? Przeglądaj ją codziennie, a zobaczysz, że wejdzie Ci do głowy.

Kochanie, bardzo tęsknię, na początku nie mogłam się przyzwyczaić, że rano nie mogę się do Ciebie przytulić, pocałować na dzień dobry. Niedługo święta, a od świąt tylko miesiąc i się zobaczymy. Dobrze, gdyby ktoś mógł ze mną jechać, bo będę mieć trochę rzeczy dla dzieci, swoje ubrania i to, co będzie nam potrzebne, może powinnam coś kupić, bo tu na pewno jest taniej. Dostałam od mamy gruby śpiwór. Będziemy mieli wtedy dwie kołdry. Napisz, co kupić, to zaoszczędzi nam wydatków w Niemczech.

Przekazałam Twoim rodzicom, że wszystko jest w porządku i co załatwiłeś. Twoja matka zaczęła robić panikę.

Chodzę z Izą na basen na politechnikę, woda jest do ramion i całkiem czysta. Dzięki temu może się zbytnio nie roztyję.

Włodek, jeśli masz tak blisko do parku, to mógłbyś codziennie biegać, i nie objadaj się codziennie słodyczami i lodami, obiecałeś mi to.

Całuję Cię mocno, mocno, mocno, mocno, i bardzo kocham.

Magda

PS

Masz pozdrowienia od mojego brata, mojej mamy, Tata też Cię pozdrawia.

Zbliżał się czas rozwiązania. Jakoś trzeba będzie przetransportować Magdę, zacząłem gorączkowo szukać pomocy i kto miał mi pomóc? Na moje telefoniczne nawoływania i błagania o pomoc zareagował kto? Roger Jegorowicz.

Napisał do mnie.

Cześć, Wolek.

Otrzymałem Twój list, Twoja prośba nie jest prosta, ale myślę, że do wykonania.

Kilka szczegółów:

Nie wiem, czy są pociągi do Mittel (z Polski), musisz się tego dowiedzieć (koniecznie!!!).

Po drugie, jeżeli ja pojadę pociągiem do Niemiec z Polski, muszę mieć wizę z wymianą pieniędzy.

Po trzecie, Magda musi mieć wizę do Niemiec.

Po czwarte, muszę tę wizę załatwić wcześniej.

Po piąte, nie wiem, czy Magda o tym wszystkim wie.

Napisz do mnie szczegółowo o tym wszystkim, ponieważ ja mam na głowie kupę spraw. To by było na tyle ze spraw służbowych, Oberwolek.

A teraz ja. Kupiłem sobie gitarę Fendera, dużo ćwiczę całymi dniami. Przygotowuję nowy repertuar, ale ćwiczę też standardy, mam helikopter *1000 Watt energy*. Trzeba robić to, co się lubi, bo jak nie – to grób, kaplica, dożywotnie zaciemnienie i styropian po szkle.

Pozdrowienia dla wszystkich uroczych mapetów z komuny w waszym koszmarnym mieście.

Roger

Niestety, miał rację, trafiłem źle, miasto było trochę straszne. Znowu dzwonek do drzwi, lęk, ale tym razem to jest Ekhard. Przyszedł do domu po jakiś dokument, mało tego, zaprasza na wieczorek u siebie. Utwory klasyczne i współczesne w jego wykonaniu.

Zastanawiałem się, czy tam pójść. Pojawiłem się jednak, siedziała jakaś dziewczyna, jakiś facet. Ekhard zapytał, czego się napiję. Mieszkanie przybrane było w czarny plusz, na ścianie plakat Sonic Youth i obrazki z czasów wojny o Falklandy. Pomyśleć, że ktoś tak otwarty jest nudnym, kategorycznym urzędnikiem państwowym, tylko Niemcy chyba tak potrafią.

Zrobił jakieś kanapki, grzanki i zaczął grać na pianinie, grał od Beatlesów, Clashów po jakieś marszowe, trzeba przyznać, nawet go polubiłem, chociaż nie cierpię takich zależności, ale jak nie przyjść, kiedy on załatwia sprawę, na której mi najbardziej zależy. Tak tak, jestem serwilistyczną kreaturą, ale nie było wyboru, przyparcie do muru, gonili mnie partyzanci z oddziału Truskolaskiego, chcieli zastrzelić z dubeltówki prosto w komorę.

Poszedł ze mną Zdzisiek i się upił, zaczął robić dym. Wylał wino. I zaczął podskakiwać. Byłem zrozpaczony.

Następnego dnia na deptaku spotkałem chłopaka, który przebywał w komunie, cały czas chodził w kombinezonie, jeszcze nie wiedziałem, że to taki honor robotniczy, i on powiedział:

– Byłoby lepiej, jakbyś tu nie zostawał, a jak chcesz zostać, naucz się mówić bez akcentu.

W pierwszej chwili myślałem, że żartuje, ale nie – on mówił poważnie, jak najpoważniej...

– I mógłbyś coś zrobić z tymi włosami – dodał na odchodne.

Myślałem, że się przesłyszałem.

Następnego dnia niezłomnie szukałem mieszkania, musiałem dla nas coś znaleźć, zbliżał się czas rozwiązania. Otworzyła mi młoda kobieta o niewielkim biuście, ale potężnych jak na nią pośladkach, czyli – mówiąc krótko – dupiata. Zaraz zniknęła i pojawiła się starsza kobieta, ta miała potężny biust. Ten biust miał solidność starego mercedesa, tak zwanej beczki. Co łączy Polaków i Niemców, to właśnie miłość do mercedesów, przy volkswagenach też niektórzy orgazmują, do porcelany i do kiczu, ale przede wszystkim do mercedesów i volkswagenów. Nie mogłem się za bardzo rozmarzać, bo chodziło o mieszkanie, pani Schulte, tak się nazywała, chciała wiedzieć, kim jestem, z czego żyję i temu podobne pytania, pomagał mi Zdzisiek. Pomyliła Leipzig i Danzig. I miałem mieszkanie, co prawda tylko kawalerkę, ale dobre na początek.

Za parę dni alarmujący list. Czy chcę się z nią zadawać, czy chcę ją jeszcze znać?

Ja zaraz, żeby czym prędzej przyjeżdżała, że wszystko gotowe, chociaż w mieszkaniu był tylko materac.

Stała na peronie, z brzuchem stała, odebrałem ją, byłem wzruszony, wsiedliśmy do kolejki.

Jakoś tak trafiliśmy, że cała klasa jechała razem z nami, zachowywali się fatalnie. Magda zapytała:

– To jakaś szkoła specjalna?

Przywykłem do miejscowych zachowań i wiedziałem, że dzieciaki potrafią rzucić kanapką w kierowcę autobusu. Co kraj to obyczaj. W Polsce chodzą tacy faceci i pokrzykują: – Piiiwooo jaasne!

Spytać takiego, czy dobre, to zawsze odpowiedź ci taką wykombinuje, na przykład: „Mnie smakuje". A brzmi to jak „nie smakuje". Tutaj było inaczej, piekielnie ciężką miała torbę.

Byliśmy w mieszkanku bez mebli. Pierwszym sprzętem była kuchenka.

Miejscowym zwyczajem było sprzątanie klatki schodowej. Kto nie wykonywał tego rytuału, musiał się liczyć z konfliktem ze społecznością, był to rytuał, i to był znak, że coś was łączy. Pewnego razu pomyliło nam się i sprzątnęliśmy nie w tym tygodniu. Efekt był natychmiastowy, przyszła do nas sąsiadka i coś mówiła. Chodziło jej o to, że za nią wysprzątaliśmy klatkę, w Polsce wszyscy by się ucieszyli, tu nie, była to potwarz, pani sobie zorganizowała, zaplanowała, wymyła kij od miotły i wyczesała włosy, kupiła wszystkie płyny. Wypiła piątą filiżankę kawy, a tu jacyś Polacy jej sprzątają klatkę zamiast uszanować jej trud, nie, jej przyjemność, sprzątają klatkę w jej dzień. Mieliśmy mieszkanie między rodziną Rizlów, po lewej mieszkała matka Rizla z nienormalną córką. Po prawej pan Rizel, szef małej firmy murarskiej z żoną, i to właśnie ona dostała szału.

Odgłosy na klatce, tupanie na schodach, wsuwanie poczty, wszystko to napawało mnie lękiem.

Zaczęły się bóle, jedziemy, podwozi nas miła dziewczyna, czarny kot nam drogę przebiegł...

Przyjeżdżamy, myślałem, że mi się przywidziało, bo ten szpital nie wyglądał na szpital, miał czarny dach, w środku była fontanna, w holu wisiał portret Rudolfa Steinera.

Rudolf Steiner był antropozofem, jednym z tych, którzy w kulturze zachodniej szukali absolutu, i on to w Dornach w Szwajcarii zahipnotyzował szefa sztabu armii niemieckiej podczas krótkiego pobytu na urlopie (incognito) w 1917 roku, i jemu przypisuje się klęskę Niemiec w pierwszej wojnie światowej.

Był szpital antropozoficzny, oparty na zasadach wiedzy ezoterycznej.

Ja miałem być przy porodzie. Położna z Polski, po pobycie w Stanach, pani Stasia. Cisza, zapach chemii. Odwiozłem i do mieszkanka wróciłem. Leżę, aż tu telefon dzwoni, żeby przyjeżdżać; facet, którego żona leżała na tej samej porodówce, oni byli z Polski, i mówi:

– Przyjadą po ciebie, bo, zdaje się, twoja żona rodzi.

Dobrze, że wszystko w porządku, że się udało, bo mogło być inaczej... Sprzedawaliśmy na polskim rynku ruskie szampany. Błoto, wysiadało się z metra, parę kroków i się było na miejscu, czasami łapali, no i gacie z Istambułu, sztangi poszły do Czecha, który stał na Tiergarten, i wtedy dostała bóli.

– Jak to, przecież miałaś termin za miesiąc!

– Musimy wracać.

– Zadzwonię po lekarza.

– A towar? Nie mamy przecież ubezpieczenia.

– Jezus Maryja, po cośmy tu przyjechali?

Tymczasem grupa biegaczy biegu transowego właśnie umówiła się na nocny bieg...

Jadę, do szpitala, podwozi mnie ten facet, po drodze okazuje się, że jest weterynarzem. On też do porodu jechał, my też jesteśmy ze świata zwierząt, jesteśmy zwierzętami, inteligentnymi zwierzętami. Jedziemy na Lubelszczyźnie do porodu, on jest weterynarzem, ja jestem jego pomocnikiem, oglądamy film produkcji angielskiej *Zwierzątka duże i małe*. Było pełne ubezpieczenie, chociaż bez prawa do bezrobocia, dostawaliśmy od gminy Mittel pieniądze. Przyjeżdżam na miejsce i się zaczyna.

Pani położna mówi po polsku:

– Mam papiery szwabskie, tak bym dawno w Stanach siedziała. Chce pan kawy?

Dostałem kawy. Magda trzęsie się jak ratlerek, ja trzymam ją za głowę, jest głęboka noc, nasza położna:

– Bóle, proszę przeć, seria krótkich oddechów i parcie. – Czy to się nie skończy?

Korytarz, okno, trzeba wzywać lekarzy, słabnie puls noworodków, przecież dla nich tu przyjechałem, w Polsce nie miałyby pewnie takich szans jak tutaj, lekarze wpadają, ciekawe, lekarz jest na oddziale, ale poród przyjmuje położna. Cesarka, krew, wszędzie pełno krwi, płaczą, żyją...

Rozszalała się burza.

Kim jest Roger Jegorowicz?

Spotkaliśmy się znowu. Ale to było po przełomie. Jak ja wtedy tęskniłem, Polska jawiła mi się jako kraj, w którym nie wszystko co prawda, ale przyjaźń, ale młodość, duży kontrast do smutnych Niemiec.

* * *

Urodziły się, wyciągnęli je z tego pudła – z inkubatora, trzy stworki, mało kto wie, że dzieci stanowią raczej niezbyt miłą niespodziankę dla swoich rodziców – w pierwszej fazie, ma się rozumieć, one strasznie krzyczały, to jest najtrudniejszy moment, przyjechaliśmy taksówką, w mieszkaniu była tylko kuchenka, materac i trochę naczyń, dzieci cicho płakały... jedną dobę, drugą dobę, ponoć hitlerowcy przeprowadzili badania wrażliwości matek na płacz dziecka. Matki dzieci zmuszanych farmakologicznie do płaczu, zabijały po kilku dniach swoje potomstwo, ja miałem ochotę po kilku minutach. Po długim okresie oczekiwania... Nie, nie na urlop, tylko do pracy na całe życie. Ojciec ma oczywiście swoje przyjemnostki.

Kiedy dzieci podrosną, może je wypytywać, kim były w poprzedniej inkarnacji. Kiedy minęły dwa lata, postanowiłem je wypytać. Jednemu pokazałem zdjęcie dziadka, nie zareagował. Wacuś uśmiechnął się, to nie był wystarczający znak, że jest inkarnacją dziadka...

Minęło parę miesięcy i usłyszałem, jak Wacuś powtarza: „Bolel, bolel, bolel". – Przypominało to nazwisko muzyka: Dieter Bohlen.

W tym czasie rozpoczęły się spory w Tybecie, kto i jak będzie wybierał Dalajlamę. Wyborem Panczen-lamy zajęła się Komunistyczna Partia Chin. Cały czas gapiłem się w telewizor, co zresztą miałem innego do roboty, zobaczyłem dwóch ludzików, byli to Beavis i Buthead, którzy komentowali wideoklipy, i wtedy Jacuś powiedział: „Lolel, lolel". Wtedy przyszło do mnie jak iluminacja: dzieci moje to inkarnowany Bolek i Lolek, ich miejsce zajęli ci dwaj z Ameryki. Moja córeczka to Tola...

Chciałem to zakomunikować Magdzie i wtedy zdałem sobie sprawę, że nie mogę! Po pierwsze, ona powie, że jestem schizofrenikiem.

Po drugie, to były postacie fikcyjne. Ale zaraz zaraz, może tę postać z celuloidu emanuje jakaś zbiorowa świadomość, inkarnują się jako subcubus Lolek i jego kompan Bolek. Bevis i Buthead są teraz inkarnacją Bolka i Lolka, a moje dzieci przekazują tylko ich energię, są emanacjami, ale są też dziećmi z krwi i kości.

Jakież to wszystko dziwne. Oni jeszcze czekają na mesjasza, a on może przecież być przekazywany przez film rysunkowy, wszystko układało się w logiczną całość. Wyjechaliśmy tak jak rodzice Jezusa, bo nie było dla nas miejsca w gospodzie, gdzie? Tak, w gospodzie, czyli w Polsce. Mało tego, Wacuś był większy i miał ciemniejsze włosy, wszystko się zgadza! A Polska potrzebuje... każdy chłopiec.

Adidas Skuter

Z tym AIDS było tak: zrobiłem i dzwonię.

– Chciałbym się dowiedzieć o wynik badania krwi. Moje nazwisko Wolek.

To było w Mittel i tam podawali przez telefon. Słyszę głos w słuchawce:

– Cukier super, hemoglobina świetnie, opad też. A co z AIDS, tego nie mogę panu powiedzieć.

Pociemniało mi w oczach, a więc jednak nie zdałem egzaminu, moje biedne dzieci, moja żona, ja sam odejdę, pociągając za sobą niewinne istoty.

– Musi pan poczekać na pana doktora, pan doktor przyjmuje teraz pacjenta, woli pan poczekać czy zadzwoni za dziesięć minut?

– Nie, poczekam. – Trawa zmieniła kolor, spadochron się nie otworzył, tym razem dziękujemy państwu, to nie jest prysznic, pomyłka, ulatnia się gaz, ta budka telefoniczna też nie chciała się otworzyć, chciałem uchylić drzwi na chwilę, zrobiło mi się duszno, cała moc ze mnie uszła, mijało życie, teraz niezwykle intensywnie, były to przecież ostatnie chwile przed śmiercią, przed ogłoszeniem wyroku, mogłem się dobrowolnie oddalić, ale ta gorączka, ta biegunka, wiadomo, zaczęło się, naradzają się, jak mi powiedzieć prawdę, no cóż, przecież wiedziałem, że nie jestem nieśmiertelny, że jestem pechowcem, że celnicy zawsze mnie wybierali, mnie brali do kontroli osobistej, a Magda zawsze przechodziła z towarem, czyli fajkami. Wreszcie ten efekt zakapslowania udało mi się przezwyciężyć i otworzyć drzwi, budka telefoniczna stoi nierówno, kto by pomyślał, Niemcy, porządek im się rozsypuje, hipisi dochodzą do władzy, a generacja wychowana na trudach wojny i powojnia odchodzi. I znowu dno rozpaczy, wszystkie wzruszenia młodego ojca, młodego męża, wszystko teraz pracowało negatywnie, nie wolność kawalera gotowego pójść na barykadę, na wyprawę na słonie...

W Himalajach słoń powiesił się na jajach, i to tak paskudnie, jednym jajem na południe... Moi przyjaciele Zbysio, Paweł, Rysio, moi koledzy, płot, kawałek trawnika i przeciągające się w godziny, eony, minuty, moja... ja lęk. I wtedy podszedł pan doktor Poetz.

– A, pan Wolek – zaczął radośnie – co u pana słychać? – Rozumiem, jest taki uprzejmy, żebym się całkiem nie załamał.

– Chciałem się dowiedzieć o moje wyniki.

– No, zrozumiałe, mhm... Cukier super, hemoglobina wspaniała, jak sportowiec, opad genialnie...

– A co z AIDS?

– Wyniki AIDS przychodzą z innego laboratorium, musi pan poczekać jeszcze dwa tygodnie.

– Dziękuję.

Wyszedłem z tej klatki, byłem teraz naprawdę chory na psychicznego AIDS, i wtedy nadarzyła się możliwość kupna mercedesa za dwieście pięćdziesiąt marek, zaraz go kupiłem. Objawy jednak nie ustawały. W tym czasie przemycałem samochody, jeszcze nie było cła. Nic nie było, można było najgorszy szrot przywieźć do Polski, do tego potrzebny był mi kierowca, bo nie mam prawa jazdy.

Skuter miał żonę Norweżkę, która wierzyła, że komunizm zapanuje na całej ziemi i ludzie dobrowolnie na to przystaną, pytała Skutera, czy jeździł na traktorze. On oczywiście odpowiadał, że tak. Tym zdobył sobie serce tej idealistycznej dziewczyny.

Tego oczywiście dowiedziałem się, siedząc obok niego, mknęliśmy autostradą do Polski, to był tym razem mercedes beczka, benzyniak, ale nietypowy, model 290 E.

Jak się później okazało, to mój kierowca był nosicielem, był kiedyś dżankiem, może cały czas ćpał, jechaliśmy, on opowiadał mi różne historie ze swego życia, jak odpalił od ognia na Grobie Nieznanego Żołnierza. Jak go zapuszkowali, jak im uciekł. Pił i pił, tak, on pił za kierownicą, myślałem, że tak na niby, a on poważnie sobie golnął i zasnął gdzieś w lasach pod Kartuzami. Spał i spał, a było tak blisko.

Kiedy po dwóch dniach dotarliśmy na miejsce, przywitała go moja matka i powiedziała:

– Pan taki blady, może kieliszeczek?

Wypił i wtedy zasnął na dobre, chyba w ubraniu.

Podróż miała happy end, samochód się sprzedał szczęśliwie, następny nie, toyota nie chciała się sprzedać. Kupiłem ją od księdza.

I wtedy dotarła do nas wiadomość o jego śmierci z przedawkowania heroiny.

Zgadzam się z Papieżem

O mało co nie umarłem, ale zaraz zaraz, jak to jest z tymi włosami? Włosy, co to za dziwna część ciała wszystkich organizmów, no, gady nie mają, ale ptaki mają pióra, dinozaury ponoć miały pióra. Ktoś z nowymi włosami to jakby ktoś nowy, ktoś przebrany, przefarbowany. I ona w tych loczkach wyglądała jak Dolores – bolesna, wciągnąłem tę prezerwatywę, miałem do wyboru unimil *electronically tested* – podobne chyba ze Stomilu kupowaliśmy, jak się dało, w kiosku najczęściej, jednak pan nie sprzedawał nam, bo je dmuchaliśmy i biegaliśmy po osiedlu, i dotknięty był przecwelony, ale to w podstawówie. Teraz siedziałem na klopie, ona na mnie okrakiem, i ubrany byłem w prezerwatywę marki Happy Moments, trwało to trochę za długo...

Jak to jest, że wszystko przychodzi w niewłaściwym czasie, kiedy miałem superenergię w przedszkolu, kazano nam przymusowo leżeć. A kiedy jestem spierdolony, mam z siebie wyciskać siódme poty i nie tylko poty, teraz powoli przychodziło, ona jak Teresa z Ávila, ja powoli poczułem orgazm, powoli zbliżał się... Zaczęło mi pulsować w oczach... Potworny, rozdzierający ból w klatce piersiowej. I taka myśl: Stracisz życie!!! Ratunku... Odepchnąłem ją, padłem na ziemię, przeżywałem jeden z przyjemniejszych orgazmów w życiu, połączony z potwornym bólem serca, leżałem, gałki oczne jak gumowa piłka pulsowały, zmniejszając i powiększając obraz. Po chwili, oddychając głęboko, wstałem.

Zgadzam się z Papieżem – prezerwatywa to przekleństwo.

Hotel Europejski, powrót, kariera w showbiznesie, gdzie mieszkać?

Wróciłem do Polski, chłopaki robią wielkie sprawy, nie mogłem dłużej siedzieć i sprzątać, pielić ogródków, nie mogę, wracam, będę jeździł. W tę i we w tę. Chłopaki jak robokopy wkraczają w nową rzeczywistość, ja tu będę się marnował? Nigdy!

Mieliśmy zakwaterowanie, dostałem pokój z Jegorowiczem. Pierwsze, co zrobił, to wyciągnął grzałkę z torby i powiedział:

– Żaden idiota nie będzie na mnie zarabiał! Trzeba być rozsądnym, trzeba myśleć o przyszłości... Patrz, ja kupuję czwarte mieszkanie... A ty, Wolek, ruchasz coś? – Spojrzał na mnie, nie czekając mojej reakcji. – Wiem, praktyki autoerotyczne. Rozumiem, mnie też rzuciła... Nie, to ja ją rzuciłem, dziwkę, żadna nie jest w stanie wygrać z moim tatą, tata jest wspaniałym facetem pełnym wigoru, ja jestem zdania, żeby dzieci w ogóle nie płodzić... Obiad zawsze o czternastej...

Byliśmy w trasie, kraj budził się do życia, wszędzie stały stragany.

– Gdzie jest moja kawa? – Rzeczywiście, miał kawę w plastikowym woreczku. – Rozumiesz, cała zabawa polega na tym, żeby pokazywać się i bywać...

Za oknem plac, po prawej dworzec, wróciliśmy z Wrocławia, byliśmy w Krakowie, jechaliśmy do Warszawy, byliśmy w Zakopanem, jechaliśmy na lotnisko, na górę Ślężę, ja miałem ciężką chorobę, nieuleczalną, wszyscy wiecie jaką, zakochałem się we Wrocławiu, byliśmy w Łodzi, w muzeum artystów, w...

I wszędzie ten sam rytuał, grzałka i pochwała oszczędności i zaradności, tak, wiem, miał ojca protestanta, matka wymogła na ojcu, żeby dzieci wychowywać po katolicku – był ministrantem. Umiał przemawiać do ludzi – wykorzystywał to teraz, był kochanym chłopakiem, zaradnym i oszczędnym, pełnym szacunku do swojego ojca protestanta, który nie protestował.

Jego mama wyemigrowała, on też wyemigrował, wrócił, bo kocha ten kraj między Bugiem a Odrą, gdzie został przymusowo wrzucony przez los, jesteśmy w Krakowie w Hotelu Europejskim.

W Hotelu Europejskim pojawił się pan z pieskiem. Melonik miał i pejsy i do psa swego mówił Daisy

Siedzimy, woda zagotowała się w metalowym kubku, żywo zabranym spod enerdowskiej sztancy, na której pracował.

– Piliśmy z radnym Łączką, piliśmy zeszłą noc, potem przyszedł jeszcze dyrektor departamentu, który chciał mi postawić dwie dziwki, ale powiem szczerze, na koncercie w Nowym Sączu amatorka zrobiła mi lepiej niż niejedna profesjonalistka.

Widziałem go w różnych stanach, chodził po mieście sfrustrowany, miał dwadzieścia lat, biegał w kombinezonie i mówił pizdarewolucja, teraz nie... a nawet przeciw: apaszka, kapelusz albo koszula hawajska, wyszliśmy na przechadzkę po mieście, minęła nas grupa Arabów. Tak myślałem, że mam déjà vu, to byli ci sami ludzie...

– Pamiętasz? – zwróciłem się do Jegorowicza.

– Nie pamiętam... Ci przypominają mi kamedułów bosych. Nie, ach, wiem, to są ci śpiewacy operowi z Kuwejtu...

Obeszliśmy dookoła całe Planty.

– Zgłodniałem... Może poszlibyśmy coś zjeść?

– Nie, nie idź, ja mam jeszcze olbrzyma do zjedzenia.

– Co masz do zjedzenia?

– Chcesz kawałek, to ci dam do spróbowania.

Olbrzyma? Nie pytałem, szliśmy i rozmawialiśmy o tym, jak prowadził promocję piwa i bal sylwestrowy. Że do Katowic, bardziej swojsko i fajne telefony, dylematy duszy, dupy i kamery, przeszedł ktoś bardzo podobny do Jerzego Stuhra.

– Patrz, Stuhr! – powiedziałem. Podskoczył, źle mnie zrozumiał, myślał, że powiedziałem „szczur".

Weszliśmy do hotelu, wzięliśmy klucze, zaczął szperać w swojej eleganckiej walizeczce na kółkach, wyciągnął brązowy przedmiot opakowany w folię, rozłożył na stole, zaczął wpierdalać, to był olbrzym, tylko olbrzym mógł mieć taką nogę. Nie kura, nie kaczka, może indyk, pomyślałem.

– Co, indyk? – spojrzałem na niego, biorąc kawałek przeznaczony dla mnie...

– Nie, olbrzym belgijski.

– Co to takiego?

– Królik. Tata hoduje w ogrodzie. Zjedliśmy trzynaście.

Poczułem, jak robi mi się słodko na języku, poszedłem do kibla, wyplułem.

– Zejdę na dół, muszę wrzucić coś konkretniejszego.

– Tak, w porzo, tak zwany duży spokój...

Potem widziałem go z daleka, po występie głaskał psa. Miłe są te wyjazdy z nim, szkoda, że tak rzadko mnie zabiera...

Tyle ma do opowiedzenia o życiu rodzinnym swoich kolegów, ostatnio opowiadał mi historię o matce niejakiego Bormana, chorującej na delirium, Borman mieszka z ojcem; przybiega babcia i mówi:

– Chodź szybko, Oleś, bo z mamą coś niedobrze.

– Bo Borman ma Aleksander, a Borman to tylko ksywa, jak był mały, w przedszkolu bawili się w faszystów i on był drugi w bandzie, kto by pomyślał, chodził do Jasia i Małgosi, a to wtedy było elitarne przedszkole, no i tak od przedszkola ma ten pseudonim. Mama w latach siedemdziesiątych to był mistrz zaradności. Miała budkę z lodami i Borman miał wysoką pozycję na podwórku, przynosił lody za darmo i mógłby być führerem, ale Jaskóła kładł go na rękę i w ogóle się nie bał, to był straceniec, bo nie miał ojca, później został słynnym bokserem, a matka jego była barmanką. Ale byliśmy przy Bormanie, matka jego wszystko umiała załatwić, miała znajomości w komisie, w Peweksie, na hali, tu kupiła, tam załatwiła i dzisiaj powiedzielibyśmy o niej bizneswoman, ale wtedy... No i nadeszły nowe czasy, a mama jakoś nie mogła się odnaleźć, bo w tamtych warunkach ona była jak łączniczka w powstaniu, a w tych nowych czasach to musiałaby być jednak kółkiem w maszynie. No i zaczęła pić, piła i karmiła łabędzie, dzieci się powoli wyprowadziły, podorastały, i przychodzi Oleś i mówi:

– Mama, co jest?

– No, wszystko w porządku... A co u ciebie? Zjadłbyś coś, pewnie głodny jesteś...

– Nie, mamo, nie, tylko babcia mówiła, że coś nie w porządku z mamą.

– Nie, wszystko w porządku.

– I żadnych sensacji nie było?

– Nie, tylko ci kosmici.

– Jacy kosmici?

– Polecieli.

– Czyli już po wszystkim?

– Nic nie było! Całkiem miłe istoty.

– Mamo, ja bym chciał, żeby mama brała leki.

– No, biorę.

– Ale wtedy nie wolnoo piiić!

– No, jak ten sąsiad ma produkcję i ciągle coś słyszę.

– No dobrze, mamo, ja już idę, babcia zaraz przyjdzie, cieszę się, że wszystko wraca do normy.

– Ja też.

– I już nie ma kosmitów?

– Nie, już ci mówiłam, odlecieli.

– A z czego mama się tak cieszy?

– No, bo prezent zostawili.

– Jaki prezent? – Tu musiało Bormana zdziwić, bo pewnie myślał, że już wszystko w porządku.

– No, jaszczurki, nie widzisz jaszczurek!? Wszędzie tutaj siedzą.

Kariera w telewizji

To było tak, dzwonię raz do Zbyszka z Mittel, a on mi przez telefon oświadcza:

– Przyjeżdżaj, jesteś też zaproszony do programu telewizyjnego.

No to jadę, to jest z Mittel jakieś tysiąc kilometrów, nie miałem samochodu. Pojechałem z Mittel do Leibnitz, z Leibnitz był pociąg do samej Warszawy, mieliśmy się tam spotkać na Żoliborzu z Teresą, naszą producentką telewizyjną.

Więc pojechałem na Żoliborz, nikogo nie było, znajduję adres, ale nikogo nie ma, stoję, patrzę, widzę wieżowce w oddaleniu, czekam, a był to początek tego kapitalizmu, kiedy wszyscy zapominali, stoję jedną godzinę, czekam, po dwóch godzinach, zrozpaczony, wychodzę, ciemno, idę, łapię taksówkę, jadę na dworzec i myślę: sobie wypiję kawkę i przeczekam. Ale nie, tam, proszę państwa, doprawdy ludzie umierają, babcia gnije, pani śpiewa, i to wszystko hej, kolęda, kolęda. Ktoś zasnął pod barem, wynieśli go na mróz panowie z obsługi

w eleganckich czapeczkach z daszkiem, i grupa pijaczków pod przewodnictwem żulerki Małgośki pije i nieźle się bawi. Żulerka krzyczy zachrypniętym głosem:
– Panowie szlachta, chodźcie tu na schody, będziemy patrzyć na tą hołotę z góry. – I rzeczywiście, rozpijają pół litra. Co chwilę podchodzę do telefonu i albo jest zajęte, albo nikt nie podnosi słuchawki, naraz słyszę w słuchawce dziwny głos: „Wracaj, skąd wróciłeś".

Na dworcu pani gnije, dżanki podchodzą zaropiałe i straszą tymi ranami, smrodem atakują ludzi... Nie wiem, co powiedzieć, ale kontrast z Leibnitz był duży i przypominało to Indie, tylko że akurat było niewinne minus cztery...

Przyjeżdżam na Żoliborz, otwiera mi Teresa, fajnie, robi herbatę, jest zasępiona, musi rozwiązać tysiąc trzysta spraw, w końcu ona jest producentem tego programu.

Teresa to dziwne połączenie pragmatycznej producentki i szalonej dziewczyny, chłopak jej też miły, uśmiechnięty, jest to duża odmiana po neurotycznym Ekhardzie. Zaczynamy od wydzielenia sobie zadań, niestety, nie przyjechałem z gotowym scenariuszem, muszę to nadrobić.

Kiedy wszyscy postanowili w Polsce robić pieniądze, bardzo mi imponował jej idealizm, mało tego, niezwykła zdolność do upalenia i pracowania zarazem, tylko ten szlafrok.

Nasze spotkania, bo przyjeżdżałem w odstępach miesięcznych, z wolna nabierały coraz to nowej jakości, raz byłem ganiony, raz chwalony, ale jedno pozostawało bez zmian, mianowicie byłem nauczany, bo Teresa była niezmiernie wierząca i trosk miała tyle, że trudno jej było odmówić racji; kraj dźwigał się z trudem z zapaści gospodarczej, wkraczał głupi konsumpcjonizm, skończyły się czasy rewolucji, emocji, walki, koncepcji emigracji, teraz każdy chciał się dorobić, jeszcze nie wiedziałem, że ciąg dalszy polskiego turbokapitalizmu dla niektórych moich znajomych zakończy się tragicznie.

Teresa widziała jedno rozwiązanie: odnaleźć Boga Żywego – w tym samym czasie oszalał nasz przyjaciel jeden i drugi. Jeden, czyli Czesław. Oszalał, odmówił dalszej współpracy i wstąpił do sekty religijnej. Z czasem Teresa jest coraz bardziej zmęczona, otwiera mi w szlafroku, coraz to jakaś opcja wygrywa, muszę przyznać jej rację, wiele jej proroctw się spełniło.

Dalej jednak produkowała filmy dokumentalne. Kręciliśmy, potem było zebranie produkcyjne. Teresa oczywiście mówiła najwięcej. Jeśli cokolwiek było nie po jej myśli, przerywała i stwierdzała z zastygłą miną: „Panowie, ktoś tutaj ściąga energię".

Wszyscy patrzyli po sobie. Wobec takiego zarzutu każdy czuł, jakby ściągał rzeczywiście energię. Wychodziłem z tych spotkań wypompowany – na pewno ktoś ściągał energię. Czułem, że parę milibarów zakorbił ten ktoś, myślę, że Teresa to robiła.

Szpieg

Szedłem Marszałkowską, następnego dnia miałem wyjechać, bo przyjeżdżała narzeczona do Mariusza, na Dworzec Centralny kupić sobie bilet. Gdzieś w tych korytarzykach, które prowadzą do dworca, spotkam mojego dawnego kumpla z Trójmiasta Arka Całuska, zapalonego wegetarianina.

– Cześć, Wolek, co tu robisz?

On jest trochę starszy ode mnie, no więc chcę mu zaimponować i mówię od niechcenia.

– Piszę scenariusz.

– No proszę, kto by pomyślał.

Kiedyś Całusek chciał mnie uczynić swoim sekretarzem, gońcem, powiernikiem. I teraz wyczuwam w jego głosie ukryty żal. I ten koktajl zawiściowo-zazdrościowy. Ale tylko powierzchownie, bo to naprawdę dobry człowiek, który nie je mięsa, był w Indiach.

– A ty co tu robisz?

– Wiesz, ja chodzę do szkoły zarządzania i kształtowania potrzeb rynku. Właśnie wracam do Gdańska. Przyszedłem kupić sobie bilet. Mam jeszcze dwie godziny, poczekasz ze mną?

– No, bo ja jutro jadę.

– Chodź gdzieś, pójdziemy na kawę.

Szliśmy tymi korytarzami, pierwszy raz byłem tu w latach siedemdziesiątych, kiedy przyjechaliśmy z tatą na pogrzeb wujka, poszedłem do ubikacji pod ziemią i wychodząc, zapiąłem rozporek, a taki pan powiedział: „Takie coś robi się na dole". Miał rację, przecież to jednak cmentarz, trzeba zacząć wystrzeliwać w kosmos, a nie tworzyć parki z krzyżami.

– Zakładam restaurację wegetariańską – oznajmił.

– Super.

Ależ tak, on chce urzeczywistniać ideały Śri Aurbindo. To on mi opowiadał, jak spadał kiedyś samolotem, jak pikowali, jak ich miała strącić rakieta wystrzelona, jak lecieli nad frontem iracko-irańskim.

– I co, nie poszukujesz oświecenia na stokach Himalajów?

– Wiesz, cały problem polega na tym, że jeszcze powinienem zostać, bo pracuję z takim reżyserem, ale do niego przyjeżdża dziewczyna i nie wiem, gdzie się podziać.

– Wiesz, ja mam mieszkanie, gdzie ewentualnie mógłbyś się zatrzymać, jak chcesz dłużej zostać w Warszawie. Tylko za kilka dni pojawi się tam dziewczyna. Nie zdziw się, są dwa pokoje. Ja zresztą też tam wkrótce wrócę.

Wziąłem klucze, właśnie wleczono kogoś za nogi, kto spał na dworcu, na dworze padał śnieg.

Odprowadziłem go na pociąg.

Poszedłem do tego mieszkania, było naprzeciwko Hybryd, można by ustawić aparat fotograficzny w oknie i trzaskać zdjęcia do filmu *Noc, noc*.

Pisanie szło, trzeciego dnia zachrobotał zamek, pojawiła się, nie była w moim typie, nie podobała mi się. Miała czerwone poliki.

W godzinach wieczornych księżyc wszedł w znak Koziorożca, niosąc wiele powagi i odpowiedzialności oraz możliwość załatwienia ważnych spraw. Taki był przynajmniej horoskop. Po kilku godzinach pojawił się Całusek, ja udawałem, że śpię.

– Masz? – spytał przy wejściu.

– Cicho, śpi, mam, pewnie, że mam – powiedziała i usiadła na drewnianej ławie; przewróciłem się niby na bok i mogłem ich obserwować, ona dawała mu jakieś dziwne papierki.

Rano wstałem pierwszy, Całusek też wstał, jej nie było.

– Fajne masz mieszkanie, dzięki, mogłem chodzić do Mariusza i konsultować z nim scenariusz. Nie chcesz go przypadkiem wynająć?

– Nie, potrzebuję go do... zadań specjalnych, wiesz, ta dziewczyna jest moim szpiegiem, zatrudnia się w różnych firmach i kradnie dla mnie różne rzeczy *know how*, teraz na przykład zdobyła dla mnie jadłospisy i przepisy.

– Nie najgorzej kombinujesz.

– To kolejne z moich przedsięwzięć, najważniejsze to wybrać sobie w rynku to, co się naprawdę lubi, a ja, jak wiesz, zawsze byłem wegetarianinem, dlatego zakładam restaurację wegetariańską. Sieć restauracji!

Rozstaję się z Magdą

Jaki ja byłem w nich zakochany, jacy wspaniali oni mi się wydawali! Nie, oni byli wspaniali, cudowni młodzi ludzie, uzdolnieni, idealistyczni, pełni energii.

Zamieszkałem nawet z Jegorowiczem w mieszkaniu, ale najpierw spaliśmy w hotelu w Sopocie, w opuszczonym hotelu, jego porzuciła kobieta – ja też porzuciłem. Zamieszkaliśmy razem, nawet wydawało się, że nastąpi wspaniały rozkwit możliwości, było trochę zleceń w Warszawie... Powoli podnosiłem się z mizerii, przeniosłem się do Gdańska na dobre i zamieszkałem z Jegorowiczem, mieszkaliśmy razem: on, ja i jego nowa dziewczyna Manuela.

Było wspaniale, ale gdzieś po miesiącu okazało się, że...

Gąbkę nie tak jak trzeba wycisnąłem, Jegorowicz zaczął mi tłumaczyć nauczycielskim tonem, byłem właśnie po przejściach, sprawa rozwodowa w toku, i znałem tę nawijkę; myślę, że nawet się przejąłem tym gadaniem, pomyślałem, jaki ze mnie nędznik, trzydzieści lat żyję i gąbki nie mogę wycisnąć, ale na szczęście spostrzegłem w przedpokoju naszego dużego mieszkania kałużę, która się rozlewała, szum z łazienki wskazywał, że Jegor nie zakręcił wody. Cały potok słów o uważności i innych cnotach buddyjskich, których Jegorowicz był zwolennikiem i wyznawcą, ba! – Misjonarzem – unieważnił potok rwący z łazienki.

Zadzwonił dzwonek do drzwi, to sąsiad, pan Czukcza, dzwonił.

Tak go przezywali wszyscy z podwórka, nie tylko jego, całą rodzinę, bo było czuć od nich, mieszkali w siedmioro. Czukcza i tak miał dużo odwagi, Jegorowicz przyobiecał mu kiedyś, że go powiesi jak psa. To było wtedy, gdy Jegorowicz miał fazę, przyszedł do nas Garbi, miły, niegroźny chłopaczek z Wejherowa, chciał wejść, ale Jegorowicz nawrzeszczał do domofonu, że ma się wynosić, i walnął pięścią w ścianę...

Manuela miała dwa razy dziennie zmiany nastroju, tak więc nie pozostawało nic innego, jak się wyprowadzić. Raz jadę sam do Leibnitz, aż tu niespodziewanie słyszę krzyki, a to Jegor z Manuelą wszczęli awanturę z konduktorem. Przypadkowo ich spotkałem. Tacy byli pełni temperamentu, że awanturkę sprowokowali.

Muszę przyznać, że dobrowolnie się na to wszystko zgadzałem. Bo nie ma groźniejszego uczucia niż przyjaźń, wobec przyjaciół jesteśmy bezbronni, prawdopodobnie odgrywamy wzorce rodzinne, może nawet moglibyśmy się dać zjeść, wszystko za to, żeby nie być samemu; myślę, że jest grupa hormonów odpowiedzialna za samotność, z wiekiem bycie samemu raczej nie jest tak dokuczliwe.

Opuszczaliśmy to mieszkanie, oni wyprowadzali się, ja się wyprowadziłem. Jegorowicz wymyślił, że nie będzie zabijać karaluchów, bo karaluchy są starą grupą zwierząt, starszą niż dinozaury, łapaliśmy je i wyrzucaliśmy przez okno, Jegorowicz z upodobaniem łapał ciężarne samice i mówił przy tym: „Poród, proszę pań, będzie na zewnątrz".

Było to duże mieszkanie na Zaspie, w bloku z wielkiej płyty, wynajęte od pana Lataly, byłego oficera wojsk kwatermistrzowskich. Poszedłem w sprawie mebla, który tam zostawiłem, do pani Latałowej, dała mi klucz, mieszkanie było puste, patrzę, a tam chodzi jaszczurka, jak się później dowiedziałem, pan Latała aresztował jaszczurkę.

Ale kiedy tam stałem, usłyszałem skrzeczący głosik: „Co tu jeszcze robisz?"

Jaszczurka została wynajęta do zjadania karaluchów.

Niestety, po aresztowaniu, wsadzona do kartonu, zdechła na balkonie z zimna.

Potępiony Grobówek

Mieszkałem wtedy, potępiony, w niełasce, w zawieszeniu, w dzielnicy Grobówek. Kto mnie potępiał? Sam się wyrzuciłem i sam się potępiłem, skończyły się zlecenia w telewizorze, Wałęsa przegrał wybory i wszyscy dziennikarze drżeli o swoją pozycję, zleceń nie było na reportaże z telewizji, nie było też zleceń z agencji reklamowej tej czy innej – nic... Siedziałem na dupie i gdyby nie rodzice, nie przeżyłbym.

Ale i tego nie można było nadwyrężać, leżałem, miałem popsute zęby, gorączkę, żadnych pieniędzy, żadnych widoków na pieniądze... W mieszkaniu było dziesięć stopni. A za oknem świat małych domków przypominających altany działkowiczów. Domki były jednak zamieszkałe, w szybach zapalały się magiczne oka telewizorów, świeciły niebiesko.

Trzeba było się podnieść, groziła mi śmierć z wyziębienia i głodu, podniosłem się z największym cierpieniem, jakie można sobie wyobrazić, wzułem buty i zacząłem iść nie wiadomo dokąd, doszedłem do stacji Shella, wszedłem do McDonalda, miałem ostatnie dwa złote, kupiłem kakao.

Jak to się wszystko zaczęło

Zaczęło się dziesiątego, nie wiem, dlaczego do nich poszedłem, bardzo rzadko do nich chodziłem, po naszym rozstaniu, po naszym wspólnym mieszkaniu. Przyszedłem po prostu na herbatkę, fakt, że byłem bez kasy. Jego propozycja wydawała się idealną odpowiedzią na moje potrzeby, lęki...

Dzień był praktycznie bez aspektów Księżyca, zajrzałem do tranzytów, tworzył sekstyl do Plutona, po czym wchodził w pusty bieg, przechodząc w znak Wodnika. Co mniej więcej oznacza ekscytację, niepokój, to wszystko nie wzbudziło moich podejrzeń.

Potem sprawdziłem aspekty i teraz rozumiem, co wtedy się wydarzyło, nie wiem, jak to współgrało z moim urodzeniowym, ale to było trochę małżeństwo z rozsądku, fakt, że gdzieś w tle płynął strumyk wielkiej miłości. Nie sądzę, że odwzajemnionej z takim natężeniem jak moja, ona z czasem przybierze inne znaczenie.

No, więc siedziałem i naraz jego dziewczyna Manuela: „Może Wolek?" – powiedziała pytająco. Siedzieli po ścianą, patrzyłem na nich. Jeszcze nieraz na siebie popatrzymy.

Piko siedzi na Moabicie

Pierwsze moje wizyty w Niemczech odbywały się w Składnicy Harcerskiej, tam kolej żelazna, kolejka Piko, to byli ambasadorowie Niemiec, plastikowi ludzie przyklejeni do podłoża, pełni napięcia, czekający na pociąg, zastygli w spiesznym marszu do pracy, do żony, do matki, obok kwietnik, kafelki pod dachem stacji w nowoczesnym stylu bauhausowym, przeszklona dyspozytornia i elektryczna lokomotywa z uśmiechniętym maszynistą. Wagony cysterny, niebieskie, srebrne, żółte.

Składnica mieściła się na początku Grunwaldzkiej, zdaje się w starej kamienicy na parterze, kilkaset metrów dalej w kierunku centrum Wrzeszcza była centrala rybna, kiedy byłem w wózku, karpie były w akwarium. Później mama zamykała plastikową szybę i czułem się rybą.

Na stacji pojawia się olbrzymia czarna lokomotywa. Wjeżdża, czekają tam plastikowi ludzie. Na Lichtenberg wjeżdża czarna, czarną noc wiezie, czarne dymy pruje, lecz czarną wolę niźli elektryczną. W czarną noc jadę, do przedziału wchodzi Murzyn, po angielsku mówi, że jest lekarzem z Moskwy.

Jedziemy, pochodzi on z plemienia Kisawahili, mieszanki ludności kenijskiej z Arabami, osiadłymi na wybrzeżu w Zanzibarze, potomek handlarzy kawą, cynamonem i niewolnikami.

Wojowników Mau Mau i Maj Maj.

Dzielnych Kikujów i Masajów, idących z dzidą na lwa z kłami wielkimi jak noże kosiarki.

On, wysłannik Czarnej Matki, czarnej Pani, od której pochodzą wszyscy ludzie, Czarna Matko, twój syn dziś wszedł do mojego przedziału.

Modzia – jeden,
Beli – dwa,
Tatu – trzy,
Ihne – cztery.

Lekarz z Moskwy, wysłannik pustego czarnego nieba.

Przemówił płynnie po rosyjsku. On, którego przodkowie wymyślali pismo, dzielni, pełni fantazji zdobywcy morza i pustyń, mówił do mnie językiem Puszkina, z którym był spowinowacony przez babkę Abisynkę i zdało się, jakobyśmy ulecieć mieli, lecz oto granica na drodze stanęła.

Byliśmy w Rzepinie, na pamiątkę Rzepki, żony Kołodzieja Piastem nazwanego.

Przybyli celnicy, pierwej niemieccy, którzy byli akuratni i mimo ich głośnych komend nic nie można im było zarzucić. Przybył polski wopista, niski, opasły, krągłogłowy, przemówił polskim z rosyjskimi końcówkami, zwracając się do czarnego medyka per ty. Antropologicznie był typowym laponoidem, podług zaś Kretschmera pyknikiem.

– U ciebie wiza płocha, w Moskwę nie ujedziesz – powiedział, patrząc z góry na lekarza.

A we mnie aż się zagotowało.

– To wybitny lekarz – wtrąciłem się – jak pan mógł go tak potraktować!

Lekarz wrócił od naczelnika, do którego wysłał go wopista, celnik rozpiął mundur.

– U mnie take guzy wyszli. – Obnażony wopista pokazał ramię z guzami.

– Można ubierat' – powiedział lekarz.

Tak Mesjasz rozmawia z celnikami, uzdrawia ich. Murzyn poklepał chore ramię i guzy zniknęły pod mundurem celnika. Uzdrawia.

Pociąg ruszył w kierunku Warszawy. Gwiazdy świeciły, krystaliczne powietrze styczniowe 1997. Dojechaliśmy do Poznania, ktoś się dosiadł i rozłożył siedzenia.

Położyliśmy się, ja przy oknie, on głębiej. Spojrzałem w niebo, syn czarny i syn biały nocy, matki naszej. Spytał:

– *Are you Muslim?*

A więc jednak, mój różaniec nie był dla niego bez znaczenia.

Czyim bratem jesteś? Czy wprowadzisz szariat, kiedy nastanie twoje królestwo? Czy będzie chłosta publiczna? Czy ruszymy na świętą wojnę z niewiernymi? Ale, B'wana, piłeś alkohol wczoraj! Czyli możliwa jest koegzystencja?

W Warszawie piliśmy kawę w McDonaldzie.

Rozmawialiśmy jak kupcy w drodze, którzy nie mają sobie nic do sprzedania, a jednak gwarzą o tym i owym. Odprowadziłem go na pociąg, nadjechał zielony, karbowany, w środku *żeńszczina* stała, głośno rozkazywała. I ruszył, powiózł brata mego, po którym zostały mi cztery cyfry.

* * *

Spotykamy się, widzę ich na końcu długiego korytarza. Idzie duży, to Jegorowicz, a mały to Czaszka, pojawiają się na końcu długiego korytarza i zbliżają się, idziemy rozmawiać o dużej kasie, o produkcji filmu.

Spokojnie, będziemy negocjować. Negocjujemy i idziemy do kibla, Jegorowicz syczy do mnie:

– Coś ty robił tak długo w tym twoim Leibnitz? – I: – Spokojnie, Wolek, nie stawiaj warunków, niech połkną przynętę.

Wracamy do pokoju, jesteśmy na Chełmskiej, pod oknem gwiazda filmowa, bardzo wysoki, nie sądziłem, w telewizji wydawał się taki mały, w telewizji wszyscy są oczywiście mniejsi. Wracamy, wszystko załatwione.

Siadam do pisania oferty, gdzie to zrobić? Nie mam komputera, wieczorem koncert. Biegnę na ten koncert, a to w tym samym miejscu, w którym byłem na koncercie Osjana, tylko teraz nazwali to Koton Klab, jak w Ameryce, nie?

Biegnę, omawiam kolejne, i tam była ta kobieta, która mi mieszkanie wynajęła. Widziała mnie i to ją może trochę zdenerwowało, że ja tak chodzę i tylko cześć, i jej nie adoruję, była to dobra koleżanka Kasi, miejscowej piosenkarki dżezowej. Tak praktycznie od rana były to stałe negocjacje, stałe sprawdzanie punktów dodatnich i ujemnych. I wszyscy temu jakoś ulegli, wszyscy wykazywali, jacy są świetni. I ja też chciałem taki być jak oni, bo wierzyłem, że można zarabiać pieniądze we własnym kraju, wielu się to udawało albo tylko udawali. Ja też chciałem zostać menedżerem i chciałem, żeby połknęli przynętę. Każdy, kto nęci, może zostać zanęcony, omówiłem, co miałem do omówienia, w domu nie miałem warunków do pracy, ojciec pukał mnie w plecy.

Raz stałem i rozmawiałem przez telefon w budce, naraz czuję, a tu mnie puka ktoś w plecy, i to był Wróblewski, okularki świdrowały mnie wesoło, to był znany muzyk kiedyś, teraz właściciel firmy konsultingowej, fakt, mógł tędy przechodzić, bo przecież to Sopot i środek samego Trójmiasta, na mnie czekali, aż skończę, Wiesiu i Kasia, ta wokalistka dżezowa, a on do mnie:

– To ci nie wyjdzie, jeśli nie znajdziesz oparcia w profesjonalizmie.

A Kasia to była księżna, ja ich nie chciałem urazić. I oni poszli sobie, ale i tak ich spotykaliśmy raz po raz w tłumie.

Bo my też poszliśmy na molo. W zasadzie sprawa była jasna, on złożył mi propozycję założenia biura u niego w firmie konsultingowej. Później Kasia i Wiesiu powiedzieli do mnie, bo oni znali Wróblewskiego, że jestem graczem i lisem. A co ja miałem zrobić? Jak miałem zaimponować Magdzie? Jak jej płacić alimenty, jak płacić za mieszkanie? Oni mieli lepsze układy. Łatwo im powiedzieć, jak pochodzą z dobrych, zasobnych domów, mają mieszkania własnościowe i w ogóle – ja próbowałem się znaleźć, ja musiałem.

Nie jestem cwaniakiem, który pobiera socjal w Leibnitz i wydaje go w Polsce, chciałem własną pracą zarobić na swoje utrzymanie, bo jest napisane w Piśmie Świętym: „Kto nie pracuje, niechaj nie je". Ciekaw jestem, jak oni by na moim miejscu postępowali? Dochodziłem do trzydziestki, nie miałem prawa jazdy ni skończonych studiów, to była gratka, to był fart. Tu się bierze byka za rogi, pracujesz, jesteś na tak, robisz karierę, jesteś menedżerem, jesteś OK. Nie pracujesz – znajdują cię martwym w poczekalni na stacji kolejki albo przy transformatorze, jak kradłeś kabel, trans chyba ogarnął ten kraj, bo wszystko drgnęło. Ale ja wierzę, że to ma sens – wszystko wymaga ofiar, wszystko... Przecież ten kraj dźwigał się po raz kolejny z ruin...

Marcyś wrócił i opowiada, jak było w Nowym Jorku, Wolek odnosi moralne zwycięstwo nad Trzecią Rzeszą, Marcyś został jednak ofiarą

No i wrócił mój kuzyn Marcyś z Ameryki, mówił, jak było, jak pracował u pani milionerki, jak jej podcierać musiał, ale, nie powiem, trochę siana przywiózł, kupił dom, w którym mieszkali dziadkowie, fura stoi... Mnie też się przypomniało, jak ja się w Niemczech opiekowałem umierającymi, załatwił mi tę pracę Wojtek Lopek. Siedzieliśmy z Marcysiem w kuchni mojej babci, w tej samej kuchni o niezbadanym bukiecie niewiadomego pochodzenia – wiadomego, to był cukier puder, spleśniałe deski, mocz i basta, tak to śmierdziało, nie chcę gadać o kotach, zabitych muszkach...

– A teraz jest tak: jak ktoś nie płaci komornego, to go wyrzucają, nie, wywożą, są bloki przygotowane, takie dla bezrobotnych. – Kiwa głową, pali, patrzy na mnie. Ja też nie za robotny jestem, ale on tego nie wie, chyba rozładowuje swoje napięcia. – A teraz mi wizy nie dają... Ty też się milionerem opiekowałeś?

Nie, pierwszy pacjent był kiedyś żołnierzem Wehrmachtu, nazywał się Braun Josef. Najpierw trzeba było się nim opiekować w szpitalu, potem w domu, do szpitala przychodziła żona Annelise, nie rozumiałem, o jaką analizę chodzi. Ciągle mi się myliło. Myślałem, że chodzi o analizę moczu czy jakąś inną, ale to było jej imię, oni się tak pojebanie nazywają.

Miałem miłą koleżankę, Zilka jej było na imię, raz ją pod stołem kopnąłem i zaczęło jej się wydawać, co nie powinno. Tam w tym szpitalu był taki pacjent chory na parkinsona, wyglądało, jakby tańczył, a ja z Zilką rozmawiałem o świniach, które szukają trufli, i nie poruszałem tych ich nawijek...

Przychodziła też kuzynka... Udawały dobry humor, chociaż było jasne, że dni są już policzone. Mówiły do niego: Jup...

– Jup, co to za jedzenie ci do brzucha wcieka? Co to jest, golonka czy pieczeń, Jup?

Głównym zadaniem było przeciwdziałanie odleżynom, trzeba dwa razy w ciągu godziny przewrócić pana Brauna, podetrzeć; jedzenie podawane, a raczej pompowane od razu do żołądka za pomocą plastikowej rurki, była to brązowa maź. Zadaniem naszej organizacji było umożliwienie ludziom umierania w domu.

Pana Brauna przeniesiono do domu, ale nim go przeniesiono, czytałem mu pismo „Der Stern", właśnie wtedy zaczęły się jaja z Komunistyczną Partią Chin i tę historię czytałem panu Braunowi, który, prawdę powiedziawszy, umierał, pokazywałem mu fotografię chłopca w czarnej koronie, według nauk lamów tybetańskich, ktokolwiek słyszał imię Karmapy, oświeci się w przeciągu szesnastu wcieleń.

Dlaczego mnie to wszystko interesowało? Takie były czasy, nie było internetu, lata osiemdziesiąte, kiedy zainteresowałem się buddyzmem, ale myślę, wszyscy interesowali się wtedy parapsychologią, na przykład siostra Marka, nic dziwnego, że została siostrą zakonną, przecież razem oglądaliśmy *Hair* z tymi wszystkimi wizjami, słuchaliśmy Doorsów, Beatlesów, Jethro Tull czy co tam jeszcze, Niemena, później paliliśmy itd.

Przyszła żona pana Brauna, przyszedł lekarz, stanął w drzwiach i powiedział:

– Stan pacjenta jest ciężki i musi pani wiedzieć, że jeżeli ludzie wierzą w Boga, to po śmierci się spotkają...

– Powtórzył to i poszedł. Pani Braun zwróciła się do mnie:

– Czy on musi takie rzeczy opowiadać? Jup na pewno będzie zdrowy i wróci do domu, tak jak wrócił z niewoli w pięćdziesiątym piątym. – Spojrzała na mnie.

– Mój mąż był w niewoli w Rosji.

Potem zaczęła mi wciskać do ręki banknot dziesięciomarkowy, nie chciałem wziąć, ale jak by więcej dawała... W końcu siedziałem dla pieniędzy w tym szpitalu. Wyszedłem na korytarz, tam stał pan, nawet miły; jak się dowiedział, że jestem z Polski, zaczął łamaną polszczyzną mówić, że jadł obiad z Różewiczem.

Pana Brauna przewieziono do domu i wtedy zaczęła się prawdziwa praca, nie było nikogo, do kogo można by się zwrócić, żadnej siostry Bettiny, Heidi czy Klaudii. Pan Braun charczał, warczał, było to stwardnienie rozsiane i krtań się nie domykała, dlatego też wprowadzono sondę do żołądka i za pomocą pompy wprowadzano smutną muzykę jedzenia kosmonautów, jak nazywali to pracownicy hospicjum.

Co rzucało się w oczy, to przede wszystkim ciężki niski stolik z blatem wykonanym z jakiegoś opalu czy innego półszlachetnego materiału i ciężkie nóżki standartowo à la ludowa sztuka heroiczna, na ścianie portret wilka morskiego. I to, co mówią wszyscy przestraszeni umierający, że się nie boją. Tylko schizofrenicy są w stanie się przyznać, że się boją.

No, więc pani Braun razu pewnego, kiedy tak siedziałem przy łóżku umierającego, poprosiła mnie, żebym jej wyrzucił butelki do kontenera; poszedłem uprzejmie do tego kontenera, był na sąsiedniej ulicy, a ulica dosyć długa, powoli zacząłem wrzucać butelki, a dała mi ich ze trzy torby. Wracam, a tam pan Braun leży i charczy, od dłuższego momentu pompa, którą obsługiwałem, moim zadaniem było wymienianie woreczka z pożywieniem, pompuje do brzucha pana Brauna powietrze, przyszła pielęgniarka robić zastrzyk, a tu pacjent napompowany, no bo to żarcie się skończyło... Siostra jakoś nic nie powiedziała, podnoszę kołdrę, a pan Braun ma brzuch jak krowa. I mówi do mnie, przemówił: „Pilnuj, bo inaczej pogadamy..."

Do domu musiałem przejść przez koreańską restaurację, kiedy zamykali bramę wejściową, a w Niemczech wszyscy dozorcy domu są bardzo surowi, jedynym sposobem było poproszenie rodziny Kim, bo tak się nazywali, o umożliwienie przechodzenia przez ich restaurację.

Z czasem zaprzyjaźniłem się z nimi, z tymi pięknymi ludźmi w białych szatach, ale o tym później... Prawda, Marcyś, wiem, byłeś w Njujorku, chcesz mi opowiedzieć swoje...

Marcyś poruszył się w fotelu.

– Nie, nie, tylko fajkę chciałem.

– No więc, kurde, ci Koreańczycy mili ludzie, myślałem, że to buddyści, ale nie, katolicy, naszego papieża uznają. – Żeby on se nie pomyślał czegoś – pomyślałem.

– Naszego papieża uznają? W całej Korei chyba nie...

– Nie, ci z tej restauracji. Jeden nawet mnie nauczył zdania po koreańsku.

– Powiedz.

– Adziosi dom dzium bilio dzio si jo.

– Pierdolisz... Co to znaczy?

– Wujku, kopsnij trochę kasy.

Jak nie parsknie i się śmieje, śmieje się...

– To ci powiem, co było w Nowym Jorku, mieszkałem na Greenpoincie i robiliśmy te dachy, mycie i takie prace... Siedzimy w chacie, a tam sami goście z Białegostoku, nie, później dopiero złapałem tę milionerkę, ona miała stwardnienie rozsiane.

– Wiem, to jest SM.

– SM to jest, jak baba pejczem faceta okłada, sadomasochizm, to jest SM, na tę chorobę się mówi M/s.

– M/s to jest statek, M/s Stefan Batory!

Może w Ameryce mają inaczej.

W telewizji jakaś Ameryka Południowa:

– Czemu nie leżysz w łóżku?

– Jutro wchodzę za mąż.

– Chcesz unieszczęśliwić siebie i mnie.

– Wiem, że przeżyliśmy koszmar.

– Przecież się kochamy.

– Nic się nie da zrobić – dialogował telewizor.

– Mogę przełączyć.

Na ekranie pojawili się Pikador i Maklakiewicz.

– Wiesz, jak to było – zaczął z radziecką nutą – jak wróciłem, to kupiłem ten dom i zacząłem robić interesy z Ruskimi, sprzedaliśmy wagon wódki do Kaliningradu. Po tygodniu przyjechali i mówią, że nalepki im się nie podobają i że chcą pieniądze z powrotem, przystawili pistolet do głowy mojemu najmłodszemu, i co, nie dałbyś?... Ale najgorsze, że w tydzień później przychodzę do dyrektora banku, bo z nim żeśmy ten dil, robili, a on moją żonę... Oni razem, zaraz mnie do szpitala zabrali... Nalałem do kieliszków.

– No i co, umarł ten Braun? – spytał rezolutnie.

– Nie od razu, potrwało to jeszcze trochę. Charczał i warczał, to była tchawica, która się nie domykała, i cała ślina wlewała mu się do tchawicy, prawie każda śmierć w łóżku to śmierć przez uduszenie. Nawet myślałem pewnego razu, żeby mu skrócić męki, ale nie to zwycięstwo nad Wehrmachtem w sensie moralnym, on jako żołnierz napadł mój kraj, a ja mu mogę zakręcić kroplówkę, jednak nie robię tego, wręcz przeciwnie, opiekuję się nim. I nie skracam mu męki. A może był szlachetnym żołnierzem i teraz ma troskliwą opiekę?

– Skoro jesteś taki moralny, odwołamy rezerwację... Trwa koncentracja wojsk... – dobiegło z telewizora.

Umarł, jakby czekał na mnie, wszedłem dokładnie w minucie śmierci. Przede mną pracowała dziewczyna, paliła na klatce papierosa, powiedziała: „Właśnie umarł". Podszedłem do niego i powiedziałem mu do ucha, że umarł i powinien koncentrować się na jasnym świetle nad głową.

Marcyś popatrzył na mnie dziwnie.

– No wiesz, to takie nauki tybetańskiej księgi śmierci.

– A on katolik był czy jaki?

– Katolik, zaraz weszła żona i litanię zaczęła mówić.

– Koncentracja polskich wojsk w Babilonie...

– Potem to mnie dali do takiego... W biurze hospicjum powiedzieli mi: „Jak to wytrzymasz, to wszystko wytrzymasz". I rzeczywiście, zaraz pierwszego dnia miałem wypadek, wychodzę i jak nie padało całą zimę, tak nagle jak nie zacznie padać, a ja jeszcze na piechotę muszę z kilometr iść, idę, muszę znaleźć adres, wiatr w oczy, niemoc, pod górę, ciemno, na noc szedłem.

– Nocki najgorszy syf – przerwał mi Marcyś.

– Idę dalej, patrzę, a ten facet mieszka na cmentarzu, minąłem cmentarz, stoi domek. Niewielki, jednopiętrowy, wchodzę, na drzwiach rottweiler narysowany i napisane po gestapowsku: „Tu pilnuję". Obok cała dynastia pittbull z piekła rodem i dobermany zmanipulowane genetycznie, na klatce cała ich masa wywieszona, i jak się nie rozlegnie szczęknięcie, patrzę, a tu facet z waranem na smyczy wielkim jak smok, dobiegam do drzwi, dzwonię.

Otwiera mi krótko obcięty, w okularach, w wyciągniętym swetrze, ekologiczny, ale zwarty, mocny, on mnie będzie wprowadzał, takie są reguły. „Jestem Martin". mówi, wchodzę, mieszkanie według norm miejscowych... Na ścianie zdjęcie żony grubawej z córką, dowiaduję się, że odeszła od niego.

Od samego początku jestem obserwowany i robię notatki. Pierwsze, co każe mi zrobić, to masaż stóp, muszę pamiętać, że on nie chciał, to znaczy, wyrzucił piętnastego pielęgniarza. Był to znany psychol, któremu zostało jeszcze trochę życia, żeby się zemścić za to, że go żona opuściła, i za to, że w tak młodym wieku szlag go trafił na środku boiska, kiedy właśnie mu podali piłkę, i na niego czekała żona z córką, i praca w poniedziałek w BASF, gdzie był elektrykiem.

No więc zacząłem od masażu stóp według zalecenia Martina, ale nie wiedziałem, czy on chce takiego masażu z przyciskaniem punktów, a wyglądał jak karykatura Hitlera, mój masaż był nie w porządku, następnego dnia spróbuję inaczej, nie będzie lepiej, zapisuję wszystko w notesie, mam to do dzisiaj, mogę ci pokazać, żadnej ściemy, obsługa skomplikowanego urządzenia, program komputerowy obsługi satelity chirurgiczno-położniczego, następnie trzeba było mu włożyć rękę do kubka, trzy palce. Ustawić pod kątem do telewizora. Potem była cała zabawa z przekładaniem na fotel.

Marcyś wyciągnął ajerkoniak.

– A na deser pół słoika czystej flegmy od gruźlika.

– Nalał do nowych kieliszków. – Kości grzane rzygowiną polewane. – Podszedł do lodówki, wyciągnął kurczaka w potrawce zamrożonego na kość. Zaczęliśmy jeść z jednego talerza, dzióbaliśmy widelcem. – No i potem przewoziliśmy go do łóżka, on miał taki wąsik jak Hitler, ale był malutki...

– A w ostatnim wagoniku siedzi Hitler na nocniku, zbiera skórki na pazurki – zarecytował Marcyś.

– Potem trzeba było otworzyć drzwi od szafy, bo wózek nie mógł przejechać, najpierw na lewym, potem na prawym, ale dlaczego ten Martin nie wie, czemu mu te nogi wygina, tej biednej kukiełce złośliwej, skrzywdzonej. A pozycji tego tańca jest chyba ze czterdzieści. On nie wie i nie chce wiedzieć! O co tu chodzi, o rozrywkę dla pacjentów sadystów? I podnosimy żaluzję następnego ranka, kreatura uśmiecha się, jest zadowolony.

Wtedy przejść przez klatkę pełną wściekłych psów... Moja kariera u niego nie potrwała długo, zaledwie dwa dni. Najlepsze było pożegnanie, bo do zwyczajów firmy należało, że pacjent jakby zwalniał opiekującego się nim, chciałem mu sprawić trochę radości, dlatego prosiłem go błagalnie: „Nie bądź bez serca", na jego twarzy wykwitła szczera radość, przytłumiona przez demencję, jakiej doznawał na skutek SM, czyli sado-multiplex, na które cierpiał.

Nastała wiosna, wiedziałem, że jestem zwolniony, ale miesiąc opiekowałem się pacjentem, który był jak anioł, Paul. Wziąłem go na spacer, miał taki wózek. Powiedział mi o biegach, a ja za szybki miałem nastawiony, skąd miałem wiedzieć, wiozłem go pierwszy raz, a teren był górzysty, wyjebałem go na klomb, wpadł w świeżo zasadzone kwiatki, ale ponieważ byłem jego kumplem, w ogóle się nie gniewał, w końcu razem oglądaliśmy pornole i czytałem jego poezję ekologiczną o czystości Renu... Cały czas narzekał na poprzedniego opiekuna, z nim, jak się okazało, się upijał. Przychodziły do niego laski z domu starców. Kiedy raz powiedziałem porno film, był oburzony. „To jest seksfilm! To nie jest porno!" – wrzasnął.

Kurczak objedzony do kości na talerzu.

– Ale niech ci opowiem, jak to było, przyszedł taki, Stachu żeśmy na niego mówili. I mówi, że są dziwki czarne za pięć dolarów, nie, i wsiedliśmy do sabłeju i jedziemy, czterdziesta druga, sześćdziesiąta ósma, jedziemy wszyscy podochoceni i jeden śpiewa: „Indianin spod słońca pierdoli bez końca", no nie, a drugi nadaje: „Rosjanin z Sybiru ma chuja ze żwiru". A ja im na to: „Rachu ciachu, raz do pizdy, raz do piachu". I jesteśmy na osiemdziesiątej szóstej. Mogliśmy przejść do czerwonej, ale jechaliśmy tym szybkim sabłejem, nad nami Manhattan, domy jak góry... nie... Sto dwudziesta piąta, mogliśmy tą inną drogą dojechać do czerwonej, ale nie chciało nam się. Dochodzimy na miejsce pod wskazany adres, prawie jak w tym kawale „na wosk", to było na sto trzydziestej piątej, czyli dzielnica mocno zaciemniona, głośniki na ulicy, nawet fajnie, nie... Jest fajnie, Czarny nam otwiera, że ja przepraszam, wchodzimy do takiego pokoiku, a tam czarny, który mówi po polsku: „Jak mają się zwracać do panów dziewczyny?" I wtedy wpadli ci goście, ja takich nawet najstraszniejszych snach nie widziałem. I zaczęło się, dobrze, żeśmy uszli z życiem... tylko...

– Tylko co...

– No, muszę ten test na adidasa zrobić... – Nalał sobie wódki i pociągnął zdrowo. – Dobrze, żeś okowitę przywiózł – dodał i rozpłakał się.

– Nie, przejmuj się, wszystko będzie dobrze.

– Łatwo ci mówić, nie widziałeś go, prawie dwa metry...

Uspokaja się, jesteśmy w kuchni w domu mojej babci, który kupił Marcyś po powrocie z Ameryki. Robi się ciemno. Znika otoczenie domku, znika to podwórko, miejsce kaźni kur, królików i ludzi. Marcyś po powrocie rozwiódł się. Siedzi i pali. Kupił ten dom, to jego dom, wyłącza telewizor. Idziemy do kibla. Ten kibel mnie prześladował, jak mieszkałem u babci, czarna dziura, czarna kloaka, Marcyś rzyga, w latach siedemdziesiątych pojawiła się biała muszla klozetowa, ale i tak się bałem przychodzić, któregoś popołudnia serdecznie się zesrałem i siedziałem zamknięty w pokoju, aż dzieci mnie odkryły i krzyczały: „Włodek się zesrał", a teraz Marcyś rzyga i płacze:

– Złapał mnie i mówi: „Ty będziesz Britney Spears", to było we wschodnim Harlemie i nie było miło. Jeden, ten Stachu, się powiesił, chłopaki go znaleźli następnego dnia.

Stracone pokolenie

I się zaczęło załatwianie, siedzenie godzinami i dzwonienie do klubów, wysyłanie faksów. Robiłem to u Wróblewskiego, Wróblewski właśnie rozstał się z Rabońskim, który zabrał agencję, a Wróblewski wziął fabrykę. Był wegetarianinem. Czasy były coraz cięższe dla ludzi wychowanych na micie Edwarda Stachury, w miastach zapanował kult czipów, komputerów, volkswagenów, koncernów, korporacji, przeszklonych wejść, faksów, faków i zwiększania motywacji do pracy.

Niektórzy dobrze to znosili, inni brali prozac, jeszcze inni bili swoje dzieci po kryjomu, najsłabsi popełniali samobójstwa, ale praca i tworzenie nowego społeczeństwa menedżerów, ekspertów ekonomicznych trwała nieprzerwanie; podług jednej z amerykańskich teorii wiązania pracowników przez wspólne spędzanie czasu wszyscy razem jedli wytworne chińskie i japońskie dania, na pastewny sposób przygotowane przez polskich kucharzy. Niektórzy tęsknili za serkiem topionym, za kurą, za schabowym, za barem mlecznym, za podniebieniem oparzonym ciepłym kartoflem. Wszystkim powoli zieleniała skóra od ślęczenia przed komputerem. Razem wpatrywali się jeszcze w neony Baltony i Śnieżki. Lecz nad miastem zawisł neon ubezpieczenia na życie – swojski, ale w obcych rękach PZU.

Dzwoniłem, dzwoniłem wzywałem do telefonów, wgrywałem się w sekretarki.

Ze Wróblewskiem nie było kontaktu. Jegorowicz powiedział: jak wszystko będzie w porządku, to podpisujemy umowę... Pędziliśmy na złamanie karku do Warszawy volkswagenem Wróblewskiego, który popisywał się i jechał prawie dwieście na polskiej drodze, przy takiej prędkości jakby coś się stało – to mokra plama by nie została. To szybkie jeżdżenie, słyszałem taką pogadankę w radiu, to jest kompensowanie sobie swoich niedoborów.

Siedziałem i dzień w dzień wydzwaniałem po klubach, czy nie zechcieliby Jegorowicza i jego bandu...

Trzeba wrócić do początku

Poznałem ich wszystkich w latach osiemdziesiątych – na początku jest ekspozycja, towarzyszą temu ukazaniu znaki albo, jak kto woli, ujawnienia – ujawnia się to, co jest zakryte, a kiedy poznałem Synagoga, wszystko było jeszcze zakryte. Zaprowadził mnie do niego mój przyjaciel Jegorowicz; co znaczy dla młodych ludzi przyjaźń, nie będę tłumaczył. Weszliśmy do zagraconego mieszkania, w środku siedział On, student piątego roku polonistyki. Wyglądał jak Indianin, jak Żyd, jak patriarcha. Oni w niego wpatrzeni, a najbardziej oczywiście Jegorowicz – był jego oddanym sługą, przywoził mu z Zachodu łakocie i pornografię. Jako jedyny miał paszport. Inni, jak Garbusek i Kosmatek, oddaliby za niego życie, przyjechali z prowincji, albo i nie, ale to on w nich uwierzył, on im dał akceptację – to, czego najbardziej potrzebowali, czego jeszcze nie mogli dostać od kobiet. Oni, jego wierne księżyce, on, planeta, gwiazda, ale wtedy nie wiedziałem, jak krótki jest żywot tego Układu Słonecznego... Na razie pojawiłem się w zasięgu jego działania. Grawitacja lekko mnie pociągała, ale miałem coś, co mnie ochroniło przed podróżą w tej galaktyce o świetle, dziś wiem, nieco mętnawym, nie musiałem słuchać z rozdziawioną gębą Synagoga, jeśli nawet był guru, i mógł tych młodych ludzi wiele nauczyć, jednak wiódł ich ścieżką jednookiego.

Nie była to pełna mocy lampa, byłem u niego, pamiętam, że każdy z tych chłopaczków miał przygotować rozprawę. Tematy były, jak by to opisać... akademickie, i każdy czytał. Było to jakby koło naukowe, każdy odczytywał, guru chwalił, a inni rechotali. Chwalił albo wyśmiewał.

Minęło parę tygodni i znowu znalazłem się w orbicie oddziaływania Synagoga. Jechaliśmy razem do Poznania, nie – ja jechałem do Poznania, oni do Zielonej Góry. Ja na spotkanie buddyjskie, oni na swój występ, wtedy ja też coś przeczytałem, a Synagog powiedział: „Przyjdź do mnie z tymi tekstami".

I później przychodziłem codziennie, bo jeśli jest zapotrzebowanie, wtedy coś powstaje, powstała między nami przyjaźń i wszystko bym uczynił, żeby go uchronić od losu, jaki go spotkał. Przynosiłem mu opowiadania, wiersze, a on mówił, że dobre, albo wyśmiewał. Teraz wiem, że miał rację bądź jej nie miał, ale powiedział mi coś, co noszę do dzisiaj i mogę poradzić każdemu: „Nie przejmuj się, rób swoje. Nie przejmuj się, jeśli odkryłeś, nawet niedokładnie, co jest twoim zadaniem na tej ziemi, rób swoje, nie przejmuj się. Docenią cię, nie zaraz, może po śmierci, ale zrobiłeś, co miałeś zrobić, co jest twoją misją". Moją misją było napisać parę tekstów – tyle.

I te nocne spacery z Jegorowiczem po wyjściu z zagraconego mieszkania Synagoga, kończone w barze mlecznym na dworcu – nie żebym był nostalgikiem, ale tego dworca nie ma – wszystko pokryła aluminiowa blacha i szkło.

Wtedy nie było tylu bezdomnych, tylu biednych ludzi. Teraz jest ich dziesięć razy więcej.

Więcej było tych guru rocznik 58 – wszyscy tak samo nieprzystosowani. Był Stajarski, nie jadł mięsa od początku lat siedemdziesiątych. Wsławił się performance'em i szyciem spodni w Warszawie uczennicom liceum ekonomicznego. Przedstawienie polegało na tym, że było ich dwóch, jeden kolega Stajarskiego, znęcał się nad nim przy klientce zamawiającej usługę, na przykład podnosił za włosy, potem dziewczynka opowiadała o tym z wypiekami na twarzy i przysparzała nowych ciekawskich klientek. Stajarski żyje – ale to stracone pokolenie.

W ich czasach pękło coś w socjalizmie, ale nie do końca, nie wszyscy ruszyli do walki na początku lat dziewięćdziesiątych, oni byli zawsze przeciw. Większość z nich wyjechała. Synagog złożył podanie o wizę amerykańską i to był ostatni moment, kiedy mógł się uratować. Ale wizy nie dostał – oto jeszcze jedna zbrodnia imperializmu amerykańskiego.

Synagog zapadał się w sobie, jego dziewczyna pracowała w Danii, odwiedzała go niezwykle rzadko. Pod koniec lat osiemdziesiątych, kiedy wydawał nielegalne pisemko, czuł się dobrze, ale w dziewięćdziesiątych zaczęli na niego patrzeć dziwnie. W urzędzie miasta nie chcieli mu dać ubezpieczenia, bo nie zrobił dyplomu, tylko poprzestał na piątym roku i został redaktorem dziwnej gazetki. Potem nawet dostał pracę w radiu, ale był wykończony tym czekaniem, spaniem, hipochondrią przerywaną napadami hipermanii, najczęściej, kiedy przyjeżdżała Kulfoniasta, tak ją nazywał – była to zgrabna, ba, przepiękna dziewczyna.

Pamiętam, dzwoniłem z Mittel, poprosiłem do telefonu, mówię: – Jest Zdzisław?

A Kulfoniasta:

– Jest, ale nie może podejść do telefonu.

– To ja jutro zadzwonię. – To była ta budka, z której zawsze dzwoniłem po nocach.

– To nic nie da.

– Co się dzieje, Kulfoniasta, powiedz.

– No... Nie wiem.. Chyba zwariował.

Synagog nie odzywał się od kilku tygodni.

Potem się okazało, że przeżywał oświecenie. W tym czasie Jegorowicz, Garbusek i też Kosmatek rośli w siłę. Jegorowicz dzięki kontaktom z Solidarnością dostał program w telewizji, gdzie prezentował dorobek grupy Synagoga. Garbusek rozpoczął karierę naukową i proponowano mu zostanie na uczelni. Inni akolici usamodzielniali się też – grupa plastyków, wpatrzona kiedyś w Synagoga, rozpoczęła pracę, i to gdzie? W Anglii.

Synagog został w pewnym momencie sam. Sam nie mógł wyjechać, gdzie chciał. Nie byłem przy tym, ale słuchałem nagrania ze spotkania z nim. Mówił: „Leżałem na łóżku, jakaś potężna siła zaczęła mi grzebać w brzuchu". Odrzucił cały swój dorobek, wyrzucił swoje książki, swoje filmy – swoje, nie nasze – zerwał wszystkie więzy, ale najgorsze miało przyjść za rok.

Szatan z BFG

Rzeczywistość satanistyczna powstaje na kacu. 1997, cały dzień rozmawiałem o pieniądzach, chodziłem z komórką po Warszawie i gadałem z tym i ową o zaproszeniu pewnego zespołu, o pieniądzach dla nich, umawiałem się z menedżerami, a potem poszedłem z Późnialskim, mówiłem o nagonce na sekty, co jego jako katolika dosyć oburzało, i zaproponował małpkę, na zgodę?... Powiedziałem, że nie potrzebuję, ale jak bardzo chce, to możemy, i poszliśmy. Wcześniej byliśmy u pani, która załatwiła koncert, ale nie do końca, i w zamian załatwiła drugi, i przy trzeciej albo drugiej rozmowie telefonicznej menedżerskiej powiedziała mi, że jest Żydówką. Późnialski mówił o zespole klezmerskim, że oni się podszywają, że nie są obcięci, no i potem małpka, szybka jazda samochodem, wspominał mi o swojej młodości w hotelach Sheraton, gdzie grał do kotleta, w stanie wojennym, ale w Erefenie, mówił o bizantyjskiej strukturze telewizji polskiej, potem poszliśmy się spotkać z Ewą, on, nawalony, chciał ją przytulić, Ewa uznała to za seksizm, potem poszliśmy do pracowni Obczaka, bez Późnialskiego, który nam jeszcze pokazał Gnojną Górę na Starym Mieście i mówił, że się kładł i staczał z tej góry, jak był młodszy, i wymiotował, był tam też grafik Starowicz, opowiadał o wizycie w Stanach i że podczas powrotu trzeba uważać, gdyż jest to czas przełomu i że można obudzić się pijanym. Piliśmy, słońce zachodziło, przyszła pani wyciągać naszego rozmówcę do domu, ja pijany przekonywałem, że wszystko w porzo i żeby z nami usiadła, a wszystko przez tę małpkę z Późnialskim. języków przed Późnialskim, no i przyszli państwo Liperpowie, ja zszedłem na dół po Obudziłem się w hotelu koło Leonarda, czołowego homoseksualisty sopockiego, na Powiślu albo na Solcu, wiem że spojrzałem na niebo i wiedziałem, że szatan istnieje (jest bowiem wymysłem alkoholików bądź schizofreników), ruszyłem tedy na potępienie i nie była to taka zwykła droga, tylko droga przez mękę, droga na Golgotę (moja, łotra), była to moja ostatnia droga jako menedżera zespołów dżezowych i innych, który przyjechał do Warszawy załatwić pieniądze, wyszedłem z hotelu, na portierni obserwowali mnie dziwnie, czułem ich szpiegowskie spojrzenia, przemknąłem się jednak na potępienie, na mękę wieczystą, pod górę niosąc na sobie siebie samego, szedłem przecież z Powiśla do Śródmieścia, zadzwonił telefon komórkowy, uprzytomniając mi, że dzisiaj zmiłowania nie będzie, zatelefonowałem do BFG, musiałem się przebić przez serię czarlestonów, fokstrotów, rag i tang, nim wreszcie połączyłem się z kimś, kto chciał rozmawiać z moją echosondą, mój nadwyrężony mózg pracował sobie znanym życiem, włączając się podług rytmu wyznaczanego przez rozkład kwasu octowego w moich tkankach. Mój rozmówca, pan Lisek, zachęcił do napisania projektu, znałem ja los tych projektów wyrzucanych do kosza, zaproponowałem wizytę, on powiedział „dobrze” i chciał wymienić jakiś odległy termin, ale go ubiegłem, mówiąc, że dzisiaj wyjeżdżam. On na to: „To niech pan do nas do Wilanowa przyjedzie”, od razu wyczułem podstęp, ale jak gdyby nigdy nic poprosiłem o adres i zaraz wsiadam do taksówki, z tej Woli ruszam czy Ochoty, bo w radiu byłem czy jakiejś agencji. Jedziemy do Wilanowa, a chmury wiszą jak w najgorszej okupacyjnej opowieści, ale tak trochę po królewsku do Wilanowa jadę rozmawiać o ważnych sprawach z panami poważnymi.

Wysiadłem – meczet z zieloną swastyką namalowaną przez jakiś grafiterów o orientacji nieznanej. Wiedziałem, że robię błąd, ale postąpiłem parę kroków i poczułem się we władaniu przyjemnej siły, w drzwiach przywitała mnie pani sekretarka, wprowadziła do wnętrza niewielkiej willi, przeprowadziła przez piwnicę. Od wyjścia z taksówki wiedziałem i czułem, że jestem we władaniu mocy nieczystych, szedłem ku przodowi, alem się oddalał, im szybciej coś chciałem powiedzieć, tym wolniej z mych ust się to dobywało. Posadzono mnie w pokoju, w którym mogłem sobie zrobić coś do picia, ledwo przyrządziłem napój kapitalistyczny o nazwie kawa z cytryną i wymieniłem kilka wstępnych zdawkowych zdań typowych dla menedżerów, o błogosławionej grupie docelowej, głębokości rynku, popycie, o naszym dilu, o prawach autorskich i o ewentualnej umowie, i nawet tego pana polubiłem...

Gdy wszedł (ale tak jakby wychodził) on, Nachak – niewielki (Wielki Pan) o, rzekłbym, haczykowatym nosie, przywitał się, patrząc przeze mnie. Usiadł i przemówił, lecz nie mówił on normalnie, mówił od tyłu, tak miał przygotowane słowa, że mówił jakieś bzdury, na przykład „tful", a ja słyszałem „luft", mówił świetnie nieobecny, bez związku z człowieczeństwem, precyzyjny jak komputer, jednak jego pojemność nie była wystarczająca, nie zrozumiał albo zrozumiał opacznie, nie tak, jak chciałem, była to strata dla obu przedsiębiorstw, czyżby moce zła były przeciw.

Tego nie chciał i nie mógł pewnie zrobić... Pamiętam tylko jedną z metafor, której użył: „My jesteśmy wielki krążownik, a wy mała łódka (akdół)", wszystko zabarwione tembrem amerykańskiego rolowania słów (wółs).

Ale za czy przeciw?... Tego nie dowiedziałem się, bo czym prędzej opuściłem to przeklęte miasto, które przywiodło tylu ludzi do zguby. W pociągu zadzwoniła moja matka, pytając, czy czegoś mi nie trzeba, powiedziałem, że mam się dobrze. Spadł deszcz i widać było tęczę.

Przyszli

Przyszli po mnie – nie nie, spokojnie. Ja poprzedniego dnia coś czułem. Marek, przez którego wszystko szło, jakoś dziwnie się uśmiechał. Nie, też nie, znowu zacząłem się zacinać, zauważyłem, że mam do krwi poobgryzane paznokcie. Czułem, jak się żegnaliśmy, że oni mają coś na sumieniu – byli za mili. Kiedy przedtem kłócili się o telefon do zegarynki – raz tak zrobiłem, bo po prostu przestał działać mi zegarek w komórce. Komórka wydzwaniała, przychodziły esemesy – do parku nie mogłem pójść, co chwilę dzwoniło, burczało i dzwoniło.

I czym my się zajmowaliśmy – muzyka do filmu, produkcja płyt, sprowadzanie komputerów z zagranicy – to były właśnie „te" komputery, trasy koncertowe, brakowało jeszcze występów Mazowsza, a klip też kręciliśmy. Jegorowicz wymyślił, że mam wystąpić w klipie i żebym ogolił głowę, bo będę wyglądał brutalnie, wtedy byłem, że się tak wyrażę z Borowskiego, zlagrowany i oczy moje jak kasa fiskalna digitalna przecwelona, przeciągnięta, byłem zagoniony w piętkę, byłem zaogniony i byłem zaginiony, okej, ogoliłem głowę, wyglądałem jak idiota, nakręciliśmy ten klip. Film miał premierę, a w ogólności to był finansowany z szemranej kasy, ci goście od Jednorękiego przelali i założyli stowarzyszenie filmowe. Jak tańczyli Jegorowicz i Czaka wokół tego Jednorękiego, zresztą nie tylko oni, plejada gwiazd z Warszawy przyjeżdżała na seanse alkoholowo-kokosowe do Sopotu, miasta ludzi z klasą.

A jak nie, to prosimy dębowy garnitur dla pana albo betonowe butki – przecież niejeden stoi na baczność w Zatoce Gdańskiej, najgłębsze miejsce, sto sześćdziesiąt pięć metrów, znajduje się dwadzieścia kilometrów od brzegu.

I te eksplozje ambicji, Wróblewski, który nigdy nie miał czasu dla mnie, kiedy usłyszał, że trzeba przygotować plakat, a że nie miał czasu, plakat zrobił na dzień przed imprezą, tak więc nie było go sensu wieszać – tak nabzdyczonych i pokrętnych, nieszczerych ludzi nie było i nie będzie. A to wszystko zostało zaprogramowane wcześniej, dziesiątego stycznia, kiedy powiedziałem „tak", kiedy Wenus weszła w znak Koziorożca, Księżyc miał pusty bieg i sekstyl z Plutonem musiał tworzyć negatywny aspekt. Nigdzie jednak na świecie nie można było zarobić tak szybko i w tak krótkim czasie, chyba w Rosji – ale oni nie żyli za długo – u nas przy niewielkiej dozie szczęścia żyło się, i to jeszcze jak się żyło.

W drodze do pracy spotkałem panią od polskiego. Do tego nikomu niepotrzebnego pokoju, który Wróblewski wynajął, żebym nie siedział u niego w biurze, żeby mi pokazywać billingi, żeby pokazać, jaki on jest potężny. Pani od polskiego wcale specjalnie się nie zestarzała. Ja byłem nieotwarty, ona może była rozdrażniona, że nie rzucam się jej na szyję, dziwnie zapytała:

– Spoważniałeś chociaż trochę?

– Nie nie, nic a nic – wykrztusiłem z siebie, znowu się jej udało wywołać u mnie jąkanie.

– Widziałam cię w telewizji w tym nieprofesjonalnym teledysku.

Tu mnie naprawdę rozwścieczyła, ja się katuję, a ona to wszystko nazywa nieprofesjonalnym.

Poszła sobie, myślę, że najlepsza zemsta to nie zabijać, tylko po prostu nie rozmawiać. Potem z tego stresu wypiłem z elektrykiem piwo, z tym niedojdą, który nad ranem wykręcił korki i spowodował wymazanie ponad dwóch tygodni pracy na komputerze.

Zawsze się przypierdalali, kiedy byłem tym pierdolonym menedżerem, jak wyglądam. Miałem chodzić w marynarce, pomimo że nie płacili. Wszystko pożerała firma, czyli spółka. Myślę, że za wszystko odpowiedzialna była kwadratura Wenus do Saturna. Ja miałem być odpierdolony. Rozumiem ich walkę o kasę, szczurze oczka nie mogły znieść widoku kogoś, kto chciałby trochę normalnie, po ludzku. Sam byłem szczurem w ich stadzie, robiłem, co mi kazali, i teraz nie powinienem się z hipisowska przypierdalać. Kiedy się wprowadziliśmy do falowca, był początek lat siedemdziesiątych, to chłopaki chodzili w trampkach, w tenisówkach, w pepegach, niektórzy mieli traktory do kopania – jedno kopnięcie i musiałeś leżeć, i łzy stawały ci same w oczach, albo wojna na worki, takimi narciarami w ucho zaliczyłeś – jak nic karetka przyjeżdżała, a napastnik straszony wyrzuceniem ze szkoły, policją i poprawczakiem, kończyło się zazwyczaj na obniżeniu stopnia ze sprawowania. Komunia – wiadomo – lakierki.

Ale ja miałem półbuty i od razu wywołałem szyderstwo jednego z braci Konkieli, zaczął pokazywać palcem i wołać przeciągle: „Babskie buty, babskie buuty, babskie buuty..." I czego się później dowiedziałem? Jakiś facet zatrzymał windę między piętrami i wsadził mu penisa w usta. Opowiadał mi jego brat. To była sprawiedliwa kara. Ale Jegorowicz utrzymywał, że pani od chemii zmarła na raka, bo mu nie postawiła piątki. W sumie mieli rację, wzywany byłem na przesłuchania do urzędu skarbowego, spotykałem się z oficjelami, musiałem przestać chodzić w polarze i zacząć w garniturze, budziłem się o świcie mokry.

Jak Wolek zdobył pieniądze

Trygon Wenus do Marsa – Wolek i właścicielka mieszkania jadą samochodem.

Ona przyjechała pobrać opłatę za mieszkanie, miała się spotkać z byłym mężem we Wrzeszczu. On należał do tych chłopaków, którym się udało, którzy na przemianie zyskali. Zabrała mnie ze sobą, była to dobra okazja, żeby zafundować sobie darmową terapię, pojechać szybko jej passatem do Gdańska. Była uznanym psychoanalitykiem.

– I jak myślisz, co jest ze mną?

– Tobie mama dała za dużo miłości.

Tu trafiła w dziesiątkę, tak, i teraz błądzę jak potępiony, i szukam czegoś, czego dostać nie mogę, bo tylko matka dała mi „to, wypaczając mnie na całe życie.

Dojechaliśmy do Wrzeszcza, zaparkowaliśmy na parkingu, tam był jej mąż Arek, znałem go, ale przelotnie. Ona toczyła z nim boje rozwodowe od lat. Staliśmy, on zapytał, jak leci, powiedziałem, żem piekielnie zajęty, bo szukam pieniędzy na płytę Jegorowicza. I wtedy on powiedział:

– To może porozmawiamy u mnie w biurze.

Jej się oczy otworzyły bardziej i powiedziała do mnie:

– Ty śledziu...

Jeszcze nie wiedziałem, że narażam się śmiertelnie, wsiadłem do jego mercedesa. Pojechaliśmy do biura, gdzie olśniewająco piękna sekretarka wniosła kawę i wtedy wyłuszczyłem mu, o jaką sumę chodzi, jaka promocja i jaka grupa docelowa. Powiedział:

– Tak.

Złoty chłopak, super, nieważne, co o nim ludzie teraz gadają. Tacy ludzie są dumą i solą kapitalizmu. Ale ona wymówiła mi błyskawicznie mieszkanie. W przeciągu tygodnia znalazłem się praktycznie na ulicy.

W firmie napięcia, wszyscy intrygowali, szczególnie ci, których w przeszłości źle potraktował Jegorowicz. Zakulisowo rozpowiadali, że nie nadaję się do tej funkcji i że jakiś nie taki. Jak jest zdobycz, to wszyscy się rzucają. Jak w tym przysłowiu: „Jest jezioro, to łabędzie przylecą". To była kość i psy warczały.

Gruba kasa powoli, bez monitów, została nam przyobiecana i dokonałem tego ja – nikt inny – przypadkiem, po wariacku, i to jest owa różnica pomiędzy profesjonalizmem a romantyzmem. Profesjonalizm to ochrona przed rozpasanym egoizmem, redukcja egoizmu do potrzeb przedsięwzięcia – profesjonalizm jest szlachetny, ale nudny. Romantyzm jest niebezpieczny i przygodowy. Profesjonalista od razu kazałby sobie zapłacić prowizję – wpłacić na konto, które by kontrolował, a ja jak prosiaczek, który zaufał Misiowi Puchatkowi, pobiegłem, przyniosłem do firmy, wpłaciłem na firmowe konto. Niewielkie wydawnictwo, które drukowało bibułę, później zlecenia rządowe, i poszło.

Mokry z przejęcia jak szczur, biegałem szczęśliwy, załatwiałem koncerty i wydawało mi się przez miesiąc, że wszystko jest w porządku, nawet ja znalazłem swoje miejsce na ziemi, swoje zadanie. Magda w tym czasie dostawała spore pieniądze od Truskolaskiego, którego nawet widziałem na ulicy, ale nie chciałem do niego podchodzić. Dzieci odwiedzałem raz w miesiącu, płaciłem niewielkie alimenty. Magda studiowała, ja to wszystko zrobiłem, żeby jej zaimponować, żeby zarobić pieniądze na moje kochane wspaniałe istotki, które wyciągały do mnie ręce i mówiły: „Tatusiu..."

Jacuś, Wacuś i Tola.

No właśnie... Te pieniądze były załatwione, ale cały czas ich nie było, wszyscy się niecierpliwią, plakaty są wydrukowane, mało tego, bilbordy, a pieniędzy nie ma. Bezczelny Wróblewski tłumaczy mi, że on tyle ładuje w spółkę, że powinniśmy na kolana przed nim. I wszystko to koszty: to, że ze mną rozmawia – koszt, biuro – koszt, firma – wszystko koszt, mało tego – jak śpi, to powinniśmy mu płacić, bo on właśnie regeneruje swój genialny umysł, śmieje się tak zaraźliwie, był w opozycji, w enzetesie i w USA, jego wiedza dotycząca reklamy jest naprawdę unikatowa, jadł LSD, nie je mięsa – super. W związku z powyższym nie dostaję pensji, pomimo że dostarczyłem spółce wiadra złota, sto tysięcy nowych złotych plus stały dopływ gotówki.

Ale to, że Wróblewski żyje, wystarczy, żeby mu płacić, bo jemu z dupy słońce świeci i jak sra, to wszyscy wyskakujemy z kaski, a jak ktoś nie ma – to może panu Wróblewskiowi laseczkę albo dupala wylizać. I jeszcze zapłacić za pożyczone pieniądze od szwagra, który te pieniądze ukradł z trzynastej emerytury swojej sparaliżowanej matki. I co? Nie mam gdzie mieszkać, nie mam kasy i odniosłem sukces. Nieźle się dobrali z Jegorowiczem. Teraz wiem, do czego byłem im potrzebny. Nie, nie o kasę chodziło, chodziło o kogoś, kto zbierze, skupi na sobie całą winę, cały podświadomy ból. Ja miałem za wszystko beknąć. Wiedzieli, że musi być ofiara jak karp na Wigilię – wszyscy przecież te karpie tak kochają w tej wannie i tak im współczują, ale to oni je właśnie kupili na rynku leżące, dyszące, na krótko darowano im życie, żeby wszyscy mogli zobaczyć je w emaliowanych wannach, jakie są piękne i żywe, ale wszyscy wiedzą, że ich los to trzepnięcie młotka i patelnia – taka mieszanina czułości i okrucieństwa. I o to chodziło.

Siedziałem sobie w pokoju, nagle dzwoni on: „O której to się do pracy przychodzi?", jest dwunasta albo pierwsza, nigdy się przecież nie umawialiśmy na jakąś godzinę, założyliśmy spółkę, przedstawicielstwo, nigdy nie zapłacili mi za moją ciężką pracę, wyrzucili, ale to samo zrobił z innymi.

Ale zacznijmy od początku, ja będę wieszał obrazy, a pani niech robi notatki, taka terapia zajęciowa, pani niech zapisuje i wszystko jest w porzo...

Jak Wolek zamieszkał w hotelu robotniczym

Tak, zamieszkałem w dawnym internacie, właśnie wprowadzano internet. Do tego internatu chodziłem na korepetycje z fizyki przed wielu laty.

Fajnych mam znajomych, z mieszkania wylatuję, bo robię interesy z byłym mężem właścicielki mieszkania. Pieniądze nie przychodziły, mieliśmy odwoływać festiwal, to znaczy wszyscy chcieli odwołać, i dzwonię rutynowo, myślałem, że się trzydziesty raz nie dodzwonię, ale nie, dodzwaniam się, mam przyjechać pod firmę.

Wstałem, w moim hotelowym pokoiku z komórki dzwoniłem niedoładowanej, pan portier się śmiał, że teraz wystarczy włożyć do kontaktu i można, a kiedyś człowiek godzinami musiał po karetkę dzwonić.

Była to szkoła, teraz przerobiono to na hotel, tu jako dziecko zgłębiałem zasady dynamiki Newtona, ruch przyspieszony jednostajnie, i jak teraz pociłem się strasznie z przejęcia. Poszedłem po ojca mego, który wtedy podwoził mnie fioletowym maluchem, teraz znowu mój ojciec elektryk miał mi pomóc, w eskorcie tak dużych pieniędzy. Sam bez eskorty – nie, musiałem wziąć ojca. I odbyło się bez zbędnych formalności, nawet nic nie musiałem kwitować.

Czemu on, Arek, to robił? Bo też potrzebował kompensacji po wielu miesiącach nudnej, żmudnej pracy.

Do biura przychodzili graficy i mówili nam o czacie, ja jeszcze nie uczestniczyłem w czymś takim, u nas w biurze nie było internetu. Telefonu nie mogłem się doprosić. Był chyba czerwiec. Którejś nocy przyjechali jacyś ludzie z Częstochowy, muzycy, i ja ich miałem przenocować, zawalił się regał, nic dziwnego, spaliśmy w tak małym pokoiku, że aż strach. Jacyś dziwni goście tam mieszkali, którzy przyprowadzali sobie takie dziewczyny z dyskoteki, tacy eleganci z krawatem w paski, metr pięćdziesiąt wzrostu.

Trygon Księżyca do Marsa, Księżyc w znaku Bliźniąt. Ciekawe, jaki był horoskop, jak tutaj męczyłem się przed laty nad zadaniami.

Ale do rzeczy, konflikt cały czas drzemał, Czaszka knuł, knuli też inni, nie wiem, czy chodziło o to, że mieli coś do Jegorowicza, czy też zazdrościli, bo zaczęło nam wychodzić. Jednak uderzenie miało przyjść z nieoczekiwanej strony.

Udało mi się raz przypadkiem podsłuchać coś w kiblu, coś mi donieśli ludzie, ja nieświadomy niczego naiwniaczek dalej brnąłem do katastrofy, zamiast zabezpieczyć się przelaniem pieniędzy na moje konto. Było tego naprawdę dużo. Nie miałem pieniędzy, byłem goły, wszystko szło na konto spółki. Pracowałem wtedy za darmo. Praktycznie nie miałem ani grosza, choć przysporzyłem naszej spółce kilkadziesiąt tysięcy dolarów.

Byłem tak wykończony wielogodzinnymi walkami z materią, z faksem, z telefonami, że powiedziałem: „Oczywiście, może będziemy przynosić zyski".

Nie wiedziałem, co mówię, teraz wiem, że kapitalista wykazuje tylko straty, płaci tylko, kiedy musi, albo i nie... Zapłaci tylko przyparty do muru.

Zaczęliśmy sprowadzać, co? Komputery.

No...

No i przyszli po mnie. Ja nie złamałem prawa, ja złamałem przepisy, po prostu jest prawo naturalne i są przepisy. Wychodzisz na balkon i grasz na trąbce o dwunastej w nocy, wszyscy powiedzieliby, że to naganne, ale ta sama czynność wykonana w sylwestra zmienia znaczenie i ja prawa naturalnego nie naruszyłem. Nie mogę o tym opowiadać, bo wyrok się jeszcze nie uprawomocnił.

Areszt był miejscem całkiem w porządku, wreszcie mogłem poczytać książkę, wsadzili mnie do celi z wegetarianinem, pozwolili gotować. To oni, Jegorowicz ze Wróblewskim, mnie w to wrobili, jeśli kogoś nienawidzę, to ich, ale po chwili przypominam sobie o ćwiczeniach oddechowych i powoli mi przechodzi ta nienawiść. Gdyby nie to ich chciejstwo i pazerność, to byśmy sobie spokojnie prosperowali, i to jeszcze jak, ale o czym tu mówić, jak w Polsce ściema jest normą, wszyscy oszukują, za przeproszeniem, nie będę pokazywał palcem tego czy tamtego, ale jeśli nawet psycholog, ksiądz czy nauczyciel są nieuczciwi – to politycy tym bardziej. Poszedłem do tak zwanego wychowawcy i powiedziałem: „Jestem vatowcem, proszę mnie posadzić z kimś, z kim nie będę miał konfliktu".

I póki siedziałem z tym krisznowcem, wszystko było w porządku. Zaczęły jednak przychodzić listy z domu, moje dzieci się mnie domagały. Przypomniałem sobie o tych papierach z czasów, kiedy unikałem służby wojskowej, i że mam wpis „trwale niezdolny do służby wojskowej, kat. E", § 71 z jakiegoś tam dziennika ustaw ustęp jakiś tam. Byłem na widzeniu, przyszedł ojciec i pyta: „Jak ci tutaj?" Podał mi paczkę. Z kanapkami. Oczywiście z pasztetową i szynką, ale pomarańcze też były.

Ja mu mówię, że trzeba mnie stąd wyciągnąć. A on, że mecenas powiedział, że jedyna droga to będzie zwolnienie zdrowotne, bo się mają przepisy zaostrzyć i nie mam raczej szans na zawiasy. I tak ten areszt to sanatorium w porównaniu ze szpitalem.

Jak mnie odbierali na przepustkę, to jeden chłopaczek wstał i zaczął śpiewać *Jeszcze Polska nie zginęła*. Miły człowieczek, pomagał mi wstawać do łazienki, bo mi takie przywalili neuroleptyki, że dziękuję.

Byłem na takich psychotropach, że zasypiałem na ławce i ślina mi z gęby leciała.

Pani doktor się dziwiła i mówiła, że to tak, jakby znieczulać już znieczulone, ale to pewnie była cena wyciągnięcia mnie z aresztu, bo jak miałem być świrem, to musiałem wyglądać jak świr.

Z cieknącą śliną, pod eskortą kuzyna Marcysia, co go puknęli w Harlemie. Wyjeżdżaliśmy, nawet się nie denerwowałem na granicy, jak sprawdzali paszporty, bo ja nie mogłem opuszczać kraju, to byli ci sami celnicy, ci sami wopiści, i nie sprawdzali dokładnie.

Ale za granicą zaznaczył się negatywny wpływ Księżyca wchodzącego do Panny przy niekorzystnej kwadraturze do Plutona. Następnego dnia był nów i częściowe zaćmienie słońca, bo właśnie przestały działać resztki środków ze szpitala i dotarło do mnie, co się właściwie jest. Że ci goście siedzą tam, śmieją się ze mnie i liczą kasę, którą ja, co prawda psim swędem, ale jednak wyciągnąłem tygrysowi z gardła i przyniosłem im na złotym talerzu. I że to oni mnie wjebali w ten areszt, i że przez nich straciłem wszystko, nawet szacunek do siebie. Spędziłem trzy miechy w areszcie i miesiąc w szpitalu dla najciężej chorych umysłowo w tym kraju.

Sauberberg – karmiczna rekompensata

Leżę pod nią po *midlife crisis*, rozstałem się z dawnym życiem, ale ciągle to ta sama zupa, leżę pod nią i nie mogę dojść, wszystko przez te cholerne prezerwatywy, ona władczo nade mną, ściąga mi prezerwatywę Billy Boy aromatyzowaną, nie mówię, poczułem ulgę, ale będę tego żałował. I wtedy się zaczęło, ja byłem z Polski, trzeba mnie było reedukować. A tak to się pięknie zaczynało, uwiodłem ją nie bez jej oporu w dwa wieczory, nie mówię, że mi to zawsze łatwo przychodziło, był sierpień, nadchodziły letnie burze, gorąc taki, że nic, tylko we wkładanego się zabawić.

Pierwsze, co postanowiła, to mnie ostrzyc, nie podobały jej się moje włosy, miałem do ramion, opierałem się, ale chciałem jej zrobić przyjemność, potem chodziliśmy na spacery, mijaliśmy kogoś, a ona mówiła:

– Z tym byłam i z tym byłam trzy miesiące, i z tym byłam, jak byłam w FDJ – mówiła, wskazując na kolejnych przechodniów. – I z tym byłam – wskazywała na kolejnego – i z tym byłam – opowiadała mi, jak pieprzyli się podczas jakichś socjalistycznych obrzędów pasowania na obywatela, szliśmy dalej, a ona mówiła: – Z tym byłam dwa tygodnie. – Wchodziliśmy do klatki schodowej, jakiś koleś mówił jej cześć, uśmiechając się od ucha do ucha.

– A ten co to za jeden?

– Aaaa, z tym byłam w zeszłym roku.

Włączyłem telewizor, MTV, grał Ramstein.

– Z basistą byłam trzy miesiące – dodała tak od niechcenia.

– A AIDS?!

– AIDS?

Nie zrozumiała mnie, tak jakbym powiedział „chrząszcz brzmi w trzcinie".

– AIDS – powtórzyłem.

– To amerykańska propaganda.

Myślałem, że żartuje.

Ale wieczorem zapytałem, czy robiła sobie test, a ona:

– Po co? – Czytała o takich ludziach, którzy taki test sobie zrobili i zaraz po tym, jak się dowiedzieli, jakie są wyniki, umarli.

Byłem ciężko, nieuleczalnie chory.

Postanowiłem nie wracać do tego tematu. Śpiewaliśmy przeboje naszego dzieciństwa w NRD i w Polsce, były te same, *Lady Dabandy* Cata Stevensa, *Moon-light Shadow* Oldfielda, *Honey, Honey* Abby, *Somebody ooo, Somebody ooo* i przebój, którego ona nie znała, *Abra abra kadabra*, usłyszałem to w radiu w samochodzie, jak wracaliśmy znad jeziora, i to było déjà vu albo coś w tym stylu, wiedziałem, że przekroczyłem Rubikon. Włączałem telewizor, ona brała się do obcinania resztek tego, co mi jeszcze na głowie zostało, w telewizji grał Ramstein, a ona, przekrzykując odgłos golarki:

– I z tym byłam jakiś czas.

– Wiem, mówiłaś mi.

Potem było sprzątanie i wspominki z NRD, obóz pionierów na Rugii, byliśmy u niej w mieszkaniu na Sauberbergu, czyli w dawnym NRD, moim zadaniem było ustawianie umytych szklanek.

Pieprzyliśmy się dosyć ostro, ba! schudłem parę kilo i... *I Got You, Baby*... Kiedy już byłem zreedukowany, stawiałem szklanki prosto i na głowie nie miałem ani jednego włosa, wtedy przestał mi stawać. Zaczął się lament, perfidne podawanie mi afrodyzjaków (papierosy z dammeną niby na odzwyczajenie od palenia, sałatka z guarany), pomagały na krótko; załatwiła mnie po dwóch tygodniach znajomości, czyli na samym początku, oświadczając mi, że opóźnia się okres, wtedy zobaczyłem emerytowanego generała enerdowskiego, który był i jest idealistą i budował przecież mur z przekonania, jak niańczy moje dziecko. Zrobiło mi się słabo, oblał mnie zimny pot, a potem, dziecko może urodzić się nie w pełni zdrowe. Ani ona, ani ja nie jesteśmy przecież najmłodsi – myślałem, i wtedy wykrztusiłem z siebie oświadczenie, bo ona patrzyła na mnie tymi błękitnymi oczyma wyczekująco i pewnie mając z góry przygotowaną strategię.

Oświadczenie brzmiało, że jeżeli jesteśmy w ciąży, to trzeba to dziecko urodzić. Wtedy ona mnie pokochała, a ja przestałem jej pożądać. Spostrzegłem, że nigdy się nie dogadamy i minęło pierwsze zadurzenie. Wtedy trzeba było zrobić test na AIDS i odejść, wrócić do mojej starej dziewczyny, która to wróciła z trenerem siatkówki z Teneryfy. Ona oczywiście okresu dostała.

Na koniec postanowiła ogolić mi owłosienie łonowe, to miał być nasz ostatni wieczór. Przed jej domem była restauracja, kiedy wchodziłem z nią, tuż przy wejściu siedziało trzech gości, jeden z nich puszczał do mnie oko, co miało prawdopodobnie oznaczać: „Oj, będzie ruchanko". Spakowałem swoje rzeczy, ona wyciągnęła z etui golarkę, rozpięła mi rozporek, energicznie zabierawszy się do roboty, ściągnęła spodnie, zaczęła pracę tym swoim philipsem, szybko, sprawnie, na genitaliach nie miałem ani jednego włosa, zapiąłem spodnie i powiedziałem: „Helga! *O cara mia donna*, idę".

Dopiero wtedy wściekłość ją ogarnęła, chwyciła jakiś przedmiot, który poleciał nade mną, wybiegłem na klatkę schodową, zbiegłem, wyszedłem przed dom i wtedy obok mnie poleciał mokry ręcznik. A tam siedzieli ci goście, spojrzałem w ich stronę i żaden się nie śmiał.

Byłem ciężko chory. Przy pobieraniu krwi wydałem odgłos zarzynanego barana, spadł wacik do dezynfekcji, podniosłem go ja... Nie pielęgniarka, mało co nie nadziałem się na strzykawkę, wszystko, żeby uchronić panią przed zarażeniem. – Ja ciągle myślę o innych.

Skok nieudany – ręka w gipsie...

Szedłem plażą z Sopotu do Gdańska, miałem wtedy mieszkanie w Leibnitz, rozstałem się z Gdańskiem, pomyślałem: nic się w moim życiu nie dzieje, nie wiem, czy diabeł morski słyszał moją myśl, ale powtórzyłem ją kilkakrotnie, poszedłem do ośrodka buddyjskiego w Jelitkowie, przychodzę, właśnie skończyła się medytacja, na ziemi siedzi... Siedzi Ola!!!

– Co tu robisz? – pytam ją, a ona:

– Wiesz, byłam w Stanach, ale mnie deportowali przez mojego męża Greka, bo się mścił. – Poszliśmy nad morze, koło Mariny.

– Będę się mogła u ciebie zatrzymać trzy tygodnie?

– Ależ oczywiście – powiedziałem.

Zamieszkała, od pierwszego dnia zaczęła się zabawa w poczucie winy. Ale ja, zaprawiony w bojach z córką generała, wiedziałem, że nie można ustępować nawet na krok.

– Niee maa śmietanki doo kaawy – zajęczała sopranikiem, przeciągając samogłoski.

– To idź, kup!

Miałem spokój na kilka dni, zabierałem ją do tureckiego fast foodu, a ona mówiła:

– To taki bar mleczny – oznajmiała z ukrytą pretensją.

– Nie smakuje ci?

– Smakuje – mówiła po chwili w tonacji koloraturowej.

Na szczęście koledzy wyjechali, kolega Rosół udał się do Warszawy. W okolicy kręcił się Pepik. Nie chciałem przed nią nic ukrywać, chodziłem wtedy do innej dziewczyny, właśnie skończyłem z córką generała. Pepik dostał zajęcie.

Rosół zamieszkał w Warszawie po szalonym lecie spędzonym na imprezach, a ja mu pilnie towarzyszyłem. Raz przyjechali do niego przyjaciele z Warszawy, cała pielgrzymka, oczywiście buddyści. Wciągnęli mnie do samochodu i pojechałem, obok mnie kierowca milioner. Dojechaliśmy nad ranem. Na polu namiotowym rozbiliśmy namiot. Rozpoczęły się wykłady buddyjskie, ceremonie.

– Właśnie – mówią do mnie, pójdziesz z nami, znasz język, będziesz negocjował. – Idę, ale nie wiem, co mam negocjować. Chodzi o skoki. Idziemy do tych skoczków, to wszystko jest na terenie obozu skautów, tu organizuje się wyjazdy dla młodzieży. Buddyści to wynajęli.

Rozpoczynam negocjacje dosyć sprawnie, spuszczam cenę o połowę, wtedy ten facet kopie mnie w but i mówi: „Tobie też zafundujemy". Ja oczywiście uśmiecham się, że się zgadzam, i wtedy adrenalina skacze, paraliżuje mnie.

Idę do kibla, myślałem, że to bajki, ale naprawdę tak to jest, siedzę w baraczku i myślę: czy chcesz dalej prowadzić egzystencję zaszczutego zwierzęcia, dalej się bać, czas znaleźć oświecenie, i nie na stokach Himalajów, tylko we własnym sercu na dwóch tysiącach metrów... Wtedy kiszka ma stolcowa daje znak na całą okolicę, wstaję, podcieram się, muszę przyznać, że jedna rzecz mi została po Jegorowiczu, podmywam się, obojętne, czy jest ktoś w pobliżu, czy nie. J. zawsze mnie stawiał na czatach, kiedyś nas chcieli prawie pobić, że blokujemy drzwi do łazienki, ciekawe, co se pomyśleli...

Moja przyjaciółka tego dnia leci ze swoją córeczką na Teneryfę, jeśli byłbyś w samolocie, a bałbyś się wyskoczyć, to nie byłbyś teoretycznie w stanie się uratować, niepewność może zabić.

Wracam do namiotu pogodzony, jestem gotowy skoczyć jutro o świcie. Czysty i obojętny idę do namiotu, do tego milionera, co to pieniędzy nie ma i trzeba się handryczyć, i on mówi, że dziewczynom też się należy i że będziemy ciągnąć losy. Wyciągam pusty, jestem wolny. Na losie wygrywającym napisałem: „skok nieudany, chuj złamany", wyciąga go kto inny. Mija paraliż, przerażenie mija, jestem szczęśliwy i nieszczęśliwy, myślę, że zafundowali mi nieprzyjemną traumę.

A ten milioner, jak każdy człowiek mający władzę, lubił się nią rozkoszować, tak jak Michałek bramkarz na egzaminach wstępnych. Jak nauczyciele, jak wszyscy, którzy mają władzę, od razu muszą podkreślać, to właśnie cechuje niewolników, z jednej strony pewnie miał dobre intencje, a z drugiej, nie wiem, skupiał na sobie uwagę.

Idę do lasu na spacer z Rosołem i jego przyjaciółką, przewodniczącą koła buddyjskiego. Mogę teraz wieść moją przytłumioną egzystencję bez poznawania granic, bez ryzyka, czuję się bezpieczny. Ale nie, następnego dnia mamy skakać, decyduje jednak Milioner. Znowu brzuch mnie boli. Zaraz po inicjacji tłum wyznawców stoi do pobłogosławienia, Milioner i Rosół przebijają się. Ja trochę później wychodzę z namiotu, a oni odjechali.

No i nie skoczyłem...

W domu mieszkała Ola, starałem się nie bywać tam za często, Rosół rozstawał się ze swoją dziewczyną, widziałem, jak go zbiła na ulicy, jak go dusiła. Biedna, biedny, bieda. Jakoś sobie poradziła i on też. Dni mijały, Ola mieszkała u mnie, nie było to trzy tygodnie. Zażądałem pieniędzy, płaciła połowę czynszu. Pewnego razu zalała sąsiada, tego było za wiele.

Poprzedzone to było serią dziwnych snów i zdarzeń. Najpierw śniły mi się owce, całe stado na polu. Obok jechał pociąg, dymiła lokomotywa. Pytanie: „Co robią owce?" Odpowiedź: „Bawią się w pociąg".

Pomagałem sąsiadowi malować łazienkę, kupił farbę do fasad, powstało niebezpieczeństwo, że przez okno będą wlatywać gołębie, czując się jakby na zewnątrz domu, on był sprawcą całego nieszczęścia, oczywiście nieświadomym, wszyscy byli nieświadomi, to on podarował nam tę pralkę, niestety, Ola nie posłuchała mnie, że trzeba ją dać do przeglądu, i zalała sąsiada.

Wtedy przyjaźniłem się z takim wesołym towarzystwem, tam pani miała futro na przyjęciu, a ja miałem wizje mordowania misiów w sypialniach i potem robienia z nich futer.

Pomyślcie zatem:
Owce – pociąg,
Farba – gołębie,
Futro, sypialnia – *Teddy Bear*.
Śniła mi się maszynka do golenia.
Sklepowa w kitlu łysa.

Powrót do normalności

Miejsce, w którym pracuję, powiedzmy, że to jest księgarnia. Moja praca polega na sprzedawaniu książek, plakatów, płyt, jest to rodzaj enklawy w centrum pędzącego miasta. Dom należy do magistratu, który postanowił go sprzedać. Nasz sklep, miejsce, gdzie spędziłem tyle czasu, gdzie przyszła do mnie staruszka i powiedziała:

– Mój telewizor jest za cicho.

Jaki telewizor? – pomyślałem.

– Jaki telewizor? – zapytałem.

– W moim pokoju, mój telewizor – wyszeptała. W sali za sklepem była wystawa instalacji. Telewizory stały tam w ilości znacznej, coś jednak się nie zgadzało. Co? Wiek tej pani – miała lat dziewięćdziesiąt. Zacząłem intensywnie myśleć i wtedy weszła wycieczka Japończyków i zaczęła fotografować, podszedł ktoś do kontuaru i zapytał mnie o CD *Owal*, zacząłem szukać, wszystkie CD są poukładane alfabetycznie, ale mamy trzy kategorie, jedne są w komis, inne są naszą własnością, inne jeszcze inaczej są rozliczane. Ktoś mnie pyta o cenę plakatu, Ekhard dostaje szału, znowu zaczyna krzyczeć, nagle pojmuję, ona się pomyliła, naprzeciwko jest dom starców, pomyliły jej się kierunki, strony ulicy, strony świata, była całkiem siwa, biała jej cera, gdyby nie zmarszczki, to by jej nie było...

Ekhard krzyczał na cały świat, na mnie, na współpracowników, bo świat nie był jak powinien, bo mejl nie przyszedł, bo życie było bolesne, bo nie wypalił odpowiedniej dawki.

Krzyk małpki laboratoryjnej, którą przyzwyczajano przez miesiąc do THC, szukam książki telefonicznej, mam, znajduję numer hospicjum.

Wykręcam numer, Japończycy wychodzą przerażeni okrzykiem Ekharda, jest lepszy niż Tokugawa Jujitsu, przyjeżdżają po panią od pół godziny, pani pisze notę protestacyjną, że jej telewizor jest za cicho, wilczur, który tu szczeka, w ogóle jej nie przeszkadza, jest głucha i pergaminowa, żyje z przyzwyczajenia, a krzyki, które słyszy, pomagają jej się przebudzić, czemu Ekhard musi być wściekłym psem? Zastrzelić ten prototyp wściekłego psa bojowego. Chciałem go otruć, kawę czasami przynosiłem od Freda, taki Amerykanin, początkowo go lubiłem, bo w domu była półlegalna restauracja, tam kupowałem kawę i myślałem, całkiem poważnie, jak uwolnić się od tego demona. Nie ma Japończyków, Ekhard trzyma się za głowę i krzyczy: „To nie może być prawda..." Nikt nie śmie go nawet zapytać, co się stało, to wszystko nie może być prawda, wreszcie w drzwiach staje pielęgniarz i mówi:

– Pani Bohrmann, gdzie pani tu zawędrowała? – Ona ożywia się i żąda papierosa. – Tak, dam pani papierosa, tylko niech pani idzie ze mną. – Teraz chcę papierosa! – Pielęgniarz wyciąga papierosa, podaje jej, ona się zaciąga i życie wraca do niej, patrzę, po raz pierwszy przyjrzałem się jej palcom, tak, to był jedyny punkt, który nie był biały, miała potwornie żółtobrązowe palce, i wraca do niej życie, oczy się śmieją i jest już młodsza, spokojnie idzie za pielęgniarzem, bo dostała to szczęście jej jedyne, ukochane papierosy, telewizor. Nasze drzwi skrzypiące do galerii, kiedyś Ekhard stłukł szybę, nigdy, przenigdy nie miał poczucia winy, pisał do mnie i donosił wszystkim w zeszycie z uwagami: „Kto to sprząta, kto bierze za to pieniądze!!??" Ten zeszyt...

My byliśmy w podwórku ciemnym, w budynku od ulicy siedzibę miały wydawnictwa i stowarzyszenie czarnych Niemców.

Po makale. Ostatnia Miłość – Anja – dwudziesty pierwszy wiek

Motto:

„Wokół nas zacieśniała się niewidzialna zrazu siateczka, wokoło pełno śledzi, byłem dumny z siebie, rozpracowałem siatkę śledzi, ale sam czułem się śledzony, płynąc tak w ławicy śledzi i chcąc ukryć moje radzieckie pochodzenie, zachowywałem się jak śledzie, szeroko otwarłem oczy i spostrzegłem, że w istocie jestem śledziem. Baba rechotała wesoło, nie wiem, czy łaskotało ją to, że jestem śledziem, czy raczej rozbawiło."

Sowieckie kastaniety

Bardzo lubię jeździć na półwysep, ludzie tam mają fajne poczucie humoru, jadę sobie busikiem, transporterkiem, co odchodzi spod dworca w Gdyni, wszystkie dworce są straszne w Polsce nocą, ale tym razem jadę do Gdyni, wracam do Leibnitz.

I słyszę:

– A krowa to większa od świni.

A drugi mu na to:

– Pierdolisz...

Jedziemy dalej, a tu jeden mówi:

– A ty to jesteś amator barszczu...

A ten drugi mu na to:

– Świnia.

Młodzi byli i ten jeden mówi:

– Ty wszystko wiesz, fajki sępisz, stan wojenny przeżyłeś.

Polubiłem ich, chociaż nie wiem, jak wyglądają, bo wysiedli wcześniej i nie zdążyłem się im przyjrzeć, słyszałem tylko głosy.

Jak się pojawiła

Nic nadzwyczajnego, zwykła blondynka o półdługich włosach, normalne oczy, ale coś miała, mówiła to, co ja chciałem powiedzieć, odprowadziłem ją, potem zacząłem do niej pisać do Nowego Jorku, no bo tam mieszka.

Pojawiła się i jakoś tak wyszło, pojechaliśmy razem na miejsce, gdzie ja czytać miałem. Potem wyszło moje skąpstwo, Adaś zaproponował kolację u Wietnamczyka, mam ponad trzydzieści lat i chyba seksualizm zaczyna przypominać coś bardzo ludzkiego. Poczułem ukłucie w sercu, byłem nad morzem w lasku niskich sosenek, nikt przede mną nie szedł tą drogą, śnieg był świeży, serce biło mi, jakbym miał szesnaście lat. Była zachwycająca. Mówiła moje myśli, powiedziałem coś o osobowości, a ona: „Nie jesteś tym, kim myślisz". Byłem zachwycony i bezradny, ta gówniara ma rację!

Coś było w niej bardzo dojrzałego. Mordkę przeciętną, normalną jak miliony ludzi, dwoje oczu niebieskich, nos, usta i ciało... A jednocześnie coś mi się stało... I było tak samo jak przed laty, ale nie zrobiłem nic, to było za krótkie spotkanie. Następnego dnia wyleciała do Nowego Jorku.

Następnego dnia mogłem się z nią jeszcze spotkać, chciała być na jakimś wykładzie, ale nie byłem gotowy... Teraz szedłem tym lasem, po prawej miałem zaśnieżoną plażę, po lewej miasteczko, gdzie mieszkają teraz rodzice. Wszedłem do portu, zimowe połowy dorszy dobiegały końca, rybacy wracali na Wigilię, to było tuż przed świętami. Sieci śledzi... Potem do kafejki, w domu rybaka Internet Café. O dziwo, też wszystko w sieciach, dekoracja podwodna.

From: Wolek@yahoo.com

Kochana Aniu, dzisiaj dostałem twój adres od Odama, który właśnie się ożenił, dlatego był nieosiągalny. Tęsknię za tobą (przepraszam za mój angielski), siedzę w wieży w Internet Café, święta prawie za mną. Myślę, że to rzadkie, że się znaleźliśmy, tak przypadkowo, pełno tu młodzieży (tu w kawiarni).

Szkoda, że cię tu nie ma, bo jestem tobą zachwycony. Przyjdę jutro sprawdzić moje konto.

Twój oddany ci Wolek

PS. Jesteś w Wittgenstein, czy w Stanach?

Następnego dnia otwieram moją pocztę, a tam:

From: ania@aol.com

Ach, Wolku! Właśnie mój komputer długą, długą odpowiedź, bezceremonialnie pożarł i wszystko zapomniałam, mam strasznego kaca, bo piłam i jadłam, świętowałam i wnerwiali mnie Niemcy! Jestem jeszcze w Wittgenstein do pierwszego, a potem wracam do mojego najukochańszego Nowego Jorku. Jest mi smutno, że nie jestem w Leibnitz! Bo mam tam przyjaciela! Tak jest! I to jesteś ty!!! Ty, ty, ty.

Wittgenstein jest takie ciche i nie ma o czym opowiadać, ale skoro tylko będę w Nowym Jorku, nie będziesz się mógł opędzić od opowieści przygodowych, obiecuję!

Niech cię uściskam, też się strasznie cieszę, że się znaleźliśmy. Ania xxx

19 stycznia 2003
From: Wolek@yahoo.com
Kochana pani Aach, żeby mieć wyobrażenie, z kim korespon-
duję, znalazłem stronę, gdzie jesteś, patrzę na twój profil, rozma-
wiasz, przypuszczam, z Callahanem, na dole dwa psy.
U mnie chaos, jeszcze raz powrotu do zdrowia. Moxa (chiń-
skie lekarstwo) jest bardzo pomocne.
Wolek

From: ania@aol.com
Kochany Wolku, ojej, odkryłeś stronę Surps? No cóż. Cały
czas jestem chora i zmęczona, bo piszę ten artykuł dla Jungle World
i cały czas nie podoba mi się, a muszę do jutra mieć to gotowe. Będę
więc dalej pracować, pojutrze lecę do Meksyku, ale w sobotę wracam. Opiszę ci wszystko!
Ściskam, mam nadzieję, że masz się dobrze!
Jako załącznik parę tekstów.
Ania

From: Wolek@yahoo.com
Jak się nie spotkamy, zapomnimy nasze twarze.
Wolek

Mon 03 Mar 2003 21:40:16
From: ania@aol.com
To: wolek@yahoo.com
Piszę, piszę, piszę, tak, piszę, ale tylko teoretycznie. Podanie
o zapomogę, żebym wreszcie mogła zrobić mój phd (doktorat z filozofii).
Jestem w bibliotece albo w pracy. Albo śmierć mózgu. Chcę
przyjechać, koniec kwietnia, do Leibnitz. Kilku moich przyjaciół będzie miało wystawę. Tu wszystko też stało się chwiejne – może po-

szukam jakiegoś squatu, bo płacić takiej kasy nie mogę, gówno. Poza tym nasz film wymaga dokończenia, pracujemy nad montażem.

Na następny mamy materiał – jestem dumna i zadowolona (Czy ci o tym opowiadałam? Dwa krótkie filmy, które zrobiłam, ja i przyjaciel, razem.) – i muzykę, robimy ujęcia i wdychamy powietrze wiosenne.

Tak szybko jedziemy, jak to możliwe.

Tłusty pocałunek,

Anja xxx

From: Wolek@yahoo.com

Kochana Aniu, widziałem wczoraj reklamę lotu do Nowego Jorku, 50 euro, od lat osiemdziesiątych boję się latać, byłem w radzieckim samolocie z gościem o nazwisku Schultz, w drodze powrotnej z Feuerbach do Polski. Maszyna wystartowała i zaczęła spadać, od tego czasu byłem tylko raz jeszcze w samolocie – nonsens – mam wiele lęków. Wszystko wydaje się przeszkodą – a historia z antonowem.

Wolek

From: ania@aol.com

Kochany kochany Wolku,

Przyjedź, a i ja spróbuję też przyjechać jako korespondent, żeby mi zapłacili za napisanie o jakiejś głupiej wystawie, mogę być krytykiem, chętniej jednak powiem kochanemu Wolkowi heloł...

From: ania@aol.com

Oh, kochany Wolku! Próbuję, ale żałośnie nie udaje mi się!

Proszę, proszę, zrozum mnie (trocccchę).

Wszystkie te mejle pisałem po angielsku, bo Ania studiuje w Yale i mieszka w Nowym Jorku, ona zależnie od nastroju odpowiadała mi po angielsku albo po niemiecku. Tym razem jednak napisałem po polsku, efekt był taki, że dostałem intuicyjne tłumaczenie.

Moja droga Aniu, nie wiem, co do ciebie pisać.

Ona przetłumaczyła, nie znając polskiego: Moja kochana Aniu, nie jestem w Wiedniu ani w Pizie.

Ja napisałem: Potworny młyn mą głową wierci.

Ona: Wierzę w globalny potlacz.

Ja: Z utęsknieniem oczekuję śmierci.

Ona: I mam konieczne przybory higieniczne (śmiejąc się).

Ja: Życie nie pachnie, nie śmierdzi.

Ona: Bo jednak znowu, ni płaczę, ni głośno się śmieję.

Ja: Siedzę jak goryl w Leibnitz.

Ona: Potrzebuję cię w Leibnitz.

Ja: Przywiązany do żerdzi.

Ona: Wprawdzie w tym roku.

Ja. Piszę po to, by dostać twój list.

Ona: Gotuję ci dużo kartofli (z podstępem).

Ja: To jest pociecha w tym stanie.

Ona: Bo wiesz, jak się brzuch do pełna napycha.

Ja: Ogólnie napisz coś, złotko.

Ona: Zmieszam to z cebulą.

Ja: Muszę iść, bo się umówiłem – wszystkiego najlepszego w NY.

Ona: Tedy twa wola niedaleko będzie – a New York zostanie tam, gdzie się należy.

Tak?

From: Wolek@yahoo.com
Jest mi przykro, że tak dzielnego rycerza w tak niskim poważaniu masz, gdy pisać zacząłem i na samolot zbieram, ty, Pani, NASA zadzierasz. Kartoflem mnie karmisz, dodajesz cebuli. Karma to dobra jest, chyba, dla świni. Nie dla mnie!!!!

Niestety, pan Chińczyk chce użyć mojego komputera, muszę i tak iść do domu, zjeść kartofle.

Ciał.

From: ania@aol.com
Tak, jesteś moją imaginacją i moja imaginacja jest zmęczona papierem, papierem podniesionym z ulicy, bo jest oddzielona od doświadczenia.

Mógłbyś mieszkać w innym kraju.

Gdzie są moje kartofle? Mój największy, najmocniejszy śledziu, jem cię bez skóry, bez włosów (tralalala).

From: Wolek@yahoo.com
Droga Aniu, Twoje wariacje są jak malowanie dziecka, wierzysz jeszcze w moją egzystencję? Może jestem twoim wyobrażeniem...

Zgubiłem ważny dokument. Tam stało napisane, że pan Wolek stracił rozum. Wolek jest sobkiem (jakim wolkiem, jakim tuńczykiem?) *Wolek is selfish* (*what kind of fish?* – bismarck *or* matjas?).

Bo ja nie z człowiekiem, nie z kobietą połączyć się chcę, lecz ze stworzeniem całkiem Przedziwnym...

Ściskam cię przez czoło,

Wolek

From: ania@aol.com
Przyjeżdżam w końcu z powrotem maja, byłoby pięknie mieć ciebie tutaj, prawdopodobnie będę musiała pracować, ale chciała-

bym spotkać wszystkich, których kocham. Jest pewien problem, Justus (przyjaciel z Wittgenstein) też mnie chce odwiedzić w czerwcu, ale dowiem się, kiedy przyjeżdża.

Tymczasem buduję ci dom – postawię go potem wielkim transoceanicznym dźwigiem w Leibnitz.

Ania

From: ania@aol.com

Najukochańszy Wolku, tak ci jestem wdzięczna za dużo dużo listów – świetną książkę, wspaniałą fotografię z przepięknymi mężczyznami na tle wspaniałych gór, tak się ucieszyłam i przeczytałam za jednym razem, tak jest, i będę siedzieć.

Cały czas pada i wieje, ale niedługo lato i zacznie się tropik, lato podaruje nam upały – przyjedziesz wtedy? W czerwcu pracuję jako babysitter – to dobra metoda na spacery i czytanie!

Całuję

Madame Ania

From: Wolek@yahoo.com

Do rzeczy, jestem neurotyczną mieszanką, jestem leniwy i bojaźliwy, boję się tej podróży, prawdopodobnie stracę moje ego – to wielki strach, zniknąć i się rozpuścić, *come on*, nie bądź taki jak stara baba – stop ten nonsens! Przestańże bzdurzyć, przyjeżdżam, przylatuję.

Twój przyjaciel Wolek

From: ania@aol.com

Cześć, neurotyku, między 20 24 jest super, pamiętaj jednak, że nie będzie małżeństwa.

Ciał.

Odczytałem to w takiej Internet Café prowadzonej przez Rosjan czy innych ruskich Żydów, serce mi biło, byłem szczęśliwy, skończyła się namiętność, skończone.

Jak dostałem kosza, było mi dużo lepiej, byłem wolny, bolały mnie plecy, ale nogi same podskakiwały, pod kolanami takie uczucie rozluźnienia.

Był początek końca wiosny, wracaliśmy z zebrania naszego klubu, pojechaliśmy okrężną drogą, zeszliśmy na niższy peron i wypiłem dwie lampki wina, koniec walki, i podśpiewywałem sobie „tup tup tup, będzie z ciebie trup" na melodię *„zum zum, bienchen läufft herum"*, patrzyłem na buty naszej skarbniczki, która tak dzielnie dreptała po tych schodach, było mi dobrze i wtedy nadjechał pociąg, pomyślałem, że czas zrobić coś, co rozwali te wszystkie nawyki, i rzuciłem się na pociąg, co za błogie uczucie, obudzić się na podłodze, na ziemi, na chodniku, na peronie, mój kumpel Adam wykręcał numer, wsiedliśmy do tego pociągu, który mnie potrącił, a może to był następny, nie wiem, ile leżałem na tej ziemi, jeżeli tak wygląda śmierć, to może to być całkiem fajne zjawisko. Mógłbym później przeprowadzać przez ten proces jak anonimowy alkoholik, anonimowy umierający, przeprowadzanie, doradztwo, firma, spółka z ograniczoną odpowiedzialnością.

Co się właściwie stało?

Sprawa nie jest wcale prosta. Chciałbym wszystkie czynniki i wszystkie aspekty omówić.

Myślę, że może mieć to dla mnie i dla państwa znaczenie, przy czym chciałbym podkreślić: moim celem nie jest obrażanie, poniżanie, propaganda niespołecznych zachowań czy też narkotyków, to wszystko po to, żeby pomóc wszystkim, którzy się z tym zetkną bądź nie, jest kilka jeszcze spraw do omówienia, myślę, że państwo sobie z tym poradzą, skoro tyle państwo przeczytali.

Szczerze mam tego wszystkiego dosyć, wczoraj na przykład była u nas policja. Powiedzieli, że za głośno. Z tym ubezpieczeniem to jest tak: nigdy nie chciałem sprzedawać ubezpieczeń, chociaż mnie próbowano wciągnąć i namawiano, sam jestem ubezpieczony rentowo, ale nie zdrowotnie, od pięćdziesiątki można się ubezpieczyć w zakładzie pogrzebowym na trzy rodzaje pogrzebów, za trzy tysiące, za pięć i za osiem, składka rośnie wraz z wiekiem, jak się jest starym, to płaci się najwięcej.

Moja mama chciała mi zrobić prezent, ubezpieczyła mnie w komerszialu i teraz są problemy z wyciągnięciem tej kasy, moja była żona założyła mi sprawę, a wiadomo, mieszkamy w Niemczech, urzędnik tutaj skrupulatny jak nigdzie. Zaczęli sprawdzać, wszystko to się kupy nie trzyma, bo oni nie są w stanie ogarnąć, że ja się miotam albo się miotałem, że tu byłem rok, potem gdzie indziej, pytają, czy robiłem kurs językowy, i to wszystko wstrzymuje sprawę rozwodową. Pytali mnie, czy byłem w wojsku, świadectwo z podstawówki każą dostarczyć.

Ale od początku: u nas w domu radziecka encyklopedia podpierała łóżko rodziców. W encyklopedii były rozkładanki, jedna przedstawiała życie zwierząt podwodnych, rekin nazywa się po rosyjsku *akuła*. Ludzie z byłych państw bloku wschodniego całymi dniami mogą ślęczeć nad książkami, bo i tak nie ma dokąd jechać, to znaczy nie puszczają, i nic kupić nie można, szkoda że nie ma już tej encyklopedii. W każdym razie ona się nazywała *Akuła* tak jak rekin po rusku, no ja całe dzieciństwo byłem oddawany do różnych nianiek, raz były to Białorusinki, raz jakieś prywatne przedszkole, gdzie chodził nawet mały Egipcjanin, czy z mieszanego małżeństwa, czy tak jak pani Butelowa z Tczewa, ona była miła, ja byłem mały i mnie wypuszczała na podwórko, a tam nie było zmiłowania, stały tam elementy budowlane, betonowy krąg i ja się chowałem do tego kręgu, mały byłem i się wstydziłem, i pewnego razu zajrzeli tam do środka, to była właśnie Akuła z bratem, to ona później sprzedała polisę mojej matce. Trochę nie rozumiem tych wszystkich ubezpieczeń, ale widocznie tak musi być, że trzeba na nie płacić.

Dobrze, że są towarzystwa ubezpieczeń na życie, tylko te formularze od razu przypominają mi kolejki po wizy do ambasady tej czy tamtej.

Ten przemarsz, ten ruch, wsiadamy do autobusu właściwego, do kolejki na stacji Gdynia wsiada mężczyzna z wieńcem, jest smutny dzień, nikt się nie uśmiecha, mam swoje dziecko na kolanach, nie mam, siedzę sam, myślę o tym, co mi się wszystko przytrafiło, o tych nocach nieudanych, naprzeciwko siada kobieta z dzieckiem na ręku, typowa polska matka, ale dziecko nietypowe, z wyraźnym upośledzeniem, myślę i nie wiem, o czym myślałem, i mówię głośno, nie tak bardzo, ale jednak wydobywa się z moich ust: „Debil".

Wiem, o czym myślałem, o tym, jak właśnie ją na tej stacji spotkałem. A takie to żenujące było dla mnie, że powiedziałem „debil", pech albo wszystko się sprzysięgło, albo wysterowane było przez nasze myśli, które napisały na niebie wielki czerwony napis WSTYD.

Mam na myśli oczywiście siebie, nie to niczemu niewinne dziecko i jego dzielną matkę, matka porusza się nerwowo, nie wiem, czy usłyszała? Tłumaczenie tylko pogorszy sprawę! Właśnie mijamy starą syrenę zarosłą zielskiem, patrzę w okno, jest mi źle. Nic nie pomoże myślenie o Dżolaju, o ojcu naturalnym mięśniolotnictwa transatlantyckiego. Jest dupa, można się tylko wycofać.

Tak, pociąg, ulubiony sposób podróżowania, nie można jednak wszędzie dojechać koleją. Do Ameryki trzeba lecieć samolotem albo statkiem płynąć.

Pierwszy raz, wstyd się przyznać, to było na uliczce Zygmunta Augusta, tam nasza koleżanka miała mieszkanko i w tym mieszkanku, to było po Aldonie i musiałem. Chciałem to oczywiście zrobić, ale, niestety, nie wyszło mi i wtedy powiedziałem „debil" w tej kolejce...

Bo tam się łóżko rozjeżdżało, na tym łóżku zmarła ciotka, łóżko się rozjeżdżało i jedliśmy łososia, i nie wiadomo było, czy my, czy łosoś, całą noc trwała walka, tak śmierdzi, ona miała oczy różnego koloru, to jej szukałem tygodniami, to ona mi zginęła, to jej rodzice na mnie dziwnie patrzyli. Nic dziwnego, przychodzi jakiś chłopak i domaga się telefonu, kontaktu z ich ukochaną córką. Nic tylko powiedzieć „debil", głośno się przyznać w tym półśnie, kim się jest, debil, po trzykroć debil, ale siedzi akurat naprzeciwko mały debil, mały chłopiec z zespołem Downa, tak, to ty tam siedzisz, mały, upośledzony, w rękach jakiejś kobiety, twoje życie w rękach kobiety, w rękach kobiet, różnych kobiet, pisarek, lekarek, pielęgniarek, fryzjerek, kosmetyczek, żon i matki, matki...

W rękach, w waginach kobiet moje życie, tak, tam idźmy, tam czeka nas nowe życie, tam znajdziemy ubezpieczenie. W zupełnej ciemności.

„Proszę państwa, zapraszamy na film z Jean Ga-binem" – chciała powiedzieć spikerka w telewizji, ale powiedziała „z Gabenem Żanem", nerwowy śmiech, po-myliło jej się, jak mi też się pomyliło, tak jak wtedy, jak mnie uderzył pociąg i musiałem wypełnić formularz, to był wielki formularz.

Tak dla hecy potrącił mnie pociąg, bo tak chciałem. Co za głupota? Wiesz, wjeżdża pociąg, a ty niby tak dla hecy uderzasz ręką i niby cię potrącił, a tak naprawdę nic się nie dzieje.

Leżałem i nie mogłem się ocknąć. I wtedy przyszedł ten sam gość, to był pan Jama, wręczył mi formularz, za-cząłem odpowiadać na pytania, patrzę, a tam jest napisa-ne: „Towarzystwo zaprzestaje dalszej ochrony życia, jeśli ubezpieczony nie wypełni formularza".

Wiedziałem, że nie mogę nie wypełnić, bo to będzie katastrofa. „Włodzimierzu, przesyłamy papiery, wpraw-dzie niewypełnione, ale są też kopie, reszta powoli jest przesyłana, chcielibyśmy się dowiedzieć czegoś o twoim dziecku, patrz strona druga, niezbyt skomplikowana".

I tam było takie pole do zakreślenia: czy płaci ali-menty na dziecko?

No to ja zgodnie odpisuję „płaci", a tam się na-tychmiast pojawia rubryka, czy regularnie, ja piszę, że regularnie, i również zgodnie z prawdą, że nie za wiele, a tam kolejne pytanie, czemu wszczynał awantury? Bo to jest, mi się zdaje, zorganizowane według prostych zasad, ale wygląda na trudne i nie wolno się pomylić, na przy-kład zamiast „Wolek" wpiszesz „Lenin", a Lenin to mój imiennik i pomyłka jest na całego, albo wpiszesz przez pomyłkę „Lennon", to jeszcze inaczej. Albo zamiast „pła-ci" wpiszesz „płci", wtedy ogólnie galimatias, ale myślę, że to wszystko i tak jest *pro forma*, te hologramy, czipy, lustrzane odbicia, oni cię mają zarejestrowanego od samego początku, nie, to ty jesteś sam rejestratorem, to ty wiesz sam, nawet po latach nie uciekniesz, po prostu mają cię, bo ty siebie masz, i dlatego te wszystkie kłopoty – na nic się nie zda oszukiwać. Sam wiesz, że zwaliłeś na maturze, najwstydliwsze szczegóły, przed sobą nie uciekniesz.

– Dosyć tej filozofii, wypełniaj – odezwał się głos. Zacząłem wypełniać.

– Nie mógłby ktoś tego zrobić za mnie? – spytałem.

– W tym wypadku nie.

– Bo co?

– Śmierć wskutek nieszczęśliwego wypadku oznacza śmierć spowodowaną bezpośrednio i niezależnie od jakiegokolwiek fizycznego bądź psychicznego schorzenia, na skutek zdarzenia działającego z zewnątrz, zderzenia z zewnątrz, w sposób nagły, niezależnie od woli ubezpieczonego, jeżeli śmierć nastąpiła w ciągu 90 dni od daty zajścia zdarzenia. To chyba wszystko. Jeśli masz jakieś wątpliwości, dzwoń, ale na pewno tu nie wrócisz.

– Dobrze, dobrze, wypełniam, po co tak formalnie od razu?! – Nawet mi się to podoba.

– Co z twoimi dziećmi?

Z synem swoim się pojednam, odpowiem na wszystko i za wszystko odpowiadam, synowi mojemu się spowiadam, opowiadając historię.

Jedziemy, on siedzi mi na kolanach, tuż obok siedzi pies, z którym genetycznie jesteśmy spokrewnieni, to jest nasz dziadek, ten pies, nie będąc naszym dziadkiem, naszym dziadkiem jest. Świeci słońce, jest całkiem ciemno, bo czarne słońce świeci czarnym światłem i jasny mrok pojawia się nocą świetlistą. Jedziemy, lecz jakbyśmy stali. On jest mną? – pytam się siebie. Co to jest?

– To nasz dziadek jest, przodek – mówi mi poważnie, wyjaśniająco, jak zwykli to robić dorośli.

– Przodek? Co mnie to obchodzi? Oni odeszli, a ja nie chcę stąd odchodzić.

Wtedy pojawia się Bożena, ta, która w dzieciństwie wyciągała mnie z rury betonowej, teraz ona tam głosem mówi potężnym.

– Jako agent ubezpieczeniowy!!!! – to ona do mnie mówi, ale coś się nie zgadza, to nie jest ubezpieczalnia, tylko Wielkopolski Bank Kredytowy, kontemplacja spraw materialnych.

Wiem, że sprawy mają się coraz lepiej, wchodzi pani i mówi:

– Rozumiem, że chce pan nas opuścić, chce pan?

– Tak, chciałbym być wolny.

– A jaka jest statystyka w pańskim zawodzie?

– Nie rozumiem.

– Wpisał pan zawód „dziennikarz", dla jakiego medium pan pracuje?

Rzeczywiście wpisałem „dziennikarz", co miałem wpisać? To, że robię audycje, to nie znaczy, że jestem dziennikarzem. Ale musiałem coś nakłamać, jak zresztą przez całe życie, kłamstewka, kłamstwa i potworne kłamstwa.

– Nie wiem, nie interesowałem się

– W takim razie nie mogę pana wypuścić.

Czuję, że robi mi się gorąco. Przez ściśnięte gardło mówię:

– Nie mam ochoty tu zostawać.

– Jeszcze raz szczerze pana namawiam, prędzej czy później będzie pan musiał się odwołać do nas.

Ja sam się odwołam. Patrzę teraz na nią i nie wiem, co ją skłania do takiej namolności, wiem, że wykonuje swoją pracę najlepiej, jak potrafi.

– Żegnam – powiedziała.

Martwe podniosłem powieki, świat z perspektywy osoby leżącej na peronie wygląda całkiem inaczej. Pierwsza myśl, która przebiegła mi przez głowę: „Oj, będzie to brzemienne w skutki".

Wolek@yahoo.com

Wolek, Wolek, Wolek, napisałam entuzjastycznie długi e-mail i komputer zeżarł mi!!!

Cholera! Drugi raz nie mogę czegoś takiego powtórzyć, chcę ci podać mój telefon: 718-858-0056, cieszę się bardzo, wiesz, że tu jest miejsce dla pięciu Wolków, a z tym małżeństwem napisałam tylko, bo nie wiedziałam, czy... ty wiesz... że życie jest pełniejsze niż słowa, które próbują to opisać (dlatego powinno się słowa jako część życia rozumieć... nie jako deklarację).

Ściskam mocno słodkoupita

Anja xxx

Byłem w szpitalu, na samym początku okazało się, że od miesiąca nie jestem ubezpieczony. Zaczęły się jaja, w końcu potraktowali mnie jako obiekt badań naukowych i mogłem zostać, byłem ubezpieczony. Okazało się, że coś z moim kręgosłupem nie w porządku, chrupło, i miałem ból głowy. To był ten sam szpital, do którego trafiłem, kiedy miałem zapalenie ucha środkowego, jak włożyłem sobie do nosa łyżeczkę, wkładałem sobie zim-

ną łyżeczkę od herbaty do nosa, podrażniałem śluzów-
kę i kichałem, robię to od wczesnego dzieciństwa, taka
opera dla ubogich, orgazm to też właściwie opera dla
ubogich, ale kichanie jest jakoś przyjemniejsze, tak się
bawiłem tą łyżeczką i moim nosem, że mogłem kichnąć
nawet siedem razy z rzędu, ale wtedy trzeba uważać, bo
śluz czasami może przez rozpędzone sprężone powietrze zostać wstrzyknięty kanałem wewnętrznym do ucha
środkowego i ma się zapalenie. Byłem w tym szpitalu
i pani doktor pytała mnie, jak to się stało. Wszystko jej
opowiedziałem. Dała mi jakiś lek, nic nie pomaga.

Ja ją pytam, co dalej, a ona mówi: „Niech pan nie
wkłada tej łyżeczki do ucha".

Co prawda, to prawda, gdybym tej łyżeczki nie
wkładał, to bym nie musiał się skarżyć, i gdybym jej tego
nie powiedział, to ona by mi takiej rady nie dawała, mało
tego, miała rację.

Byłem w tym szpitalu, przywiózł mnie Adam, kochany chłopak, co ja bym bez niego zrobił? Leżałbym
na tym peronie i się wykrwawiał. Z czego? Z tej małej
ranki na kolanie. Leżał i zdychał. Z czego? Z porzuce-
nia, z miłości... Leżał, cierpiał z zimna i drżenia, bo nikt
mnie nie chce pocałować, tylko pociąg mnie całuje, ale
nie ty...

Leżałbym tam sam i czekał w poczekalni na karetkę,
na koniec mój niechybny, i teraz też czekam, jesteśmy
w poczekalni, tak jak wtedy, trzeba było jechać do szpitala na Kieturajtisa, na Łąkową i tam czekać, przywozili
tam wszystkich samobójców, topielców oblazłych, w glo-
nach, zwierzęta, które uciekły rzeźnikowi, wszystko na
izbę przyjęć. I naraz brzęk, szyba się tłucze. Co to tam
się stłukło? To spadł, wypadł z okna dzieciak ukochany,

co go przywieźli odratowanego, z wypadku, co jego ta-
tulo z nim przyjechał, chłopak lat osiemnaście, co się
z miłości ciął, teraz wyskoczył z okna i leży, może ledwo zipie, może ducha wyzionął – nie, podnosi się, staje
powoli jak pomnik, staje i przemówił: „Co się gapicie?"
Skoczył, ale nic mu się nie stało, jemu nic, bo to parter
był, wysoki wprawdzie, ale parter.
I mnie też na oddział tu przyjęli.

Byłem nad morzem znowu, u góry skarpa, na dole
budka niewielka, tak, w tej budce był telefon, dzwoniłem
do ciebie, zsunąłem się ze skarpy, uległem wypadkowi,
leżałem, fale biły jak góry o brzeg, ja dzwoniłem do ciebie, pojawiałaś się w lustrze, było przybite lustro tam.

Kiedy wstałem, napisałem:

Przyznaję, chciałem się z Tobą potajemnie ożenić. Przejrzałaś
mój skryty plan. Wczoraj, jak dałaś mi kosza (proszę, nie bierz tego
poważnie), tylko biedny Adam wie, co mi się przytrafiło. Rzeczywiście miałem bolesne spotkanie z kolejką, za dużo wypiłem wina
czerwonego, zderzenie, oczywiście nic się nie stało, podarły mi się
spodnie.

Przypuszczam, że wiesz, w średniowieczu istniał taki zwyczaj,
szukało się damy (łapać damę – średniowieczna gra). I tu chciałbym Cię zapytać, czy mogę napisać imię Twoje na tarczy. Dama
może być mężatką, mieć dzieci i inne problemy losowe. Potrzebuję
duchowego kontaktu z Tobą, mam nadzieję, że i Tobie sprawia to
radość.

Martin wydaje mi się sympatyczny.

Odwiedzić Nowy Jork byłoby teraz bardzo trudno, bo stan
mojego konta jest katastrofalny. Uratuje mnie stypendium. Muszę

tu zostać, Nowy Jork oddala się, jak dobrze to zorganizuję, mogę parę dni zorganizować.

Przeczytałem ten tekst, brzmi trochę za dramatycznie.

Miłość to są dwa uściski, miłość ściska serce, a kartofle kiszki.

Twój Wolek

From: ania@aol.com

Ach, Wolek, cieszę się, że nic ci się nie stało, że udało ci się nie zginąć, dam ci w gębę, jak jeszcze byś miał takie pomysły. Czuję się bardziej niż uhonorowana byciem damą na twojej tarczy. I cieszę się, że jesteś cały i zdrowy, kiedy tu przyjedziesz? Chociaż NY jest drogi, można go uczynić całkiem tanim, obiecuję, znam się, bądź uściskany czterdzieści razy przez wielce szanowną panią Anię, twoja pieśń o Jezusie jest świetna.

Chcesz, żebym przyjechała? Zrób mi miejsce, a teraz chcę, żeby była zawsze radość, musimy strzelić butelkę piwa.

Przywożą Wolka do sanatorium – będą mu leczyć zgruchotany kręgosłup

Kiedy wypuścili mnie z sanatorium w zamku, pojechałem z moim dzieckiem do ośrodka, tam stoi pomnik Antoniego Abrahama, generała Hollera, no i olimpijski ośrodek wyszkolenia sportowego.

– Czemu się Bogu odechciało i Abraham nie musiał zabijać swego syna pierworodnego? – pyta moje dziecko. Idziemy na basen. Tym razem muszę do sauny, wypocić, wyleczyć złamany kręgosłup, wykupuję taką plastikową obrączkę, idziemy do sauny, a tam dwóch gości około czterdziestki, jednego z nich rozpoznaję, to Abramowicz, chodził do równoległej klasy, minęło więcej niż dwadzieścia lat, obok mnie mój syn, lat trzynaście, chcę odpocząć, choć mógłbym przecież zacząć: „My się chyba znamy?" I dodać: „Ty byłeś w biol-chem". Ale nie chce mi się. On też pewnie mnie rozpoznał, on chce wypocząć z kolegą z pracy, pewnie jakimś lekarzem.

Moje dziecko mówi, że gdy tak dyszałem w saunie, ten Abramowicz mnie naśladował. Nie mógł się pewnie powstrzymać. To tak jak w tym kawale. Spotykają się na peronie biskup i admirał. Nie widzieli się dekady, są z tej samej klasy, biskup podchodzi w porywie emocji do admirała, który też postępuje kroczek, ale po drodze zmienia zdanie, z jakiego powodu? Za dużo ich dzieli, trzeba się tłumaczyć ze swojego życia... I wtedy biskup zadaje pytanie: „Kiedy odchodzi ten pociąg, panie konduktorze?" „O siódmej, droga pani" – odpowiada admirał.

Na tym pogrzebie zauważyłem, że strasznie mi się podobały kobiety, myślę, że to mechanizm kompensacji, był tam ksiądz i człowiek o nazwisku Świenty.

Zauważyłem, że te tabletki z kofeiną przeciw przeziębieniu przywracają mi samobójcze skłonności, chętnie po nich się masturbuję.

Alek na przystanku. Włodzimierz Wolek
– ukazanie ścieżki do pomieszania i zatracenia

Idę, mój password się nie zgadza, nie mogę wejść do komputera, idę do pracy, po drodze stwierdzam, że zapomniałem klucza, klucza zapomniałem, bo wychodziliśmy z Alkiem, od ponad roku spotykamy się, piszemy jego wspomnienia i jestem wymęczony. Biegnę, bo dzisiaj stoję za barem w klubie. Po drodze spotykam tego

Johna, co założył knajpę Les Cent Vingt Journées, woła mnie, pomimo że jestem kumplem jego byłej dziewczyny, mówię mu o naszych projektach firmowych, że byłem w jego knajpie i...

Mówię mu, że dziewczyny, z którymi byłem wtedy, i które nie zapłaciły rachunku, były Amerykankami. Rozbawia go to. Ale z jakiej racji mam płacić za dwie pojebane artystki, które ze mną poszły do jego knajpy, po tym jak robiłem performance z ruchaniem szuflady, i oczekiwały, że za nie zapłacę i co jeszcze, będę się z nimi pieprzył. Nie zapłaciły, ale ja się dowiedziałem o tym w taksówce. Teraz opowiadam o tym właścicielowi tej knajpy i muszę dalej...

Ale on pokazuje mi swoje nowe dziary *made by Polish*, w knajpie ma nadwornego tatuażystę, wydziarał sobie wielkie serce z napisem *Mother*, a teraz nasz kumpel dziara mu Matkę Boską na drugim ramieniu. Na plecach kreski, jak dni w więzieniu.

Przychodzi jego żona, wspominamy stare czasy, nawet nieźle wygląda, wspomina buddystów i artystów, to były dwie grupy, które zdominowały naszą młodość, bo znamy się kilkanaście lat.

– Z artystami można się było przynajmniej pokłócić – mówi. – Rzucali gównem – rozmarzyła się, wspominając bardzo radykalną grupę performerów. – A ci buddyści uważali, że ja się w nich kocham. I ci lamowie, przychodziłam do nich jak do wróżki, a on mówi: „Spójrz w niebo"...

Potem wpada ta i owa, i wszystkie obsługuję, z jedną idę do knajpy obok, zamykam bar. Idziemy do siedliska zła w tym mieście, całe szczęście, zagadała się z kimś ta nimfomanka, biorę moją torbę i uciekam drugim wejściem, teraz ja nie zapłaciłem rachunku.

Znowu jestem w mieście, znowu jest noc, zginął mi bilet miesięczny, przecież to dużo pieniędzy. Szukam go w portfelu, szukam w spodniach jeszcze raz, może zostawiłem w domu? Wtedy podchodzi do mnie z tyłu, podcina mi kolano. Patrzę na niego, na jego śródziemnomorską twarz, wyrósł niczym góra, mówię mu:

– Biletu nie mam.

A on na to:

– To chodź, ja tego kierownika znam, on mnie wpuści do autobusu i ciebie też.

– Ale to nie mój autobus.

– To co, ale ja go znam.

Trzeba przyznać, że ja to też znam, te znajomości, moja matka też wszystko załatwia w ten sposób. Ale nie wystarczy znać, trzeba jeszcze do właściwego autobusu wsiąść.

Boli mnie nerka, rano dzwonią, przychodzą, bo zapomnieli, domagają się, biorą, uchodzą, podpisać zapomnieli.

Niech pan usiądzie i niech pan wstanie, ten magnetofon, nie działa mu granie, bo rozliczenie i rozliczne roztargnienie, w mieście panuje zapomnienie, poręczenie, ubezpieczenie.

Polisa, polisy – lisy mieszkają. Na przelew potrzebne pokrycie dzienne potrzeby rynku, punktualne przybycie utkwiło w odbycie. Poranne mycie, elektrolitów uzupełnienie, codzienne picie i tak we wspólnym znoju bez początku, końca, początku, utopiony w gorącym gnoju. Tramwajem, samolotem w pokoju, pędem przybiegli i na posłaniu czym prędzej polegli.

Zadzwoniłem do zamku, powoli zanika pamięć o mojej bytności tam, ale powiedziałem do znajomej przez telefon: „Pozdrów wszystkich, którzy mnie jeszcze pamiętają", bo znalazłem tę fotografię z bunkrów Hitlera w Kętrzynie, jak stoimy, cały obóz żeglarski, a tam mnie nikt nie pamięta, i co ci ludzie robią?

Zbliżają się święta, robimy sobie prezenty w pracy. Mam wyciągnąć los, komu robię prezent.

Wyciągam kartkę z napisem „Mara".

Ostatnie safari

Tańczyliśmy, to było takie miejsce, gdzie mnie znali, więc mogłem robić różne popisy.

Szał, tańczyłem z Antosią po nieudanej premierze (ona jest aktorką), miałem na nią ochotę, sytuacja była tak niejasna, a mnie się wydawało, to była ta dyskoteka, gdzie tańczyliśmy z Rosjankami, jak pojawił się Dablju w kapeluszu. Ta tańczyła jak jak Plisiecka, jak wariatka, była pijana, wszedł Dablju, z hokerem w jej kierunku... Nie, nie, to ja najpierw ją podniosłem do góry i spadła mi na parkiet, nie zależało jej, wstała, otrzepała się i chciała tańczyć dalej, wszedł Dablju w kapeluszu i tańczył z nią tak długo, aż – jak ja – stwierdził, że to przypadek beznadziejny, usiadł i powiedział:

– *I'm Gordon Dablju Wojtechowsky.* – Był Polakiem w trzecim pokoleniu. Był w Polsce w miejscowości Didzicko, gdzie to jest? Nie wiadomo, zdaje się, że gdzieś na Mazurach.

Ale teraz tańczyłem z Antosią, chciała mnie potraktować jak brata czy wujka. Zgasł jej papieros, nie mam zapalniczki, bo nie palę. I wtedy jak trąba słonia w moim polu widzenia pojawiła się czarna ręka, podpaliła jej zgaszonego papierosa, ona podniosła głowę i powiedziała:

– Dziękuję.

Spojrzałem w górę wzdłuż ręki długiej jak kilkumetrowy pyton, tam był wielki wojownik czarny, jak heban czarny.

Zapytałem:

– Antosia, jakbyśmy byli w buszu, to wybrałabyś jego czy mnie?

– Ciebie – powiedziała, a wiedziałem, że dwumetrowy wojownik wygrał.

Otarłem czoło, wziąłem torbę i wyszedłem.

Wydało się

Wydało się, tak, wiedzą, ale jeszcze nie mówią, rozniosło się, że...

Jeden drugiemu szepcze na ucho, że nie umiem liczyć do stu, moja matka się przygląda i nic nie może zrobić, a oni ze mnie się śmieją i mnie bach w mordę.

Wiedzą, że jestem Polakiem, że nie umiem jeździć na rowerze, że się nauczyłem w szóstej klasie, w lesie, po kryjomu przed wszystkimi, bo wstyd, sprawa się rypła, już... Wszyscy krzyczą, że nie umiem dobrze pisać, już mnie chcą wyrzucić, już mnie wyłączają ze swojego grona. Już się zebrali i obradują, za plecami uśmieszki. Co ja tu robię pośród ludożerców?

Nie, to oni mnie wyrzucą i będę słyszał za sobą tylko śmiech i szyderstwo. Tak, wyrzucili mnie, już nie mogłem dalej tam pracować, byłem niekompetentny.

Wolek idzie na kurwy – Bełchatów

Przyznaję, byłem w burdelu, ale nie żebym chciał tam pójść, zaciągnął mnie mój znajomy, bardzo fajny człowiek. Właśnie dostałem wypłatę za jakieś zlecenie.

On mówi: – Jak złapią Portorykańczycy, to pierwsze, co robią, to mu ściągają skarpetki.

I wtedy on bierze moją wypłatę, no bo w końcu w Warszawie nie jest bezpiecznie, i wsadza sobie do buta. Nie mogę się ruszyć bez niego, on ma kasę moją i się boję, że on ją wyda.

To było przy placu Konstytucji, weszliśmy, byliśmy we trzech. I ten znajomy, nie mogę powiedzieć, jak się nazywa, zaczął pytać tak napastliwie:

– Ile pół godziny? Ile?

Stanęły te panie i pytają:

– Którą pan wybiera?

Mój kumpel mówi:

– Która jest z Polski, ręka do góry.

Wtedy taka dziewczynka podniosła rękę i... Pomyślałem: I on też... Jest...

Staliśmy naprzeciwko, one i my.

Ten kumpel, co nas tam zaciągnął i dyrygował wszystkim, mówi:

– To my się jeszcze zastanowimy.

Wyszliśmy na zewnątrz.

– Słuchaj, Tomek. – Nazwijmy go Tomek. – Ja nie mogę, to przecież jakieś nieludzkie.

– Bzdura, monogamia jest nieludzka. Monogamistów... Na przymusowe ruchanie albo rozstrzelać.

I tak sobie rozmawialiśmy. Dawno bym poszedł, ale moja wypłata w jego skarpetce. Weszliśmy na podwórko; byłem zmęczony, chciałem iść spać.

– Patrzcie, numer do burdelu jest czerwony – oznajmił jak instruktor jazdy.

Zadzwonił, miałem jakiegoś boja, weszliśmy na czwarte piętro, otworzyła nam pani. W środku wisiały pluszowe zasłony, pożółkłe plakaty, jak w metalowych szafkach w stoczni. Czekaliśmy, miałem wrażenie, że zaraz wpadną czarni goście i załatwią nas ramionami potężnymi jak trąba słonia. I przyszły... O pożądaniu nie mogło być mowy; panie z trwałą, z wyrazem twarzy beznamiętnym, głupim, niegłupim, bezmyślnym, zacząłem przesuwać się do drzwi, trwała to też dowód na istnienie szatana.

Czułem się fatalnie, no bo przecież w drodze do Warszawy, pod Bełchatowem, gdzie widziałem siostrę zakonną na przystanku, całkiem młodą, ze zrośniętymi brwiami, po drodze kąpiel w Warcie, „Przejdziem Wisłę, przejdziem Wartę..." „Czysta ta woda?" – zapytałem. „Niee" – zarechotali jak borsuki. Nie była też ciepła, była to brązowa ciecz, zimna i... Jak się później okazuje, brzemienna w skutki.

Ulica trędowatych, jak się okazuje, Marszałkowska – tam pan Przemek Dżaberłoki.

– Obszczynoga – krzyknęła ekspedientka, lady hiv i pan, co zbiera puszki.

Poszedłem do dentysty, zaczynała się grypa, nie miałem pieniędzy na białą plombę, założyła mi amalgamat. To też było brzemienne w skutki... Zaraz po wyjściu usłyszałem: „Zbliża się..." Dałbym się pokroić, że to w mojej głowie, pobiegłem z powrotem do gabinetu i mówię: „Zamontowała mi pani radio w zębie". Pani doktor spojrzała i powiedziała: „Tak się zdarza, amalgamat w dolnym i górnym zębie działa jak tranzystor. Wie pan, teraz wszędzie są emitowane fale.

Miała rację, wszystko to są fale, fale na brudnej Warcie, fale radiowe – fale mózgowe – to są fale, wszystko faluje. Fala, falowanie i falujący – falują na falach. Dzisiaj na falach naszego radia kolor – to też fale. FA – LA, wszystko faluje – ja to też fala falująca, wobec innych fal – te fale to też ja.

Tylko fala zapierdala.

Ciągle próbuje...

Mam lat czterdzieści, nie mam żony, nie mam przyjaciółki, nie mam samochodu, nie mam studiów... I tak jak w podstawówce, masturbuję się.

I raz urwałem sobie, urwałem sobie i biegnę z nim z urwanym w ręku, wybiegam na klatkę schodową, ojej, żeby tutaj wszystkiego nie zachlapać, to Leibnitz – ludzie tutaj są naprawdę przywiązani do porządku, a przecież z mojego mieszkania czasami dolatują zapachy na klatkę. Klatka jest akustyczna, raz słyszałem, jak mówili, że z mojego mieszkania śmierdzi. Biegnę z tym urwanym. Krew się leje, wszyscy patrzą jak na mordercę, i ja z tym urwanym na przystanek, kapie mi po nogach i całą kurtkę sobie uwalałem.

A autobus nie przyjeżdża, wykrwawię się, jak będę tak stał na przystanku jak świnia w rzeźni, mam lat czterdzieści i cały czas jem mięso, byłem wegetarianinem, jak miałem piętnaście lat i zobaczyłem rozładunek zwierząt rzeźnych, przez trzy miesiące nie jadłem mięsa.

Autobus nie przyjeżdża, gdybym miał samochód, bym wsiadł, bym był na miejscu, ba! Gdybym miał samochód...

Ale ja nie mam prawa jazdy, bo stary się na mnie wydzierał, jak mnie uczył jeździć na pasie startowym na Zaspie. A laski patrzą, czy masz samochód.

W takim filmie o kierowcy wyścigowym jedna laska mówiła, że samochód to przedłużenie członka – racja. Ale jest autobus, ja z tym członkiem, wsiadam; szukam miesięcznego, kierowca uśmiecha się przy wejściu. Mówię: „Trochę cierpliwości, zaraz znajdę". U nas w Leibnitz pokazuje się bilety przy wejściu. A on na to: „Ja pana znam, proszę".

Jaki miły teraz, a się nie zatrzymał, jak w nocy w deszczu biegłem, ale może nie zauważył, okularnik jeden, i tacy chcą ludzi wozić. I jak nie ruszy, członek mi wypadł i toczy się jak kiełbaska na tył autobusu, a na ulicach tyle gówna psiego leży i kurzu, a on się tak toczy, zbierając to ze sobą. „O, coś panu wypadło!" – Jakaś starsza pani. Trzeba przyznać, mam powodzenie u kobiet, najczęściej w okolicach sześćdziesiątki, ale ta wyglądała nawet na siedemdziesiątkę. Powinienem mieć o dwadzieścia lat starszą żonę.

Podniosła. – Ooo!! – Spojrzała na mnie ze współczuciem.

– Byłam pielęgniarką podczas wojny, musi pan szybko do szpitala, grozi panu obumarcie. I trzeba go trzymać w ciepłym miejscu. – Podniosła członek i wsadziła sobie jak termometr pod pachę.

A jak mi zabierze i nie odda, to co wtedy?

– Jak to się stało?

– No wie pani, sam szarpnąłem.

– Trzeba uważać, jak się pan tak bawi, ale to ponoć bardzo rozwojowe, rozwija wyobraźnię.

– Co?...

– Tu szybko wysiadajmy. Tu jest Szpital świętego Józefa. – Weszliśmy do szpitala; chyba nie zawsze koniec musi tak pachnieć jak szpital.

Teraz jak mi przyszyją syntetycznego albo metalowego – to się zemszczę. Metalowy, plastikowy, drewniany – dynamit, działo, muszkiet, bomba atomowa, rakieta na księżyc, samolot RWD, łoś, karaś. Telefon do Polski – Polska.

Polska

Bomba atomowa,
Strzała duchowa,
Diament i ojciec
Ojców, matek i dziatek,
Chuj tęgi gagatek.
O, chuju twardy,
Mocny, śmiały,
Wszystkie (ciekawe?) panny
Aż jęczały.
U jednej z wrażenia
Doszło do zwężenia.
Teraz leżysz na marach,
Czego nie życzę
Nikomu w najgorszych
Koszmarach.
Pawiem i papugą
Byłeś, nosiłeś mieszek
I był z ciebie
Tęgi rzezimieszek.

Teraz za męczenie zwierząt, za wsadzanie pszczół do pudełka i robienie sobie radyjka.

Idę do pracy.

Nie ma się czego bać. Dziki nie przyjdą. Dziki to my...

Jestem u rodziców; sztorm, wygrała Platforma, drugi jest LPR. Wczoraj ojciec i matka krzyczeli na telewizor. Jestem chory, ale byłem w lesie, w tej gorączce prawie pobłądziłem.

Poszedłem do wąwozu, przestraszyłem dziką świnię, jakiś pan powiedział do mnie: „Książę Karol".

Co mam o tym myśleć? To moje życie.

Przegrałem w Dużego Lotka – jedno trafienie.

Telewidzowie dzwonią do siedziby kablówki.

Pyta ich pani: „Skąd pan do nas przyjechał?"

Jakiś konkurs: parafianie, panie, panowie. Jak się na tym znam, to grupowo zwyciężą parafianie, a indywidualnie panie i panowie.

Matki z opaskami: – Ja cię przepraszam...

Stany

Tak sobie myślę, co by było, jakby moja matka wyjechała do Stanów, tak jak chciała, albo stałoby się to samoczynnie; uciekliby do Rumunii w 39 i przez Rumunię do Anglii i do Stanów, kim byłaby dzisiaj, kim byłbym w latach sześćdziesiątych? – Może byłaby hipiską, wokalistką hardrockową; ja bym się nie urodził, no bo mój ojciec pewnie by wyemigrował do RFN i do Szwecji, i co?

To wszystko nie miałoby miejsca; mój ganglion, chory kręgosłup, te wszystkie straszne wygłupy, byłbym teraz Szwedem albo Amerykaninem; nie, w ogóle by mnie nie było...

Albo byłbym z rozbitej rodziny, albo byłbym niedorozwinięty, bo moja matka jadłaby grzyby i LSD i chodziłbym zaniedbany.

Jest jeszcze inna możliwość, moja matka poszła na potańcówkę w Świetlicach w latach pięćdziesiątych, na te potańcówki przychodzili też Rosjanie z pobliskiej jednostki, więc nie wiem, jak potoczyłyby się losy, ale może nazywałbym się Sierioża Kabanow albo Wowa, Locha.

Zatańczyła z jakimś oficerem, wyperfumowany był. I mówił nawet, że jest polskiego pochodzenia, ale jednak nie, nie mieszkam w Kujbyszewie, nie mieszkam w Archangielsku. Urodziłem się i umrę zgodnie z moimi współrzędnymi, ale gdybym się nie urodził...

To nie stałaby się rzecz straszna, jak wczoraj, zaczęło się niewinnie, jak zwykle. Szukałem w internecie używanego laptopa, jak najtańszego, od czasu do czasu pozwalam sobie na wpisywanie swojego nazwiska do wyszukiwarki, wiem, że to może trochę niskie, egotyczne, ale tak robię. Wyskoczyło mnóstwo stron. Otwieram jedną, a tam, że za pół godziny mam odczyt, że czytam swoje teksty, a ja nie mam...

Ze sobą żadnego; okej, dojść dojdę, ale nie mam co czytać. Wpadam w panikę. Dzwonię, odwołuję, a byłem w drodze do domu, już leżałem przed telewizorem.

Patrzę, w torbie mam ze dwa teksty; okej, w księgarni jest antologia, tam też jest mój tekst. Mam jechać taksówką (tak, tak), przychodzi Pawełek i mówi: „Jedź, przeczytasz cokolwiek". Posłuchałem go.

Przychodzę na miejsce, a tam mnóstwo autorów, nie jest aż tak poważnie, nie jest to aż tak nadęte spotkanie – potwornie rozbolał mnie kręgosłup. Ale jakoś wyszło.

Poszedłem więc do siedziby naszego stowarzyszenia, zbliżam się, a na ulicy przedstawienie, Japończycy, taniec butoh. Jeden wszedł na drzewo, drugi biega z futrem, a ja mam ciężki dzień za sobą; na szczęście zaczepił mnie przy barze całkiem miły jegomość; okazało się, że jest lekarzem, no to ja mu stawiam, może się czegoś dowiem o konstrukcji kręgosłupa, o nowotworach, o...

Ale kiedy podejrzewam, że mi resztę źle wydali, coś on okazał się bakteriologiem, ktoś mnie poprosił, żebym też zrobił taniec butoh, i stała się rzecz straszna; nawet nie wiem, kiedy biegałem nagi po klubie, obściskując przerażone Japonki, na koniec stanąłem na środku i oddałem mocz.

I gdyby tak moja matka jednak wyjechała do Stanów albo do Kazachstanu, wszystko byłoby inaczej. Inne stany świadomości.

Happy end

Była wiosna. Wolek był w banku. Nie był sam, ze swoją narzeczoną, mieli się pobrać. Wolek był szczęśliwy. Jego żona, przepraszam, jego przyszła żona wyglądała jak modelka.

Lubiła i rozumiała wszystkie moje perwersje, zaakceptowała nawet to, że mam implant w członku (pamiątkę po fatalnym jego naderwaniu). Bo nieważne przecież, żeby członek był duży, ważne, żeby był długi i gruby, jak mówi moja narzeczona, która jest fetyszystką członka, mam nadzieję, że tylko mojego. No i tak figlowaliśmy, przeniosłem się na dobre do Warszawy. Pieniądze regularnie wpływają na konto. Mam fajną pracę w sklepie z zabawkami, ale publikuję jeszcze.

Skoczyłem ze spadochronem. Już podjąłem decyzję, zdałem teorię na prawo jazdy, w przyszłym tygodniu jazda. Ale o tym później, teraz idziemy na kolację, jeszcze wyskoczymy do banku, tu na Marszałkowskiej. Narzeczona lat dwadzieścia sześć, ja lat czterdzieści... Jak to wygląda?

Jest teraz mnóstwo takich związków, nikt się już nie dziwi. Jedziemy do banku, jestem w tym momencie szczęśliwy, już widzę, jak się mną opiekuje na starość, jak troszczy się o moje rękopisy. Patrzy mi w oczy. Ma na imię Laura. Nie ma lepszego imienia dla żony poety. Ja, ona, grupka wiernych przyjaciół, jeździmy samochodem na krótkie wypady za miasto...

Wchodzimy, to, co prawda, nie mój bank. Konto mam w Leibnitz. Wchodzimy do tej małej salki, gdzie stoi bankomat. Bank Polski, wsuwam moją kartę. Bankomat to taki konfesjonał kapitalistyczny. Dostajesz bądź nie dostajesz rozgrzeszenia pod postacią pieniędzy. Nieważne, kim jesteś – zredukowany zostajesz do numeru rachunku, numeru banku, klasy karty Maestro, Visa albo coś, ale i tak jesteś plastikową karteczką. No jeszcze PIN – pewnie to skrót od *personal information number* albo coś jeszcze innego, może to nazwa, która ma ci przywodzić na myśl zapach pinii – nie jest powiedziane, że drzewo poznania dobra i zła było jabłonią. Ja zawsze kojarzę swój pin z jakąś datą, rok przed wojną i data śmierci Stalina – 3853 – prawda, że proste. No i wystukało się, kurczę...

Nie, pełen napięcia jest ten moment oczekiwania na wypłatę, aby potem wybiec jak po uzyskaniu rozgrzeszenia z kościoła, radosny, szczęśliwy, z zasługą w kieszeni, z czystym kontem.

Laura chwyciła mnie w okolicy rozporka, rozpięła go...

I ten odgłos przeliczanych pieniędzy, podobny do odgłosu elektrycznej golarki, chwyciła mnie zimną, smukłą rączką, uzbrojoną w wypiłowane pazurki, przełknąłem ślinę, czemu tak nisko instalują tę szparkę do pobierania pieniędzy, właśnie dwieście złotych całkiem boleśnie wysunęło się, nacinając moją żołądź.

Laurę poznałem na wieczorku literackim zorganizowanym dla promocji ostatniej książki pod tytułem *Mastka zła*. Przyszła, jeszcze studiuje organizację życia kulturalnego, od razu się sobie spodobaliśmy, spojrzała na mnie, ja na nią, i za godzinę leżeliśmy w moim pokoiku hotelowym. To zdarza się naprawdę rzadko.

Oczywiście, bywałem już otoczony przez grupy licealistek, które koniecznie chciały się ze mną poznać, kiedy byłem jurorem w konkursie poetyckim, ale ja byłem albo nietrzeźwy, albo za bardzo zajęty, dałem za dużo punktów nie temu, co trzeba, i w efekcie ktoś inny wygrał konkurs.

Staliśmy koło bankomatu, przytulaliśmy się, naraz mój implant dostał się do środka bankomatu, wystrzelił, automat wciągnął mi to, co utrzymywało ciało jamiste – to są momenty, gdy staje czas... Ostatnio stanął czas, kiedy wziąłem taką jedną na barana, a ta mnie, bach, w jaja, niechcący oczywiście, ukląkłem i dopiero potem zacząłem się zwijać, albo orgazm z otwartymi oczami – wtedy też staje czas przez okno z widokiem na sklep

PLUS, *Prima leben und sparen*, rozszyfrowujemy napis i czas staje. Teraz też stanął... Czas.

Teraz stanął czas, połknęło pieniądze, kartę i implant. Wisiał mi jak stary kondom, choć serce waliło jak młot. Karty nie mam, pieniędzy nie mam i ten implant, bez niego nie jestem zdolny do niczego. Na ścianie wisiał telefon. Serwis – w razie zatrzymania karty proszę dzwonić pod numer 88 088. Zajęte. Zajęte. Było zajęte. Było zajęte. Było zajęte. Było zajęte. Było zajęte. Było zajęte. Było zajęte. Było zajęte. Było zajęte. Było zajęte. Było zajęte. Było zajęte.

Dzwonić po policję to zdemaskować się. Co powiem? Wciągnęło mi chuja do środka, panowie, kartę – rozumiem, pieniądze – rozumiem, ale implant, oni nie wiedzą, co to jest implant.

I wtedy wziąłem ten telefon, co wygląda jak spod Verdun, rozumiem, plastikowy by zdewastowali. I tam nikt nie podnosi słuchawki, nikt... No to na policję, oddajcie mi moje pieniądze, oddajcie mi mój implant.

Proszę czekać, Stołeczna Komenda Policji... Proszę czekać, Stołeczna Komenda Policji... – Przełączyło się.

– Stanowisko numer siedem, słucham.

– Jestem w banku na Marszałkowskiej, automat wciągnął mi pieniądze i kartę.

– Musi się pan zgłosić do banku, jest to sprawa między panem a bankiem. My nie mamy nic do tego. Dziękuję.

– Zapnij spodnie – powiedziała moja narzeczona.

Patrzyła z podziwem, ale i z politowaniem, we mnie wstąpił lodziarz, piętnastoletni lodziarz, sprzedawałem lody na plaży w Sopocie, lodziarz musi przekonywać do zakupu swoich lodów, bo przecież chodzą inni lodziarze.

Wykręciłem ten sam numer. *Proszę czekać, Stołeczna Komenda Policji... Proszę czekać, Stołeczna Komenda Policji...* – Stanowisko numer siedem, słucham.

– Przed chwilą rozmawialiśmy, proszę pana, chciałbym jednak prosić o interwencję.

– Proszę pana, ja nic nie mogę zrobić i już panu powiedziałem, jest to sprawa między panem a bankiem... – Ale to powiedział tak jak: „No, chyba jednak może kupię te pana lody, zobaczę tylko, czy żona pieniądze zabrała". – Połączę pana z komendantem – powiedział.

Pełna napięcia seria piknięć w słuchawce i po chwili długiej jak pospieszny do Szczecina przez Krzyż odezwał się głos komendanta, komendant mi się wydawał straszny, wielki jak Rosjanin Bierzarin, pierwszy komendant Berlina, który zginął na harleyu davidsonie podarowanym przez Amerykanów.

Komendant odezwał się kobiecym głosem:

– Słucham.

A ja, że pieniądze i... że karta i cała egzystencja, i wszystko... O implancie jeszcze nie mówiłem, ale może się sprawdza teoria mojej matki, że będą nam wszywać czipy (cipy) i to właśnie uczynili, kontrolują mnie przez system bankowy, co zresztą mi zarzucał Synagog, kiedy go szukałem w Leibnitz i znalazłem całkiem zziębniętego na dworcu... I zabrałem do domu, a on był w całkiem innym stanie świadomości, na pytanie, gdzie był, odpowiedział, że w Ropuchowie. „A gdzie to jest?" „Koło Bocianowa..." Zrozumiałem wtedy, że go straciłem – nie ten Synagog stał koło mnie, zaopiekowałem się nim, ale i tak nic nie mogłem dla niego zrobić. Myślałem, żeby go nawet zostawić w autobusie, kiedy zasnął, bo naubliżał chłopakowi Kulfoniastej. Ale nie, pozwoliłem mu spać u mnie i nakarmiłem go, a on rano jeszcze mnie przeklął. (Ciekawe były jego pretensje, człowieka wyzbytego przywiązań, na przykład: o kiełbasę, o papier toaletowy – to rzeczy, których w moim domu nie było.) Teraz, zgodnie z jego przepowiednią, byłem w pełnym klinczu z systemem i...

Poczułem, że przekonałem ją do kupna moich lodów, a to, że nie mam profesjonalnego białego kitla, to nie problem, mało tego, mam komiczną komeżkę przehandlowaną za dwa znaczki, stare tygrysy (*Łuk kurski*, *Operacja ciężka woda*) i lokomotywkę piko.

Tak, to była komeżka ministranta, tylko rękawy miała zwężone, to z tym kolesiem czytaliśmy książkę pod tytułem *Erotyzm* – on zamiast „orgazm" czytał „organizm", i od niego kupiłem tę komeżkę, on przestał być ministrantem, bo był już za duży, wtedy też wydarzyła się straszna zbrodnia, u nas na Obrońców ministrant zabił własną matkę nożem.

– No dobrze, przyślę panu patrol – oznajmiła mi pani komendant.

– Świetnie. Jestem w tym banku z żubrem na rogu Rysiej i Marszałkowskiej.

Mojej narzeczonej przestawało to się to podobać, ale lojalnie czekała.

Przyjechał patrol.

Spisali dwaj policjanci wielcy. I pojechali. No, bo do tego byli powołani. Następnego dnia poszedłem do banku i rzeczywiście stwierdzili połknięcie. Ale nie mogą mi wypłacić pieniędzy, bo konto mam założone w Leibnitz.

Lauro, nie odchodź ode mnie

Poszedłem do banku w Leibnitz, urzędnik bankowy miał pryszcze i włosy zaczesane na żel. Opowiedziałem mu, co się stało, dużo mnie to kosztowało. Chłopcze, ty to masz jeszcze wszystko przed sobą – pomyślałem.

Nadszedł list.
Szanowny panie Wolek,
W odpowiedzi na pańską reklamację z dnia 3.01.2005,
numer konta: 4104545946,
informujemy pana, że dokładamy wszelkich starań, aby wyjaśnić wchłonięcie przez automat karty, implantu--protezy i pieniędzy.
Do dalszego wyjaśnienia sprawy potrzebujemy dokładnego opisu przebiegu wydarzeń.
Z poważaniem Leibnitzer Sparkasse

Koniec

PS
Wolek miał na sobie płaszcz po wujku, tym, który się mądrzył strasznie.
Był to ten wujek, na którego pogrzebie Wolek płakał, a rodzina nie, bo brała psychotropy. Ten wujek nie żyje. Ksiądz miał bardzo ładne kazanie nad jego trumną. Mówił o świetle, które nie zna zachodu.

Podziękowania:

Senatowi Berlina za stypendium w Zamku Wiepers-
dorf, Pani dyrektor i Brigit Albrecht; Oldze Tokarczuk
i panu Janowi Rydlowi; panu Rafałowi Rogulskiemu-
-Pytlakowi z Ambasady Polskiej w Berlinie; Fundacji Bo-
scha za stypendium w Willi Decjusza w Krakowie, Pani
Dyrektor i Renacie Serednickiej; wszystkim przyjaciołom
z formacji Totart; wszystkim brulionowcom; formacjom
„Babcia Zosia", „Ciocia Leosia" i „Dziadek Stanisław";
wszystkim przyjaciołom ze Stowarzyszenia Nieudaczni-
kow Polskich; Haus Schwarzenberg e.V.

Szczególne podziękowania:

Mamie i Tacie, Ewie Ziajkowskiej, Natalii Kaliś,
Jurkowi Truszkowskiemu, Jarkowi Ostaszkiewiczowi
i Formacji Gutbaj Poznań – Arturowi Śledzianowskiemu,
Sebastianowi Koperskiemu i Arkowi Adamiakowi; Ani La-
sockiej i przede wszystkim Jarkowi Lipszycowi.

Pozdrowienia i podziękowania:

Zbigniewowi Sajnogowi za fraszkę; Justynie i Micha-
elowi Tur za monitor; Ani Maroszkowej za 150 złotych;
Antje Ritter-Jasińskiej; Pawłowi Konnakowi, mojemu

pierwszemu wydawcy; Doris z Anal Sex Terror Wejche-
rowo za dobre i złamane słowo; dyrektorowi Lilientalo-
wi za 20 euro; L. Oświęcimskiemu za wsparcie; Magdzie
Gnatowskiej, Karlowi Kilianowi, Oskarkowi, Jaśminie,
Iwonie Siekierzyńskiej i Mikołajowi Stasiewiczowi za
wszystko.

I wszystkim, których nie wymieniłem, a którzy mnie
wspierali.
Wszystkim Małgorzatom świata.
I przede wszystkim Czarnej Matce.

Wojciech Stamm

Książki oraz bezpłatny katalog
Wydawnictwa W.A.B.
można zamówić pod adresem:
02-502 Warszawa, ul. Łowicka 31
tel./fax (22) 646 01 74, 646 01 75, 646 05 10, 646 05 11
e-mail: wab@wab.com.pl
www.wab.com.pl

Redakcja: Adam Wiedemann
Korekta: Donata Lam, Elżbieta Jaroszuk
Redakcja techniczna: Alek Radomski

Projekt okładki i stron tytułowych:
Mariusz Filipowicz, www.360stopni.com.pl,
na podstawie koncepcji graficznej Macieja Sadowskiego
Fotografia autora: © Ireneusz Tybel

Autorami ilustracji umieszczonych w książce są
Wojciech Stamm (s. 60–63) i Karolina Iwaszkiewicz (s. 137).

Wydawnictwo W.A.B.
02-502 Warszawa, ul. Łowicka 31
tel./fax (22) 646 01 74, 646 01 75, 646 05 10, 646 05 11
wab@wab.com.pl
www.wab.com.pl

Druk i oprawa: Drukarnia Wydawnicza im. W.L. Anczyca S.A.,
Kraków

ISBN 978-83-7414-267-0